Lilli Lehner, Andrea Sanz, Regina Trotz (Hgg.)

Prozesse verstehen und gestalten
Zur Praxis von Gruppendynamik und Gruppenpsychotherapie

D1698586

Visionen und Wege
Jahrbuch für Gruppendynamik und Gruppenpsychotherapie, Band 7
Publikationsreihe der Fachsektion Gruppendynamik und Dynamische
Gruppenpsychotherapie im ÖAGG

Redaktion und Lektorat:
Anita Eichinger, Lilli Lehner

Lilli Lehner, Andrea Sanz, Regina Trotz (Hgg.)

Prozesse verstehen und gestalten

Zur Praxis von Gruppendynamik und Gruppenpsychotherapie

Herausgegeben von
Lilli Lehner, Andrea Sanz und Regina Trotz

Visionen und Wege
Jahrbuch für Gruppendynamik und Gruppenpsychotherapie, Band 7

Gedruckt mit Förderung des Bundesministeriums für Wissenschaft und Forschung in Wien

Gefördert durch die Wissenschafts- und Forschungsförderung der Kulturabteilung der Stadt Wien

Die Deutsche Bibliothek - CIP Einheitsaufnahme
Prozesse verstehen und gestalten. Zur Praxis von Gruppendynamik und Gruppenpsychotherapie.
Lilli Lehner, Andrea Sanz und Regina Trotz (Hgg.)
(Visionen und Wege. Jahrbuch für Gruppendynamik und Gruppenpsychotherapie, Band 7)
Wien: Verlag Krammer, 2009
ISBN-13: 978 3 901811 42 5

1. Auflage 2009
Satz & DTP: im Verlag
Druck: Remaprint, Wien
Umschlaggrafik: Gerti Plöchl
Printed in Austria

Inhalt

Konzepte und Reflexionen

Prozesse verstehen und gestalten –
Zur Praxis von Gruppendynamik und Gruppenpsychotherapie

Vorwort der Herausgeberinnen

Die Publikationsreihe „Visionen und Wege" rückt diesmal die Wege ins Licht – wie sie gangbar gemacht und in Richtung der angestrebten Ziele beschritten werden, wird praxisnah vermittelt. Wie arbeiten GruppendynamikerInnen und GruppenpsychotherapeutInnen, wie arbeiten wir im ÖAGG, wie arbeiten ProfessionistInnen aus anderen inhaltlichen Bezugssystemen prozessorientiert in klinischen, wirtschaftlichen und sozialen Kontexten? Wie wird in Selbsterfahrung und Therapie interveniert? Wie kommen Modelle in Organisationsberatung und Supervision konkret zur Anwendung? Welche Konzepte und Interventionen bezogen auf Thema, Klientel, organisatorische und gesellschaftliche Rahmenbedingungen lassen sich daraus ableiten? Welches Prozessverständnis ist schließlich vorherrschend und was wird dadurch ermöglicht?

Die hier versammelten Aufsätze geben Antwort auf diese Fragen und beschreiben die gelebte Praxis gruppendynamischer Theorien in verschiedenen Anwendungsfeldern aus unterschiedlichen Perspektiven. Gemeinsam ist ihnen die Ausrichtung am Gruppenprozess und die prozessorientierte Gestaltung professionellen Handelns. Die Arbeit von Gruppen an ihren Themen ist immer auch begleitet von der Arbeit an ihren informellen Struktur- und Identitätsbildungen. Nicht nur was bearbeitet wird, sondern gerade *wie* dies in Wechselwirkung zwischen Innen und Außen geschieht, schafft Wirklichkeit. Der durchgängige Blick darauf, wie sich zu bearbeitende Themen, Inhalte und Ziele von Gruppen anhand aktueller „Hier-und-Jetzt-Situationen" in Szene setzen, bezeichnet die „Arbeit am Prozess". Dieser beinhaltet die sozialen Dimensionen des Miteinanders ebenso wie inhärente Widerstände gegenüber Veränderungen und Entwicklungen. Im Querschnitt aller Beiträge kristallisiert sich eine Haltung heraus, die mit Widerständen rechnet und diese für das Verständnis der Situation und als Grundlage für impulsgebende Interventionen nützt.

In der vorliegenden Sammlung von Beiträgen wird die Essenz gruppendynamischen und gruppenpsychotherapeutischen Denkens und Wirkens sichtbar. Beispielhaft werden Prozesse des Verstehens beschrieben: über das Leben in Gruppen, Teams und Organisationen und wie sie sich als Abbilder gesellschaftlicher Bezugssysteme gestalten. Über den methodenspezifischen Zugang des prozesshaften Verstehens werden entwicklungsfördernde Interventionen plausibel und nachvollziehbar.

Die konkrete Aufbereitung der Auseinandersetzung erfolgt in drei Teilen entlang der Schwerpunkte: Training, Beratung und Supervision, Selbsterfahrung und Gruppenpsychotherapie sowie Konzept und Reflexion.

Der erste Teil des Bandes spannt den Bogen von Organisationsberatung über Teamentwicklung bis zu Organisationssupervision als spezifischem Format. Zentrale Themen sind die Gestaltung von Veränderungsprozessen z. B in der Arbeit mit Führungskräften. Anhand konkreter Beschreibungen von Sitzungsabfolgen wird prozessorientiertes Intervenieren im Kontext deutlich.

Der zweite Teil widmet sich der Gruppenselbsterfahrung und Gruppen-psychotherapie. Es finden sich Artikel mit grundsätzlichen Fragestellungen: Wie wirkt die Gruppenpsychotherapie? Welche psychischen, sozialen, seelischen Prozesse und Erfahrungen braucht es, um Entwicklungen in Richtung Gesundheit anzuregen? Ebenso finden sich Beiträge, die interessante Einblicke in gruppenpsychotherapeutische Prozesse gewähren. Die spezifischen Bedürfnisse der beschriebenen KlientInnengruppen, die daraus abgeleiteten Rahmenbedingungen und Interventionen machen die Besonderheiten dieser Arbeit nachvollziehbar, auch für Psychotherapeut-Innen, die bisher wenig Kontakt zu diesen Bereichen hatten.

Im dritten Teil wird der Schwerpunkt auf die Konzepte gelegt. Überlegungen zur Gestaltung von Prozessen in Großgruppen, in Kontexten institutioneller (klinischer) Arbeit und Kontexten der Organisationsentwicklung runden den Band ab.

Soweit einige der Breiten, Höhen und Tiefen der Anwendungsgebiete, im prozess- und gruppenorientierten Raum. Nun gilt es einzutauchen. Wir wünschen den Leserinnen und Lesern spannende Erfahrungen.

Lilli Lehner, Andrea Sanz, Regina Trotz

Training, Beratung und Supervision

Entwicklung, Training, Beratung
Überlegungen zur Arbeit mit Führungskräften

Susanna Schenk

Zusammenfassung

Anhand von ausgewählten Themen werden die Beiträge der Gruppendynamik und der Organisationsberatung in der Arbeit mit Führungskräften beschrieben. Im Zentrum stehen Überlegungen, wie diese mit Prozesskompetenz ausgestattet werden können, um Entwicklungen, die sie in der täglichen Arbeit und in Veränderungssituationen unterstützen, zu initiieren.

Aufgaben, Rollen und Kompetenzen von Führungskräften

Führungskräfte sind mit hoher Komplexität ihrer Aufgabengebiete konfrontiert. Sei es in der Qualität der MitarbeiterInnen-Führung, sei es in der Produktpräsentation, in den Vorgaben oder in der Reaktionsschnelligkeit bezogen auf Umfeld- und Rahmenveränderungen des Marktes, auf allen Gebieten ist die Anforderung hoch und die Kraft in der Führung gefragt und nötig.

Neben der Fähigkeit Entscheidungen zu treffen, wird auch Prozesskompetenz zunehmend wichtiger, z. B. Kommunikations- und Informationsprozesse steuern und Strategieprozesse einleiten zu können sowie Projekte insgesamt als prozesshaft betrachten und begleiten zu können. D. h. das Vermögen aktiv Prozesse zu gestalten und deren Entwicklung zu steuern, sowie das Prozessgeschehen in den institutionellen Rahmen zu setzen, sind unverzichtbare Kompetenzen.

Oft kommen Personen in Leitungsfunktionen, die eine sehr hohe Leistung in ihrem Fach gezeigt haben, d. h. Produktkompetenz aufweisen. Nicht in allen Unternehmen wird zusätzlich auf Kommunikationsfähigkeit geachtet, was bald zum Problem wird, da die Steuerung von Kommunikationsprozessen ein vorrangiger Aspekt von Führungsarbeit ist. Wenn die Führungskraft die produktorientierte Haltung beibehält, hat das zur Folge, dass zu wenig Leitungstätigkeiten übernommen werden. Vor allem die Steuerung von längerfristigen Projekten und Prozessen kommt in diesem Denken zu kurz.

Woran kann die Leistung einer Führungskraft gemessen werden? Letztendlich am Erreichen von Unternehmenszielen, an Zahlen also, die – zumindestens auf den ersten Blick – wenig Rückschluss auf das *Wie* zulassen.

Personen, die mit einer Führungsfunktion betraut werden, freuen sich anfänglich meist über die Möglichkeit zu gestalten bzw. gestaltend einzugreifen. Die Motivation ist hoch. Warum aber begegnen wir dann so häufig LeiterInnen, die verhärtet und enttäuscht, neuen Erfahrungen gegenüber nicht aufgeschlossen sind; MitarbeiterInnen eher als persönliche FeindInnen betrachten, die sie am Erreichen ihrer Ziele hindern oder – dem entgegengesetzt – sich als Betriebsräte derselben verstehen, anstatt sich mit den Interessen der Unternehmensleitung zu identifizieren; oder solchen, die – etwa in Führungskräftetrainings und Organisationsentwicklungsprozessen – Techniken erlernen wollen, wie sie ihre MitarbeiterInnen möglichst unauffällig manipulieren können?

Die meisten dieser Führungskräfte haben die Erfahrung gemacht, dass die Gestaltung ihrer Rolle als ChefIn nicht angenommen wurde. Es braucht keine LeiterInnen, die die gesamten Produktkompetenzen besser beherrschen als die MitarbeiterInnen, sondern solche, die Rahmenbedingungen schaffen, sodass MitarbeiterInnen ihre Arbeit auf hohem Niveau erledigen und hohe Leistung erbringen können.

Das bedeutet Prozesse zu initiieren, zu steuern, zu kontrollieren und Abweichungen und Ergebnisse festzuhalten, für eine Kommunikations-struktur zu sorgen, in der alle die benötigten Informationen erhalten und die Kommunikation sich zielorientiert gestaltet. Dies sind allesamt Handlungen und Arbeiten, die nicht unmittelbar sichtbar sind, wie das Produkt selbst, sich aber in Ergebnissen, wie z. B. Verkaufszahlen, KundInnenzufriedenheit, MitarbeiterInnenzufriedenheit etc. ausdrücken. Das bedeutet, es ist emotional auszuhalten, die Produktleistung den MitarbeiterInnen zu überlassen und damit auch den Erfolg zu teilen – für Personen mit unbearbeiteter Konkurrenzproblematik undenkbar.

Um das alles zu bewältigen, brauchen Führungskräfte – vergleichbar mit SportlerInnen – psychische und physische Kraft. Diese ist trainierbar und aufbaubar. Durchhaltevermögen, Zeit- und Ressourcendisziplin, Überblick durch Bereitschaft zum Positionswechsel, Beweglichkeit, Veränderungsbereitschaft etc. sind erlernbar. Menschen, die zu LeiterInnen geboren wurden, sind rar, ebenso jene, die diese Kompetenzen über Nacht beherrschen. Meist ist jahrelange Auseinandersetzung mit den Kompetenzen des Leitens und Führens notwendig, bis auch in Krisen- und Entscheidungssituationen ein genügend großes Verhaltensrepertoire beherrscht wird und Spielräume erkannt werden können.

Kompetenzen können in Weiterbildungen, wie z. B. in Führungskräfte-Seminaren und Lehrgängen, erworben und vertieft werden, jedoch lässt nur die kontinuierliche Reflexion der Rollen und Aufgaben im Alltag größere Entwicklungen zu. Auch Methoden und Techniken können erlernt werden: Wie steuere ich Besprechungen, welche Techniken nutze ich, um Ergebnisse und Prozesse zu dokumentieren, wie sorge ich für Erinnerung an Gesagtes, wann sollte ich in Konflikten eingreifen?

Theorien der Gruppendynamik und der Organisationsberatung zeigen Wege auf, Führungskompetenzen zu entwickeln oder zu erweitern.

Der Beitrag der Persönlichkeitsentwicklung

Eine Reihe von AutorInnen hebt Persönlichkeitsentwicklung als wesentliches Element der Führungsarbeit hervor, d. h. an den Bereichen der persönlichen Wirksamkeit zu arbeiten und über Feedback Einblicke in das eigene Verhalten zu bekommen. Die Führungskraft ist „[...] der Mensch im Veränderungsgeschehen als Antreiber und Adressat von Veränderung zugleich" (Doppler 2003, 9).

Nur Menschen, die eine innere Bereitschaft zum persönlichen Wandel haben, werden einen solchen in Unternehmen und Organisationen managen können.

Pechtl stellt den Zusammenhang zwischen persönlichen Lebenskonzepten und der Bildung von Theorien und Arbeitsmodellen her (2001, 246ff). Entwicklung erfolgt demnach immer auf beiden Ebenen gleichzeitig. Führungskräfte brauchen ein großes Wissen über die Dynamik von

Veränderungsprozessen, auftretende Widerstände, Ängste – eigene und fremde – wie jene der MitarbeiterInnen. Weiters benötigt Führungsarbeit das Vermögen, die in Veränderungsprozessen auftauchenden Dynamiken in den Prozess miteinzubeziehen, anstatt sie als Störungen abzuwerten. Dies ist nur möglich, wenn man sich aktiv mit Veränderung auseinander gesetzt hat. Andernfalls resultiert daraus die häufig anzutreffende Meinung, dass sich die anderen ändern sollen.

Die Akzeptanz der Tatsache, dass die Welt nicht nur aus vorwärts streben-den Handlungen und Prozessen besteht, sondern Innehalten, gegenläufige Bewegungen und Reibungen Teil der personellen und gruppalen Entwicklung sind, ist ein wesentlicher Aspekt in der Persönlichkeitsentwicklung von LeiterInnen. Die Fähigkeit der Selbstreflexion ist ein anderer Aspekt. Sowohl privat als auch beruflich ist es hilfreich, eigene Anteile in Konflikten mit Personen zu erkennen anstatt die Schuld am Bremsen oder Verharren anderen zuzuweisen und sich selbst unabänderlich im Recht zu fühlen. Ein Konfliktverhalten, das in hierarchischen Verhältnissen zum Scheitern führt, wenn z. B. Konflikte mit vorgesetzten Personen in Endlosschleifen wiederholt werden, ist nicht förderlich.

Das Ansetzen bei der Person der Führungskraft ist ein wirkungsvolles Entwicklungskriterium, hat aber auch Grenzen. Wandel, der nicht in der Gesamtorganisation verankert ist, wird scheitern. Führungskräfte brauchen einen Blick dafür, welche Entwicklungen innerhalb vorhandener Strukturen möglich sind und wo Strukturwandel erfolgen muss. Die Auseinander-setzung mit dem Wandel ist also untrennbar mit der Erkenntnis über Grenzen verbunden, sonst leben Führungskräfte die Idealisierung der Machbarkeit. Das ist der sichere Weg in Burnout oder persönliches Scheitern.

Der Beitrag der Gruppendynamik

Das Entwickeln sozialer Kompetenz wird für Führungskräfte zunehmend zur unverzichtbaren Grundlage des Handelns. „Sozialkompetenz ist in der Managerausbildung nicht alles, aber ohne sie ist alles andere nichts" (Doppler 2003, 15).

Die Gruppendynamik versteht unter sozialer Kompetenz Fähigkeiten des

Kommunizierens, des Beziehens, des adäquaten Handelns in unterschiedlichen Situationen. Es geht da z. B. um Fähigkeiten wie Zuhören, unterschiedliche Ebenen in Gesprächen erkennen und benennen können, Konflikte aushalten können, sich selbst und andere wahrnehmen und über Feedback Wahrnehmungen mitteilen können. Feedback ist ein wesentliches Veränderungs- und Entwicklungsinstrumentarium. Sei es bezogen auf persönliche Merkmale, auf Arbeitsabläufe und Arbeitsweisen oder auf das Verhalten einer Person oder einer Gruppierung, eines Teams, einer Organisation. Immer dient es der Erhebung der momentanen Situation und der Herstellung eines gemeinsamen Ausgangs- und Standpunktes für Handlungen. Ohne Situationsanalyse und Ist-Standerhebungen führt jeder Wandel auf direktem Weg ins Chaos.

Gruppendynamik als Methode bietet Führungskräften Werkzeuge, um Situationen und ihre Dynamik hinsichtlich ihrer Möglichkeiten und Grenzen einschätzen zu können. Führungskräfte lernen dabei, Dynamiken zu steuern, nicht aber zu machen. Das bedeutet z. B. Interventionen zu einem Zeitpunkt zu setzen, zu dem die Abteilung oder die Person in der Lage ist, die geforderten Entwicklungsschritte zu gehen anstatt Interventionen zu setzen, die Widerstände verstärken. Prozessverläufe zu kennen und ihre Dynamik zu nutzen, erspart viele leere Kilometer, in denen versucht wird, einen Prozess zu beschleunigen oder zu stoppen.

Oft werden Beziehungsdynamiken (Konkurrenz, Kooperation, Vertrauen und Misstrauen, Kränkungen, Konflikte) von Führungskräften nur als Hindernisse in der Produktivität gesehen und abgewertet. MitarbeiterInnen sollten arbeiten und sonst keine Schwierigkeiten machen. Aber MitarbeiterInnen sind nun einmal Menschen mit Bedürfnissen nach Beziehung, Anerkennung und Feedback. Und LeiterInnen haben die Aufgabe, diese Bedürfnisse teils zu erfüllen und teils zu begrenzen.

Das Erkennen und Benennen von Fähigkeiten und Grenzen der MitarbeiterInnen auf persönlicher Ebene ist ein wesentlicher Bestandteil von Führungsarbeit. Sowohl für die Verteilung der Aufgaben als auch für die Zusammenstellung von Projektteams und Arbeitsgruppen gelten diese Tugenden als unverzichtbares Erfolgskriterium.

Ebenso ist das Vermögen Organisationsdynamiken einschätzen zu können für die Führungsaufgabe von LeiterInnen erleichternd. MitarbeiterInnen sollen in der Vorstellung ihrer LeiterInnen oft Veränderungen vollbringen, die die Organisation nicht bereit ist zu vollziehen. Z. B. kann in einer Institution, deren Ressourcen darauf ausgerichtet ist Menschen zu verwahren (etwa Psychiatrie oder Strafvollzug), von den MitarbeiterInnen nicht gefordert werden, dass sie in hohem Ausmaß an der Entwicklung ihrer Klientel arbeiten. Diese Dynamik zeigt sich auch in der Forderung nach effektiverer Arbeitsweise bei gleichzeitiger Ausweitung des Verwaltungsaufwandes der Organisation.

Damit stellen Führungskräfte oftmals eine nahezu paradoxe Situation her, in der es unmöglich ist, die eigenen Forderungen zu erfüllen. Die Organisation schafft die Grenzen für die Entwicklungsfähigkeit von Führungskräften und MitarbeiterInnen, das bedeutet, eine Person kann sich nur so weit entwickeln wie die gesamte Gruppe, Abteilung, Organisation es zulässt.

Trainings und Lehrgänge

Ziele, Inhalte, Methoden

Trainings für Führungskräfte sind ein sinnvolles Mittel der Kompetenzvertiefung und des Kompetenzerwerbs. Ziele werden meist impulsgebend formuliert, d. h. es werden Aspekte des Führens und Leitens herausgegriffen und thematisiert. Je nach Zielgruppe werden unterschiedliche Schwerpunkte gesetzt.

Im Folgenden sind einige Beispiele für Zielformulierungen und methodische Hinweise aufgeführt. Die Führungskompetenz von Personen soll reflektiert und erweitert werden. Dies geschieht durch die Auseinandersetzung mit Fragestellungen und methodischen Hilfen auf den Ebenen Person, Team, Organisation:

- Zielbewusstheit: Das Wissen um persönliche Arbeits- und Organisationsziele ermöglicht effektives Handeln und klare MitarbeiterInnenführung. Zielorientiertes Vorgehen und Strategieentwicklung sollen geübt werden.
- Funktionalität: Das Begreifen der eigenen Funktion (Aufgaben- und Rollenverständnis) hilft LeiterInnen dabei, eigene und Organisationsgrenzen zu wahren und gleichzeitig neue Handlungsspielräume zu entdecken.

- Zeit- und Konfliktmanagement: Es sollen wirksame Strategien zur Bewältigung von Stress- und Konfliktsituationen erworben werden.
- Wirksames Entscheiden und Handeln: Entscheidungsprozesse sind Schlüsselprozesse, deren Abläufe reflektiert und deren Steuerung mit Hilfe von Gruppenmodellen erlernt werden kann.
- Gestalten von Kommunikationsprozessen: Qualitätskriterien für Informations- und Kommunikationsprozesse werden erarbeitet.

Konzeptuelle Überlegungen

Fast alle Führungskräfte haben ein Zeitproblem. Sie haben zu wenig Zeit für die Planung ihrer Arbeit, sie möchten in Fortbildungen keine Zeit vergeuden, die Beschäftigung mit Prozessen dauert ihnen zu lange.

Dieses Zeitproblem entspricht teils der Realität in Organisationen, teils dem persönlichen Zeitmanagement und teils dem Ausdruck von Widerständen. Keine andere Gruppe von SeminarteilnehmerInnen spricht so rasch von Zeitvergeudung, wenn es um persönliche Fragestellungen geht wie Führungskräfte. Der Satz: „Das ist Zeitvergeudung" heißt fast immer auch: „Das wird mir jetzt zu persönlich". Und was hat das Persönliche schon mit der Leitungsarbeit zu tun?

Dieser Widerstand ist ernst zu nehmen, weil das Ausblenden des Persönlichen natürlich auch ein Schutz in einer sehr ausgesetzten Position ist.

Jegliche Konzeption für ein Führungskräfte-Training oder einen entsprechenden Lehrgang muss die Ängste vor dem Persönlichen miteinbeziehen. Hilfreich dabei ist ein gut durchdachtes, theorie- und methodenorientiertes Angebot, welches die Anteile der Persönlichkeitsentwicklung inhärent mitliefert und Erfahrungen vermittelt, die den TeilnehmerInnen den Wert der Selbstentwicklung eröffnet und das Zulassen von Prozessgeschehen ermöglicht. Dies wird durch Übungen und Aufgabenstellungen unterstützt, aber vor allem durch das Nutzen von Bildern und Analogien, die einen leichteren Zugang zum Erleben schaffen können und oft mehr verdeutlichen als Theorie und Praxis (vgl. Königswieser/Exner 1999, 40f).

Erfahrungen

Führungskräfte-Trainings sind oft durch starke Widerstände im Prozess gekennzeichnet. Diese lassen sich meines Erachtens aus mehreren Aspekten erklären. Da ist einmal die Tatsache, dass das Thema Leitungskompetenz sowie deren Unter-Beweis-Stellung die Führungskräfte zueinander und zum/zur TrainerIn in starke Konkurrenzen bringt. Es geht ja darum, etwas zu erlernen, was man eigentlich schon können müsste! Etwas nicht zu wissen bedeutet, sich eine Blöße zu geben. Deswegen ist die Tendenz von sich selbst möglichst wenig herzuzeigen und gleichzeitig möglichst viel zu konsumieren, vorherrschend.

Es kann eine große Erleichterung sein, zu begreifen, dass das Können-Müssen nicht im Vordergrund steht und im Austausch Ähnlichkeiten und Unterschiede im Verhalten festgestellt werden können.

Von TrainerInnen wird erwartet, dass sie demonstrieren, wie das Leiten besser geht. Dabei werden alle Widerstände, mit denen sich ChefInnen alltäglich konfrontiert sehen, gnadenlos und frei nach dem Motto: „Mal sehen, was der oder die in dieser Situation macht." an den TrainerInnen erprobt. Das Repertoire reicht von Arbeitsverweigerung und Abweichung bis zu Abwertung und dem So-tun-als-ob.

Aus gruppendynamischer Sicht ist also ein großer Teil der Arbeit in Führungskräfte-Trainings Widerstandsarbeit, die langsam starre Verhaltensmuster in Frage stellt und prozessorientiertes statt ergebnis- oder fehlerorientiertes Denken implementiert. Das bedeutet auch einen Wandel des Denkens „Nicht in Strukturen, schon gar nicht in vertikal abgeteilten, an der Hierarchie orientierten Teilbereichen denken, sondern in horizontalen Prozessketten, die sich am Markt und am Kundenbedürfnis orientieren" (Doppler 2003, 12). Auf der Persönlichkeitsebene bedeutet das, eine Änderung der Haltung Leistung und Erfolg gegenüber zu erreichen und die Angst vor Veränderung zu minimieren.

Dazu ein Beispiel aus einem Führungskräfte-Lehrgang:

In einer Fallarbeit schildert die Leiterin einer großen Organisation einen Konflikt mit einer nahen Mitarbeiterin, die sie vor mehr als acht Jahren für diesen Job ausgewählt hatte. Damals wäre sie bereit gewesen eine Bedingung dieser Mitarbeiterin zu akzeptieren und noch heute leide sie unter diesem Fehler. Jeden Tag sei sie mit ihrem eigenen irreversiblen Fehler konfrontiert und das sei eine große und auch schmerzliche Niederlage für sie, die jeden Tag auch für die anderen MitarbeiterInnen sichtbar werden würde. Die Situation schien für die Leiterin absolut unveränderbar zu sein.

Anhand dieser Situationsbeschreibung wird die Einstellung zur eigenen Leistung sehr deutlich: Ein einmal begangener Fehler in der Führungsarbeit führt zur persönlichen Niederlage. Die Beziehung zur Mitarbeiterin wird nicht als veränderliches, entwicklungsfähiges Prozessgeschehen betrachtet, das es zu steuern gilt, sondern als nahezu statisches Machtgeschehen, welches die Produktivität Tag für Tag stört.

In der weiteren Bearbeitung konnte von der Führungskraft wahrgenommen werden, dass die Initiierung von Veränderung, das Eintreten in den Kommunikationsprozess ihre Aufgabe sei, dass sich ihre Leistung nicht an vor acht Jahren richtig oder falsch getroffenen Entscheidungen misst, sondern an ihrer jetzigen Fähigkeit zu kommunizieren.

Im folgenden Prozessgeschehen der Führungskräfte-Gruppe diskutierten die TeilnehmerInnen unter großer Betroffenheit, dass das Thema Leistung ein völlig offenes für sie sei. Wenn sie nicht das Produkt als ihre persönliche Leistung betrachten, was bliebe dann? Strukturentwicklung und Steuerung wären bisher nebenbei gelaufen und zu kurz gekommen. Heilsame Verwirrung und in der Folge die Erkenntnis, dass es für Führungskräfte nötig ist, die Themen von Erfolg und Niederlage für sich neu zu definieren.

Der Beitrag der Organisationsberatung

Umstrukturierungsmaßnahmen werden häufig am Reißbrett, jenseits realer organisationaler Anforderungen, erdacht. Führungskräfte erhalten dann den Auftrag zur Umsetzung, der meist beinhaltet, dass es kein Innehalten geben darf. Produktion, Dienstleistung oder Verwaltung müssen im selben Umfang aufrecht erhalten werden. So passiert es, dass sowohl LeiterInnen als auch ihre MitarbeiterInnen keine Ahnung haben, wie die Veränderung im Gesamten aussieht, warum sie vollzogen wurde, geschweige denn, welche neuen Strategien es gibt. Sie sollen – in einer anderen Position mit anderen Aufgaben – ebenso funktionieren wie bisher und Leistung erbringen. Dieses

Vorgehen produziert ein hohes Maß an Verunsicherung, Unzufriedenheit, Ziellosigkeit und verbraucht viel Kraft.

Wie schade! Könnten doch gerade solche Veränderungen zu enormen Lernprozessen führen, die eine ausgezeichnete Fortbildung der Führungskräfte beinhalten könnten. Die Bewältigung von Phänomenen, Widerständen und Störungen, die Veränderungen begleiten, sind gleichzeitig Qualifizierungschancen für LeiterInnen.

Thiel (1999) beschreibt unterschiedliche Ebenen des Widerstandsgeschehens: Der Widerstand einzelner Personen als Folge von Verlustängsten oder gerichtet gegen zukünftige Überforderung und Überlastung sowie als Gegenmacht im Konkurrenzkampf. Darüber hinaus benennt er den organisationalen oder strukturellen Widerstand, zu dem auch die Mythenbildung gehört.

Das Begreifen der Tatsache, dass Widerstände Teil des normalen Entwicklungsgeschehens in Veränderungen sind, ist ein wesentlicher Lernprozess für Führungskräfte und zentraler Inhalt vieler Fortbildungsseminare und entsprechender Literatur (z. B. Doppler/Lauterburg 1994). Daraus folgt aus meiner Sicht, dass konkrete Umstrukturierungen und dazugehörige Organisationsentwicklungsprozesse immer Aspekte des Leitens mitbearbeiten müssen. Wesentliche Themen dabei sind die Funktionalität, das gemeinsame Verständnis von Leitung und Führung, der Umgang mit Vereinbarungen, Führungsstile und Wissen über die Gestaltung von Kommunikationsprozessen. Umstrukturierungsmaßnahmen böten also beste Gelegenheiten, Führungskräfte höher zu qualifizieren.

Dafür ist es nötig, es als Leitungsaufgabe zu sehen, Veränderungsprozesse zu steuern, der Kommunikation über das Prozessgeschehen Raum zu geben, Entwicklung und Beteiligung als erwünscht zu betrachten. Beratung und Begleitung ist dabei hilfreich. Ich spreche von einer Organisationsberatung, die mit der Leitung die gewünschte Veränderung erarbeitet, Ziele formuliert und die Führungskräfte in der Umsetzung berät und unterstützt, nicht von einer, die Umstrukturierungen durchführt und nach dem sogenannten Kick-Off die Arena verlässt.

Im Folgenden sollen einige exemplarische Überlegungen angestellt werden, wie LeiterInnen ihre Kräfte in Entwicklungsprozessen trainieren können.

- Organisationsentwicklungsprozesse brauchen eine Steuerung, die sicherstellt, dass beteiligte Einheiten miteinander über den Prozess in Kommunikation bleiben und die Entwicklung den Zielen gemäß auf Kurs bleibt. Meistens werden Steuerungsgruppen gebildet, die die beteiligten LeiterInnen und die Beratung umfassen. Vorrangiges Ziel von Steuerungsgruppen ist meines Erachtens, das Gesamte im Auge zu behalten. Damit ist auch ein wesentliches Lernfeld für Führungskräfte beschrieben: Das Entwickeln der Fähigkeit auf die gesamte Organisation zu achten und nicht nur auf die eigene Abteilung, das eigene Team oder die eigene Teilorganisation und die Fähigkeit Entwicklungen aufeinander abzustimmen. Unweigerlich werden dabei auch Themen der Führung wichtig: Wie gestalten wir die Information über den Prozess? Welche MitarbeiterInnen wollen wir einbeziehen? Welche Konflikte und Widerstände, welche positiven Effekte werden erzielt? Welche Organisationseinheiten treten in Konkurrenz zueinander? Gibt es doppelte Arbeitsabläufe?

- Dabei wird die Dynamik in der Steuerungsgruppe zum Spiegel der Dynamik in der Gesamtorganisation. Die Führungskräfte erlernen aus dem Instrumentarium der Selbstbetrachtung Interventionen abzuleiten, die im Gesamtprozess förderlich sind. So kann z. B. aus einer plötzlich auftretenden Konkurrenz zwischen zwei AbteilungsleiterInnen sichtbar werden, dass Aufgabengebiete und Arbeitsaufträge der Abteilungen nicht deutlich beschrieben sind und es daher Konkurrenzkonflikte gibt. Gelingt es in der Steuerungsgruppe Probleme, auftauchende Schwierigkeiten und Widerstände vorweg zu nehmen, so haben die Führungskräfte in ihren eigenen Abteilungen einen Erfahrungsvorsprung, der ihnen hilft, Entscheidungen in solchen Situationen zu treffen und Handlungen zu setzen.

- Auch zwischen BeraterInnen und Führungskräften gibt es in Organisationsentwicklungsprozessen Wechselwirkungen. Oft sind BeraterInnen damit konfrontiert, versteckte Angebote zu bekommen, die geheime Leitung im Unternehmen zu übernehmen, weil sich die Führungskräfte gerne vor den mit einer Umstrukturierung einhergehenden Konflikten schützen würden. Der unangenehme Teil der Arbeit soll von den BeraterInnen erledigt werden. Verführerisch – schmeichelt es doch der Eitelkeit als die besseren LeiterInnen gesehen zu werden – aber im Sinne des Arbeitsauftrags dysfunktional.

Solch delegierte Arbeitsaufträge sind wichtige Hinweise für BeraterInnen. Sie erhalten Informationen darüber, was in der betreffenden Organisation vermieden wird, z. B. wird der Umgang mit schwierigen MitarbeiterInnen über unterschiedliche geheime Aufträge an die BeraterInnen delegiert. Aufgabe der BeraterInnen ist es, die Vermeidungshaltung in der Organisation zu bearbeiten und nicht, die Probleme des Unternehmens selbst lösen zu wollen.

- Umstrukturierungs- oder Organisationsentwicklungsprozesse beinhalten immer auch unplanbare Momente und Überraschungen. Prozessorientiertes Arbeiten bedeutet, Entwicklungen ernst zu nehmen, ihnen zu folgen und sie zu steuern. Sowohl für BeraterInnen als auch für Führungskräfte ist Unkenntnis im kreativen Prozess der Gestaltung von Grenzen und Übergängen in Entwicklungsprozessen ein Segen (Tippe 2008, 64).

- Das Erfahren und Reflektieren von Prozessen und Dynamiken ist ein wichtiges Lernfeld für Führungskräfte. Geschult, sich hauptsächlich an Ergebnissen zu orientieren, können sie an ihren BeraterInnen ein anders Verhalten beobachten. Da gibt es jemanden, der Spannung ertragen und diese für Entwicklung nutzen kann. Eine für Führungskräfte unverzichtbare Kompetenz, die durch einen Beratungsprozess im Kontakt zu den BeraterInnen erlernt werden kann.

An Führungskräfte werden sowohl im Persönlichen als auch im Beruflichen hohe Anforderungen gestellt, auf die sie nicht immer gut vorbereitet wurden. Dazu bieten gruppendynamische Beratungsprozesse Möglichkeiten der Persönlichkeitsentwicklung, des Kompetenzerwerbs und der Kompetenzvertiefung.

Literatur

Doppler K (2003) Der Change Manager. Sich selbst und andere verändern – und trotzdem bleiben wie man ist. Campus, Frankfurt

Doppler K, Lauterburg C (1994) Change Management. Den Unternehmenswandel gestalten. Campus, Frankfurt

Königswieser R, Exner A (1999) Systemische Intervention. Architektur und Design für Berater und Veränderungsmanager. Klett-Cotta, Stuttgart

Pechtl W (2001) Zwischen Organismus und Organisation. Wegweiser und Modelle für Berater und Führungskräfte. Landesverlag, St. Pölten, Wien, Linz

Thiel H U (1999) Widerstand gegen Veränderung in Supervision und Organisationsberatung. In: Pühl H (Hg) Supervision und Organisationsentwicklung. Handbuch 3. Leske+Budrich, Opladen, 228–245

Tippe A (2008) Provokant? In: ÖAGG Kongress 2007. Praxis der Beratung im gesellschaftlichen Wandel. Tagungsband. Feedback-Sonderausgabe 2008/326. ÖAGG, Wien

Spieglein, Spieglein an der Wand, wer ist die Beste im ganzen Land? Zur Kooperation von Konkurrentinnen in der Teamentwicklung

Monika Stützle-Hebel

Zusammenfassung

Vor dem Hintergrund von Motivations- und Feldtheorie sowie gruppen-dynamischen Konzepten der Selbstorganisation werden Thesen diskutiert, die den Zusammenhang von Konkurrenz und Kooperation in Teams mit menschlichen Grundbedürfnissen, gruppalen Aufgaben, Zielen, Motiven, Erwartungen und Wahrnehmungsprozessen herstellen. Gruppendynamische Strukturelemente wie Zugehörigkeit und Teamkultur, die Funktion von Selbstorganisation und Teamumwelt bilden die Basis, um Konsequenzen für ein gruppendynamisches, prozessorientiertes Design von Teamentwicklung abzuleiten. Parallel dazu wird dessen Umsetzung im Rahmen von Teamentwicklungsmaßnahmen in einem Sportteam dargestellt.

Wie kann Kooperation unter Konkurrenzbedingungen gelingen?

Mit der zunehmenden Bedeutung von Teamarbeit in Organisationen wird die Frage, wie unter Konkurrenzbedingungen Kooperation gelingen kann, immer wichtiger. Unter der Oberfläche von Sacharbeit herrscht in jedem Team auch Konkurrenz. Das Gelingen von Kooperation unter Konkurrenzbedingungen entscheidet über den Erfolg der Teamarbeit. Anhand einer Teamentwicklungsmaßnahme in einem Sportteam, in dem sich diese Situation besonderes brisant zeigt, diskutiere ich im Folgenden damit zusammenhängende Fragen.

Ich werde dabei anhand von Thesen Phänomene von Konkurrenz und Kooperation auf verschiedenen Ebenen beleuchten. Die Implikationen für dieses Teamentwicklungs-Design weisen eine gewisse Redundanz auf. Hier zeigt sich, wie mehrfach determiniert und komplex einzelne Arbeitsschritte eines gruppendynamisch prozessorientierten Designs sind.

Zehn Thesen zu Konkurrenz und Kooperation in Gruppen und Teams

1. Konkurrenz und Kooperation stehen im Dienste individueller Bedürfnisse.
2. Konkurrenz und Kooperation stehen im Dienste gruppaler Aufgaben.
3. Konkurrenz liegt ein Entweder-Oder-Denken zugrunde.
4. Die Konkurrenzkultur entscheidet über die Möglichkeit zu Kooperation. Konkurrenz ist eine wertvolle Triebkraft für Leistung, tabuisierte Konkurrenz wirkt schädlich.
5. Voraussetzung für Kooperation ist Zugehörigkeit.
6. Es gibt keine Kooperation ohne erkennbaren Kooperationsgewinn für die Einzelnen.
7. Einzelne handeln in der Gruppe aufgrund ihres eigenen Verständnisses von Teamziel und Teamzweck. Ohne dies gründlich zu klären und Teamziele mit individuellen Zielen in Einklang zu bringen, gibt es keine Kooperation.
8. Kooperation und Konkurrenz erfordern Orientierung bezüglich der eigenen Bedürfnisse und innerhalb der Gruppe.
9. Für Entwicklung, Arbeitsfähigkeit und Kooperation eines Teams sind alle in gleichem Maße verantwortlich.
10. Kooperation im Team erfordert Kooperation innerhalb der Organisation.

Fallbeispiel: Teamentwicklungsmaßnahme

Die Teamentwicklung wurde mit einem Nationalteam einer Individualsportart, in der Staffelwettbewerbe eine hohe Bedeutung haben, durchgeführt. Leistungsorientierung und Konkurrenz finden dort auf einem äußerst hohen Niveau statt, das körperliche Leistungsniveau ist eher ausgereizt. Dies ist insofern von Bedeutung als Erfolge und/oder Misserfolge weniger zufälligen Leistungsschwankungen zugeschrieben werden können, sondern unmittelbaren Veränderungen in der Teamdynamik.

Zur Anfrage kam es, weil das Team in den Staffelwettbewerben bei der vorausgegangenen Weltmeisterschaft ein Debakel erlebt hatte. Obwohl die Einzelerfolge der Vortage (zwei Goldmedaillen, einmal Bronze) einen deutlichen Sieg hätten erwarten lassen, war es nur der vierte Platz geworden. „Wenn wir ein Team gewesen wären, dann hätten wir doch unsere Zielsetzung erreicht". Lang zurück reichende Konflikte, die immer wieder aufbrachen, waren dem entgegenstanden. Ziel des Teams war, bei der nächsten Weltmeisterschaft (WM) den Staffelwettbewerb zu gewinnen.

Größe und Zusammensetzung des Nationalteams variierten saisonabhängig von sieben bis zwölf Athletinnen mit einer Nationaltrainerin. Die Teamspitze waren Profis, die anderen Teammitglieder finanziell unterschiedlich gut ausgestattete Amateurinnen.

Zunächst war ein Treffen zur Reflexion der zurückliegenden Weltmeisterschaft vereinbart. Ziel sollte sein, mit dem Team zusammen einen möglichen Bedarf für Teamentwicklung und die zu bearbeitenden Themen zu identifizieren. Da die Trainerin davon ausging, dass Themen für mindestens ein weiters Treffen angesprochen werden würden, war bereits ein Termin dafür in Aussicht genommen worden. Außerdem wurde vereinbart, alle nächsten Schritte sukzessive in Abstimmung mit dem Team zu planen und zu vereinbaren. Auf diese Weise kam es zu insgesamt vier Treffen.

Erstes Treffen

Das erste Treffen war für einen Tag anberaumt, fand zwei Monate nach der Anfrage statt und hatte die Auswertung der Weltmeisterschaft zum Inhalt. Das WM-Team (sieben Athletinnen plus Trainerin) untersuchte die WM-Erfahrungen hinsichtlich der erfüllten bzw. nicht erfüllten Erwartungen an Einzelne, das Team und die Trainerin. Diese Erwartungsklärung führte dazu, Stolpersteine beim Staffel-Team zu identifizieren, ein erstes gemeinsames Bild davon zu entwickeln, was das Team braucht, und miteinander zu vereinbaren, worauf in Zukunft geachtet werden soll. Als ein zentraler Stolperstein, der zahlreichen Missverständnissen und Enttäuschungen zugrunde lag, wurden die ungeklärten Beziehungen benannt. Deshalb wurde am Ende ein zweitägiger Workshop vereinbart, bei dem die Beziehungen untereinander Thema sein sollten.

Zweites Treffen

Drei Monate danach fanden zwei Tage Teambildung statt, an der acht Athletinnen (zwei fehlten) und die Trainerin teilnahmen. Als Methode zur

Selbstdiagnose wurde ein kreativer Einstieg gewählt (Malen von Team-Bildern). Dies führte zur Frage der Bedeutung des Teams: spezifische Ziele, Aufgaben und Funktionen, die Einzelne mit dem Team verbanden, Bedeutung von Erfolgen und Leistungsentwicklung der einen für die Möglichkeiten der anderen. Die Rolle der Trainerin wurde ebenso geklärt wie die Bedeutung störender Verhaltensweisen und der Umgang mit abwesenden Teammitgliedern. Während der zentralen Trainingsmaßnahmen fanden ab diesem Zeitpunkt regelmäßige Reflexions-Sitzungen statt. In einer dieser Sitzungen erarbeitete das Team dabei ein „Staffelpapier", in dem strategische Überlegungen zu Wettkampfvorbereitung und Wettkampfverhalten sowie Regeln festgeschrieben wurden.

Drittes Treffen

Das dritte Treffen fand vier Monate später (zwei Wochen nach Erstellung des „Staffelpapiers") statt und diente einen Tag lang der Auswertung des letzten World-Cup Staffelwettbewerbs. Ablauf und entstandene Pannen wurden besprochen und Schlüsse für den nächsten Wettbewerb daraus gezogen. Das Fehlen von vier Teammitgliedern gab Anlass zu Reflexion von Interdependenz, gemeinsamer Motivation und Sinn der Teamentwicklung und führte über einen Brief der Anwesenden an die Abwesenden zu deren Motivationsklärung.

Viertes Treffen

Dreizehn Monate später waren zwei Tage Teambildung angesetzt. Das aus 12 Athletinnen plus Trainerin bestehende Nationalteam (das WM-Team wurde erst später nominiert) entwickelte ein gemeinsames Verständnis vom Team-Zweck und leitete daraus ein Arbeitsbündnis ab. Ein Soziogramm und ausführliche Feedbacks bezogen auf die Rollen der Einzelnen klärten die Beziehungen im Zuge dieses Treffens. Die gedankliche Vorbereitung auf mögliche Gefahrenpunkte und Konfliktpotenziale, insbesondere mit Blick auf die Einbindung des Teams in den Sportverband und auf die Wirkung der Medien, bildeten den Abschluss. Im folgenden Monat siegte die Staffel bei der Weltmeisterschaft.

Implikationen für ein gruppendynamisches, prozessorientiertes Design

These 1: Konkurrenz und Kooperation stehen im Dienste individueller Bedürfnisse

Konkurrenz und/oder Kooperation sind Qualitäten von Beziehungsgestaltung. Menschen konkurrieren oder kooperieren miteinander und tun beides oft zugleich. Sie streben damit bewusst oder unbewusst Ziele an und befriedigen dabei zugleich – individuell unterschiedlich – menschliche Grundbedürfnisse. Es geht um Identität und Selbstwert, Abhängigkeit und Autonomie in Beziehungen und Selbstwirksamkeit (vgl. König/ Schattenhofer 2007, 43 ff; Antons et al 2001, 309; Thomae 1979, 276).

Kooperation		Konkurrenz
Zugehörigkeit		Abgrenzung und Unterscheidung durch Vergleich
↘	**Identität und Selbstwert**	↙
Geliebt werden u. Nähe Bindung		Individuation Autonomie
↘	**Beziehung**	↙
Einfluss/Bedeutung in/für Gruppe		Können/Überlegenheit Machterleben
↘	**Selbstwirksamkeit**	↙

Abb. 1: Die Bedeutung von Kooperation und Konkurrenz für die Grundbedürfnisse

Die Identifizierung mit der Gruppe prägt die eigene Identität und das Selbstwerterleben. Konkurrenz wiederum ermöglicht über den Vergleich mit anderen eine differenzierte Selbsteinschätzung (anders sein und etwas besser oder schlechter können), welche Identität und Selbstwerterleben prägt (vgl. Fengler 1996, 79f). Kooperation erfordert und schafft ein gewisses Maß an Nähe, zugleich wird Abhängigkeit im positiven Sinne erlebt. Man braucht andere und erlebt wechselseitig Verlässlichkeit und Vertrauen. In der Konkurrenz wird Eigeninteresse verfolgt, eigene Kraft und Stärke gelebt und nach Unabhängigkeit gestrebt. Es ist dieser Antagonismus – Wunsch nach Abhängigkeit und Streben nach

Autonomie – der unsere Beziehungsbedürfnisse prägt. Zu viel Nähe weckt deshalb Abhängigkeitsangst sowie Autonomiestreben und erhöht die Wahrscheinlichkeit konkurrierenden Verhaltens. In der Konkurrenz erlebt man, was man kann und wie sehr man wirksam ist, selbst wenn man nicht siegt (vgl. Fengler 1996, 219). Ähnlich wird das Bedürfnis nach Selbstwirksamkeitserleben befriedigt, wenn jemand eine Gruppe (mit)bewegen kann und damit Macht hat. Kooperation ist schwieriger: Erst wenn Einzelne erkennen können, welche Bedeutung ihr Handeln und ihre Person für den Arbeitsprozess und die Leistung der Gruppe hat, erleben sie ihre Selbstwirksamkeit. Von dieser Warte aus betrachtet, sind sowohl Kooperation als auch Konkurrenz für Reifung notwendig. Die entscheidende Frage ist daher nicht, was wünschenswerter ist, sondern wie sie miteinander in Balance gehalten werden können, sodass unter Konkurrenzbedingungen kooperiert und in der Kooperation Autonomie gelingen kann sowie Macht und Unterscheidung erlebt werden können.

Design-Konsequenz

Wenn es darum geht, Kooperation zu stärken und Konkurrenz auf ein zuträgliches Maß zu reduzieren, ist ein wacher Blick auf die Funktion des aktuellen konkurrierenden Verhaltens hilfreich. Es lohnt sich zu untersuchen, wie weit in dem Team Grundbedürfnisse eine gewisse Befriedigung finden können. Können Teammitglieder auch im kooperativen Verhalten Selbstwirksamkeit erleben? Können sie in der Kooperation genug Autonomie erleben? Stimmt das Maß an Zugehörigkeit?

Die Teamentwicklung läuft vor dieser Hintergrundfolie ab. Interventionen sorgen dafür, dass Bedürfnisse hinter thematisiertem Verhalten bewusst werden, ausgesprochen und als berechtigt aufgenommen werden, dass Bedürfnis-Unterschiede benannt und mit ihnen teamverträglich umgegangen wird. Voraussetzung dafür ist die entsprechende Aufmerksamkeit bei der Leitung des Teamentwicklungsprozesses.

Für die Athletinnen war die Klärung der Ersatz-Rolle während des Wettkampfes ein wichtiger Schritt zur Stärkung der Kooperation. Sie führte zur stärkeren Einbindung und Bedeutung, indem den Ersatz-Athletinnen spezielle Aufgaben in der Vorbereitung der Starterinnen zukamen und sie dadurch einen anerkannten Anteil an der Teamleistung hatten.

These 2: Konkurrenz und Kooperation stehen im Dienste gruppaler Aufgaben

Menschen schließen sich immer zu bestimmten Zwecken zu Gruppen zusammen – insofern geht es in Gruppen immer auch um Kooperation. Damit eine Gruppe in der Lage ist, ihren Zweck zu erfüllen, muss jedes Gruppenmitglied seinen Platz in der Gruppe finden und die Gruppe eine innere Struktur entwickeln. Jede/r möchte im eigenen Sinn Einfluss auf Ziele und Aufgaben haben. Jede/r braucht eine gewisse Sicherheit, zur Gruppe dazuzugehören und Kontakt mit interessanten Anderen zu haben. Macht und Einfluss sind begrenzte Ressourcen, Ziele sind nicht beliebig miteinander vereinbar, Zugehörigkeit und Beziehungen erscheinen den Beteiligten begrenzt. So ist Konkurrenz untereinander bei einer sich bildenden Gruppe vorprogrammiert – und keine Gruppe kommt darum herum. Gruppenbildung erzeugt Konkurrenz um Macht, Beziehungen, Positionen, Ziele und ist Voraussetzung für Kooperation (vgl. Fengler 1996, 154). Gruppenreifung kann auch als Zusammenspiel von Integration und Differenzierung verstanden werden (vgl. König/Schattenhofer 2007, 56). Integration geht mit Kooperation insofern einher als ein gewisses Maß an Integration notwendig ist, damit überhaupt ansatzweise kooperiert werden kann und Kooperation die Integration steigert. Andererseits weckt Differenzierung Konkurrenz und Konkurrenz treibt Differenzierung voran. Wo Konkurrenz vermieden wird, gelingt der Reifungsschritt der Differenzierung oft nicht und Kooperation gelingt schlecht, weil die Gruppe sich nicht hinreichend differenziert hat.

Kooperation		**Konkurrenz**
· Integration ↘	Klärung von Zugehörigkeit Machtverhältnissen Beziehungsstruktur & Reifung der Gruppe (Ausbalancieren des gruppendynamischen Kräftespiels)	Differenzierung ↙

Abb. 2: Der Zusammenhang von Kooperation/Konkurrenz und Gruppenentwicklung

Design-Konsequenz

Aus dieser Wechselwirkung von Kooperation und Konkurrenz und der Gruppenentwicklung folgt, dass einem Team nur dann die für die kooperative Aufgabenerfüllung und erfolgreiche Zielerreichung notwendige Kooperation gelingt, wenn die Gruppe gereift ist. Teamentwicklung muss deshalb immer dafür sorgen, dass das Team seine gruppendynamische Aufgabe – das Kräftespiel um Zugehörigkeit, Macht und Beziehungsstruktur in eine dynamische Balance zu bringen – erledigen und daran reifen kann. Interventionen können unterstützen, dass Teammitglieder sich über ihre Teamzugehörigkeit im Klaren werden, damit Beziehungen wachsen können und sich die Gruppe differenziert. Dazu muss sich die Gruppe immer wieder selbstreflexiv mit ihrer Entwicklung auseinandersetzen.

Dieser Aspekt war die Grundlage jedes Arbeitsschrittes. Explizit der Selbstreflexion dienten die bildnerischen Darstellungen vom Team und deren Auswertung im zweiten Treffen, die Gespräche über Enttäuschungen und Erwartungen im ersten und dritten sowie die Feedbacksequenz im fünften Treffen.

These 3: Konkurrenz liegt ein Entweder-Oder-Denken zugrunde

Begrenzte Ressourcen für die Befriedigung von Bedürfnissen und Interessen erzeugen Konkurrenz (vgl. Fengler 1996, 82; Tillman 1980, 626). Im Sport siegt nur eine/r und bekommt die damit verbundenen Vergünstigungen (Startgelder, Bekanntheit, Anerkennung). Die Ressourcen für das Bedürfnis nach Anerkennung, Status, Geld, besseren Trainingsbedingungen usw. sind knapp, die Konkurrenz entsprechend hoch. In anderen Lebensbereichen ist es ähnlich: Aufstiegschancen, Ausbildungschancen, sogar die Chance auf Arbeit sind eng begrenzt. Konkurriert wird vor allem da, wo auch eine Chance zu gewinnen vermutet wird.

Design-Konsequenz

Konkurrenz kann dadurch reguliert werden, dass den Einzelnen klar wird, worum sie mit wem konkurrieren. Dazu brauchen sie Klarheit, welche Bedürfnisse und Interessen sie bei der Teamarbeit verfolgen und welche Mittel dafür geeignet sind. Meist entdecken sie verschiedene Mittel und zahlreichere Ressourcen als angenommen. Dies reduziert die Konkurrenz auf die wirklich knappen Ressourcen. Ein Austausch enttabuisiert konkurrierendes Verhalten. Gemeinsam gibt es mehr Lösungsideen und durch die wechselseitige Kenntnis der verschiedenen Bedürfnisse können Teammitglieder besser füreinander sorgen.

Ausgelöst durch die Team-Bilder im zweiten Treffen wurde offener über die Konkurrenz und die damit verbundenen Gefühle von Neid und die Wünsche nach Anerkennung gesprochen. Die Spitzenathletinnen fanden Anerkennung, indem die positiven Auswirkungen ihrer Leistungen für das ganze Team bedacht wurden: Fördergelder für das Nationalteam und dadurch verbesserte Trainings- und Entwicklungsmöglichkeiten. Auch wurde klar, dass um Verschiedenes auf verschiedene Weise konkurriert wurde – um die Aufmerksamkeit der Trainerin und der Verbandsleitung, das Medieninteresse, Sponsoren usw. – und dass der sportliche Erfolg noch das unproblematischste Konkurrenzfeld war.

Knappheit der Ressourcen ist meist weniger reale Gegebenheit als deren individuelle Wahrnehmung und Einschätzung. Nach Lewin sind es die Valenzen der in unserem inneren Lebensraum repräsentierten Umweltgegebenheiten (deren subjektive Bedeutung für die Befriedigung von Bedürfnissen) und deren Kräftefelder, die unser Verhalten bestimmen (vgl. Lang 1979, 51 ff; Lück 2001, 50). Aus der Feldtheorie folgt, dass von außen nur begrenzt erfasst werden kann, wann eine Situation bei einer Person zu konkurrierendem Verhalten führt. Darüber können nur die Beteiligten selbst Auskunft geben. Es kommt darauf an, welche Bedürfnisse jemand mitbringt und wie die Möglichkeiten, diese zu befriedigen, eingeschätzt werden. Welche Bedürfnisse will jemand über das Team befriedigen und welche Ressourcen werden wahrgenommen?

Design-Konsequenz

Interventionen sollten die differenzierte Wahrnehmung der eigenen Bedürfnisse und Interessen ebenso wie der möglichen Ressourcen herausfordern und unterstützen. Bedürfnisse werden vor allem da bewusst, wo sie enttäuscht werden. Erlebte Enttäuschungen können deshalb ein hilfreicher Ansatzpunkt sein. Selbstreflexion alleine reicht nicht – erst ein

Monika Stützle-Hebel

Austausch im Team über Bedürfnisse, Wahrnehmungen und Valenzen Einzelner kann Konkurrenz erden und sie transparent und bearbeitbar machen.

Im ersten Treffen waren die erlebten Enttäuschungen während der vorangegangenen Weltmeisterschaft der Ausgangspunkt, die unausgesprochen Erwartungen und Bedürfnisse mussten herausgearbeitet werden. Ähnlich führten die Team-Bilder im zweiten Treffen dazu, dass über die ungleiche Aufmerksamkeitsverteilung der Trainerin und deren Wirkung gesprochen wurde. Im vierten Treffen bildeten die eigenen Bedürfnisse explizit den Ausgangspunkt für die Beziehungsklärungen untereinander.

Da jede Person ihren spezifischen, in der Sozialisation erworbenen, Umgang mit Konkurrenz mitbringt, entstehen Probleme oft durch Deutung des Verhaltens anderer vor dem eigenen Erfahrungshintergrund (vgl. Fengler 1996, 33 und 83). So kann z. B. engagiertes Verhalten in einer Sache bei anderen Konkurrenzgefühle wecken und zu einer Eskalation von Konkurrenzverhalten führen.

Design-Konsequenz

Nur der Austausch über Konkurrenz im Team kann dieses Wahrnehmungsbias reduzieren und Projektionen auflösen. Dies erdet die im Team vorhandene Konkurrenz. Dazu sollte man über diese Gefühle und die Frage, wer wem wobei Erfolg gönnen kann, sprechen.

Das offene Gespräch über Konkurrenz, Konkurrenzgefühle und ihre Wirkungen, ermöglichte gegenseitiges Verstehen und angemessenere Deutungen des gegenseitigen Verhaltens. Phantasien, wer mit wem worum konkurrierte, konnten überprüft und korrigiert werden.

Bei aller Relativierung bleibt ein Rest von Ressourcenknappheit und damit Konkurrenz immer bestehen. Es kann nur eine Erste geben.

Design-Konsequenz

Es ist für alle Beteiligten entlastend, die Realität nicht auflösbarer Konkurrenz anerkennen zu können, einschließlich einer realitätsgerechten Einschätzung der eigenen Chancen. Angemessenes und offenes Feedback aus dem eigenen Team kann hilfreich sein und trägt zudem zu Transparenz, Nähe und einer Kultur der Offenheit und des Vertrauens bei.

Die Athletinnen entwickelten im zweiten Treffen den Wunsch, sich hinsichtlich ihrer Leistungen und ihres Leistungsstandes innerhalb des Teams besser einschätzen zu können. Sie fanden, dass die Teamkolleginnen dazu die besten Expertinnen wären, und vereinbarten Leistungsfeedback-Runden im Rahmen ihrer Trainingsmaßnahmen. Andererseits stellten sie beim dritten Treffen fest, dass sie für die Nominierungsfrage als Konkurrentinnen ungeeignet wären, und wünschten, dass diese Auswahl die Trainerin allein träfe.

These 4: Konkurrenzkultur entscheidet über Möglichkeiten zur Kooperation

Handeln ist immer mehrfach motiviert. Während in einer Hinsicht konkurriert wird bzw. werden muss, ist in anderer Hinsicht Kooperation notwendig (vgl. Fengler 1996, 9). Die jeweilige Kultur entscheidet darüber, wie stark das Handeln ihrer Mitglieder von Konkurrenz geprägt ist und ob auch kooperiert werden kann. Dabei sind zwei Aspekte entscheidend, erstens Transparenz versus Tabuisierung von Konkurrenz, zweitens Wertschätzung und Honorierung von kooperativem Verhalten.

Es wurde schon deutlich, wie wichtig das Reden über Konkurrenz ist. Wenn Konkurrenz tabuisiert, moralisch negativ konnotiert und abgewehrt wird, wird sie im Untergrund ihr Unwesen treiben – und übermächtig werden. Wenn Konkurrenz akzeptiert und mit ihren Licht- und Schattenseiten für Einzelne und Gemeinschaft betrachtet wird, kann sich ein sportlicher Umgang mit ihr entwickeln, neben dem dann auch Kooperation möglich ist und erstrebenswert erscheint (vgl. Fengler 1996, 185). Achtsamkeit im Umgang mit dem konkurrenzbedingten Spannungsverhältnis sowie bezüglich der Fehlformen von Konkurrenz kann sich einstellen, Beeinträchtigungen der Kooperationsbeziehungen können besprochen und gemeinsam minimiert werden.

Kooperativem Verhalten wird oft weit weniger Wertschätzung entgegengebracht als erfolgreich konkurrierenden Personen. Dafür einen formalen Raum zu schaffen, ist ein erster wichtiger Schritt.

Design-Konsequenz

Konkurrenz wertzuschätzen und einzubinden ist eine zentrale innere Haltung für die LeiterIn von Teamentwicklungs-Prozessen. Kann Konkurrenz positiv konnotiert werden, kann ihr eine akzeptierende Haltung entgegengebracht und das Anklingen von Konkurrenzthemen in akzeptierender und interessiert forschender Weise aufgegriffen werden? Transparenz mittels Austausch über entsprechend platzierte Interventionen ist vor allem in Teams, wo Konkurrenz tabuisiert ist, ein wichtiges Design-Element. Reden über die wechselseitigen Beziehungen bietet viele Ansatzpunkte. Die Interventionen sollten gruppenbezogen sein. Nur im Fall einer eindeutig individuellen Problematik sind auch individuumsbezogene Interventionen sinnvoll. Diese durchgängige Interventionshaltung wurde im zweiten und vierten Treffen thematisiert und fand vor allem bei den Fragen nach Normen und möglichen Konfliktpotenzialen, die aus der Einbettung in einen Verband und Sportbetrieb resultieren, ihren Niederschlag. Von gegenseitiger Anerkennung und Respekt getragene sportliche Konkurrenz ist anregend und stärkt. Die Erkenntnis, dass starke Konkurrentinnen innerhalb des eigenen Teams dieses erst attraktiv machten, regte eine Neubewertung der Konkurrenz an. Herausfordernde Trainingspartnerinnen sind erstrebenswert für die eigene Leistungssteigerung mit Blick auf die internationale Konkurrenz.

Es muss Raum für Feedback geben, um den Fragen nachzugehen, wer von wem welches Kooperationsverhalten braucht und wie wer wen diesbezüglich erlebt hat. Nach der Erarbeitung des Team-Zwecks im vierten Treffen gab es eine ausführliche Feedback-Runde zur Art und Weise des Beitrags zum Teamzweck bzw. zu dessen Beeinträchtigung. Im Anschluss daran vereinbarte das Team zukünftige Feedback-Gespräche. Entsprechende Interventionen sorgten bereits im zweiten Treffen dafür, dass neben den konkurrierenden Aspekten auch die stattfindende Kooperation gewürdigt wurde. Das Design selbst kann Kooperation auch dadurch fördern, dass in vielen Arbeitsschritten Kooperation aktuell erlebt und reflektiert werden kann.

These 5: Voraussetzung für Kooperation ist Zugehörigkeit

Kooperation bedeutet auch, die Interessen der Gruppe neben oder vor die eigenen zu stellen. Die Motivation dazu kommt aus erlebter – nicht formeller

– Zugehörigkeit. Man muss dazu gehören wollen, was eine entsprechende Attraktivität der Gruppe voraussetzt, und erleben, dass man als dazu gehörig angenommen ist. Nur wer sich als vollwertiges Teammitglied fühlen und verstehen kann, leistet vollen Einsatz für das Team.

Design-Konsequenz

Erstens braucht es Achtsamkeit gegenüber Äußerungen, die mangelhafte oder fehlende Zugehörigkeit signalisieren. Zugehörigkeit sollte unter verschiedenen Aspekten, wie z. B. Attraktivität des Teams, Relation von Teamzielen und individuellen Zielen, thematisiert werden. Dies war in diesem Fall besonders schwierig. Während der Saison gab es unterschiedliche Teams: Das Nationalteam änderte sich einmal jährlich, das Wettkampf-Team wurde relativ kurz vor einem bestimmten Wettkampf nominiert, das Staffelteam wurde erst am Tag zuvor aufgestellt. Deshalb schwankte auch die Größe der Zielgruppe bei den einzelnen Treffen. Wichtige Schritte waren, zu bemerken, dass dies überhaupt relevant sei, sowie die Bedeutung der mehrfachen Teamzugehörigkeiten zu sehen. Wer zum Staffelteam gehört, gehört zugleich zum Wettkampfteam und wer zum Wettkampfteam gehört, spielt auch für die Staffel eine bedeutsame Rolle. Das vierte Treffen startete mit einer Fish-Bowl-Übung, um die neuen Teammitglieder ins Team hereinzuholen.

Zweitens muss auf jede Meinung Wert gelegt werden, wobei Konsens-entscheidungen vorzuziehen sind und bei Mehrheitsentscheidungen darauf zu achten ist, was die Minderheit braucht, um angeschlossen zu bleiben. Abwesende sollten aktiv einbezogen bleiben. Beim zweiten, mehr noch beim dritten Treffen fehlten Teammitglieder. Beide Male wurde besprochen, wie man sie einbeziehen könnte. Das führte dazu, dass sie einmal telefonisch kontaktiert wurden, um ihnen über die problematische Wirkung ihres Fehlens und den erlebten Prozess zu berichten. Ein anderes Mal wurde gemeinsam ein Brief verfasst, in dem ihr Fehlen problematisiert und Interesse für ihre Motivation bekundet wurde, außerdem wurde über die wichtigsten Themen und Ergebnisse informiert. Der Effekt war, dass beim vierten Treffen alle anwesend waren. Zugehörigkeit steigt, wenn Einzelne ihren spezifischen Platz und Wert im Team und ihre Rolle und Bedeutung für das Teamziel kennen. Dies setzt Transparenz bezüglich der Erwartungen, der Beziehungen, der Rollen, der Ziele des Teams und der Einzelnen und der Vorstellungen vom Team-Zweck voraus.

Drittens werden durch Arbeitsschritte wie z. B. spezifische Feedback-Runden und Interventionen die Stellung und Bedeutung jedes Teammitglieds innerhalb des Teams transparent. Solches Feedback gab es mehrfach: Bereits beim zweiten Treffen bei der bildnerischen Darstellung des Teams. Bei der Worldcup-Auswertung gab es Feedback bezüglich der Rollen Einzelner. Die Feedbacks des vierten Treffens und der anschließende Verhandlungsprozess waren explizit auf die Frage gerichtet, welche Bedeutung die Einzelnen für das Team, sein Ziel und seinen Zweck haben, haben könnten und haben möchten. Parallel dazu muss sich das Team gründlich mit seinen Zielen und seinem Zweck und mit den Vorstellungen der Einzelnen dazu auseinandersetzen. Dazu reicht ein einmaliger Arbeitsschritt sicher nicht aus. Um alte Affekte zu bearbeiten, braucht es, ausgehend von aktuellen und bisherigen Erfahrungen, spiralförmige Prozesse.

In jedem Treffen wurden die Fragen „Wofür ist das Team (für mich) da?" „Welches sind die Ziele des Teams und der Einzelnen?" von unterschiedlichen Ausgangspunkten her indirekt oder direkt thematisiert, angefangen bei den Enttäuschungen und Erwartungen im ersten Treffen, über die Beziehungsklärungen im zweiten Treffen, die Nominierungspraxis und die Rolle der Ersatzpersonen beim dritten Treffen und die gründliche Arbeit am Teamzweck und den Bedingungen seiner Erfüllung im vierten Treffen.

These 6: Es gibt keine Kooperation ohne erkennbaren Kooperationsgewinn für die Einzelnen

Lewins Feldtheorie und alle motivations- und handlungstheoretischen Ansätze gehen davon aus, dass Menschen nichts ohne einen irgendwie gearteten Gewinn in Form von Bedürfnis- oder Triebbefriedigung, Reduktion von Bedürfnisspannung oder Zielerreichung innerhalb eines Motivationssystems tun (Lang 1979). Selbst Altruismus hat einen Gewinn, die Befriedigung des Motivs, etwas für andere zu tun. Nur wer wenigstens eine Ahnung hat, dass dies auch persönlichen Interessen dienen wird, verhält sich kooperativ. Welcher Art diese Interessen sind, kann sehr verschieden und vielfältig sein. Wenn der eigene Kooperationsgewinn nicht bewusst ist, fühlt man sich z. B. ausgenützt, ohne zu merken, was Kooperation gegenüber Alleingang bringt.

Design-Konsequenz

Kooperationsgewinne der Einzelnen zu thematisieren, klärt und steigert die Motivation zur Kooperation. Dabei hilft die ketzerische Vorstellung, wie es wohl ohne Team wäre. Beim zweiten Treffen gab es eine intensive paarweise Reflexion zur Fragestellung „Was brauche ich vom Team?". Beim vierten Treffen war es die Aufgabe, eine gemeinsame Vorstellung vom Teamzweck zu entwickeln. Später in der Diskussion verdeutlichte die Konfrontation mit dem Szenario, sich lediglich kurzfristig zum Wettkampf zu treffen, den Stellenwert des Teams für Leistungsentwicklung der Einzelnen. Kooperation bezieht sich immer auf ein gemeinsames Ziel, doch erst wenn die Einzelnen sich dieses Gemeinsame zur eigenen Sache gemacht haben, können sie ihr Handeln selbstgesteuert daran ausrichten und erst dann funktioniert Kooperation wirklich.

Nach der Formulierung eines Teamziels muss geklärt werden, ob jede/r dieses wirklich erreichen will und was jede/r selbst davon hat. Was jede/r beizutragen bereit ist, ist der Motivationstest. Je mehr die Einzelnen bei Formulierungen und Entscheidungen mitgewirkt haben umso wahrscheinlicher ist ihre Übereinstimmung mit einem Teamziel.

Im vierten Treffen erarbeiteten die Athletinnen stufenweise (über Einzelarbeit, Kleingruppenarbeit und plenare Präsentation und Diskussion) ein gemeinsames Verständnis von den Zielsetzungen des Teams und klärten über Einzelarbeit („Was könnte ich dazu beitragen?"), Feedbacks und Erwartungsklärungen („Welche Erwartungen bin ich bereit zu erfüllen?") ihre Motivation.

Jede gelungene Teamarbeit befriedigt soziale Bedürfnisse (Nähe, Beziehung, Altruismus, Anerkennung usw.). Dies stärkt die Motivation zur Kooperation, wenn darüber die eigentliche Teamaufgabe Priorität behält. Sonst gehen aufgabenorientiertere Teammitglieder, die weniger soziale Bedürfnisse an das Team haben, diesem verloren.

Wenn eine Teamentwicklungsmaßnahme als Teamarbeit angelegt und als solche thematisiert wird, lernen die Beteiligten, wie in diesem Team auch soziale Bedürfnisse in einem der Aufgabe angemessenen Umfang befriedigt werden können. Dazu eignen sich wechselnde Arbeitsgruppen. Die hier beschriebene Teamentwicklungsmaßnahme wurde von Anfang an als Teamaufgabe angelegt: Das erste Treffen diente der Motivationsklärung bezüglich der Teamentwicklungsmaßnahme selbst. Das Team war stets an der Entscheidung beteiligt, wann, in welchem Umfang und mit welcher Thematik man sich wieder treffen wollte und übernahm die Aufgabe die jeweils Fehlenden einzubeziehen. Die Befriedigung, die die gelingende Teamarbeit hervorrief, motivierte offenkundig auch zu Kooperation außerhalb der Teamentwicklungsmaßnahmen.

Unterschiede in den sozialen Bedürfnissen und deren Einklang mit der Aufgabe ist zentrales Thema in Teamentwicklungsprozessen, das professionelle Achtsamkeit erfordert und per Intervention aufzugreifen ist. Soziale Bedürfnisse wurden in jedem Treffen mindestens einmal durch Einzelne angeschnitten. Als es gelang, individuelle Unterschiede an sozialer Bedürftigkeit zu benennen und anzuerkennen, entlastete dies das gesamte Team. Bewusstheit über die Interdependenz, wie Einzelne das Team brauchen, stärkt die Kooperationsbereitschaft – nur vage gespürt, werden Abhängigkeitsängste ausgelöst.

Interdependenz wird erst einsichtig, wenn die Teammitglieder voneinander erfahren, wann, wo und wie die je anderen sie brauchen. Dies kann thematisiert und durch Feedbacks mitgeteilt und im aktuellen Gruppenprozess hier und jetzt erlebt und reflektiert werden.

Schon in der Analyse im ersten Treffen wurde klar, wie alle darauf angewiesen waren, dass die je anderen sich unterstützend und nicht störend verhielten, indem sie z. B. die Aufmerksamkeit der Trainerin absorbierten. Mit ihrem Bedarf an starken Konkurrentinnen zeigten die Spitzenathletinnen im zweiten Treffen ihre Abhängigkeit vom eigenen Team, während die Abhängigkeit der Förderungsmöglichkeiten für alle von deren Spitzenleistungen deutlich wurde. Dies motivierte zu gegenseitiger Unterstützung.

These 7: Einzelne handeln in der Gruppe aufgrund eigener Zielvorstellungen

Personen orientieren sich in der Steuerung ihres Verhaltens an einer Art innerer Landkarte, ihrem ganz persönlichen Bild der Ausgangslage, der Zielzustände, der möglichen Wege dorthin und der Hindernisse auf diesen. Lewin nannte das den Lebensraum (vgl. Lang 1979, 53; Lück 2001, 44). Einzelne Personen können sich nur aufgrund ihres persönlichen Verständnisses, worum es geht und wohin es gehen soll bzw. wann wer welche Unterstützung und Zuarbeit braucht, kooperierend verhalten. Je mehr sich diese persönlichen Vorstellungen annähern umso abgestimmter und flüssiger ist Kooperation.

Das Alpha und Omega jeder Kooperation ist deshalb ein gemeinsames Verständnis sowohl der Ausgangslage als auch der Zielvorstellungen. Die notwendige Zielklärung ist ein längerer spiralförmiger Prozess von Gespräch, Aktion und Reflexion. Eine von einer Person (in der Regel von der Leitung) vorgestellte Zielformulierung kann dies nicht schaffen, höchstens einen ersten Impuls dazu geben. Mit dem Verständnis korrelieren (Rollen)Erwartungen an sich selbst und andere. Verhält sich jemand anders als erwartet, so ist dies ein Indiz für unvollständige Übereinstimmung in den individuellen Landkarten – das emotionale Korrelat, Enttäuschung, ist ein wichtiges Indiz.

Design-Konsequenz

Zielvorgaben können höchstens der Auftakt zu einem ziemlich komplexen Zielfindungsprozess sein. Es braucht viel Gespräch über Sinn und Zweck des Teams bzw. der Teamarbeit, wobei alle individuellen Vorstellungen gleichgewichtig zur Sprache kommen sollten. Man muss achtsam sein, welches Zielverständnis in Äußerungen durchschimmert und dies intervenierend zur Sprache bringen. Die gegenseitigen Erwartungen sind als Korrelate der persönlichen Landkarten transparent zu machen und abzugleichen. Erlebte Enttäuschungen helfen, diese Erwartungen thematisieren zu können.

Die Entwicklung eines gemeinsamen Verständnisses von Teamziel(en) und Teamzweck zieht sich durch alle Treffen. Der Affekt, den die Teammitglieder zu Beginn mitbrachten, wurde durch das Sprechen über die erfüllten und enttäuschten Erwartungen ernst genommen. Damit konnten die Gefühle differenziert, gegenseitige Erwartungen geklärt und dadurch mancher Ärger gelöst werden. Zugleich schuf dies im Team ein Verständnis für die Notwendigkeit, an diesen Fragen und den gegenseitigen Beziehungen gründlicher zu arbeiten. Dies wurde Grundlage des Kontrakts für die weiteren Treffen. Die Unzufriedenheit bezüglich der Ersatz-Nominierung wurde im dritten Treffen zum Ausgangspunkt für Erwartungsklärung gegenüber der Trainerin und dem Verband sowie für Vereinbarungen für die Zukunft.

Bereits der Einstieg in das erste Treffen hatte Modellcharakter, weil anhand der individuellen Erwartungen diskursiv ein gemeinsames Verständnis dafür entwickelt wurde, wozu dieser Tag dienen soll und wozu nicht. Ähnlich modellhaft wirkte der Brief an die Fehlenden, in dem die vier Anwesenden ihr Verständnis vom Sinn und Zweck der Teamentwicklungsmaßnahme und ihre daraus resultierenden Erwartungen an die Fehlenden formulierten.

Aus den Feedbacks zu den Team-Bildern ergab sich die bestmögliche Förderung der Leistungsentwicklung der Einzelnen als Teamziel, aus dem in weiteren Arbeitsschritten gegenseitige Erwartungen abgeleitet wurden.

All diese Schritte waren eine Vorbereitung auf den zentralen Inhalt des vierten und letzten Treffens, der ausführlichen Erarbeitung eines gemeinsamen Verständnisses des Team-Zwecks, der Rollen und Verantwortung als Grundlage der Orientierung und Team-Motivation der Einzelnen.

Die Zielklärung wird durch individuelle Ziele weiter kompliziert, wenn diese mit Teamzielen kollidieren. Das bedeutet inneren Konflikt, soweit jemand mit den Teamzielen identifiziert ist, und äußeren Konflikt, wo diese Identifikation nicht besteht. Beides führt zu Spannung. Um zu kooperieren, muss ein Team individuelle und Teamziele in Einklang bringen.

Design-Konsequenz

Für die professionelle Begleitung von Teamentwicklungsmaßnahmen gilt Allparteilichkeit. Alle Ziele, auch die mit dem Teamziel unvereinbaren, haben ihre Berechtigung. Dies kann sich in einzelnen Interventionen und auch in methodischen Arbeitsschritten niederschlagen. Individuelle Ziele sind erst von Teamzielen zu differenzieren und dann aufeinander zu beziehen.

Zielkonflikte zu klären, ist Aufgabe des ganzen Teams und erfordert einen längeren Aushandlungsprozess, in dem die Konflikte benannt und zunächst ausgehalten werden müssen, auch und besonders von der professionellen Leitung der Teamentwicklungsmaßnahme. Dabei wird letztlich wieder die Frage der Zugehörigkeit, der Macht und der Bedeutung Einzelner für das Team tangiert. Das Thema der Erwartungen im ersten Treffen hatte auch diese Funktion. Hier wie auch im zweiten Treffen wurde ausgehandelt, wer welche Erwartungen (nicht) erfüllen wollte und wie mit Diskrepanzen umgegangen werden konnte, ebenso in der plenaren Stellungnahme zu den in der Feedback-Sequenz gehörten Erwartungen im vierten Treffen.

These 8: Kooperation und Konkurrenz erfordern Orientierung und Transparenz

Für Kooperation und Konkurrenz braucht es Klarheit über eigene Ziele, zugrunde liegende Bedürfnisse und Motive. Nur dann kann man sich ausreichend orientieren und eigenes mit Teamzielen in Einklang bringen bzw. genau wissen, worum man konkurrieren will. Das grenzt in der Regel die Dinge ein, um die wirklich konkurriert wird, und schafft inneren Freiraum für Kooperation. Soweit dies transparent gemacht werden kann, schafft dies auch die für die Kooperation notwendige Orientierung untereinander.

Design-Konsequenz

Für die Förderung von Kooperation und die Steuerung von Konkurrenz braucht es eine Rückbesinnung der Teammitglieder auf ihre eigenen Bedürfnisse und Motivationen und soweit möglich Austausch darüber. „Was brauche ich vom Team? Was habe ich davon, dass ich im Team bin?" führte in eine gezielte Selbstreflexion im zweiten Treffen. Neben der Vertiefung ermöglichte der methodische Schritt Repeated Question in Paaren eine erste Öffentlichkeit, die im vierten auf Kleingruppen ausgedehnt werden konnte.

Außerdem braucht man Orientierung innerhalb der Gruppe. Eine Gruppe ist erst arbeitsfähig, wenn die einzelnen Mitglieder eine einigermaßen klare Idee davon haben, wo sie und die anderen hinsichtlich Macht/Einfluss, Zugehörigkeit und Nähe innerhalb der Gruppe und untereinander stehen, und wenn die Gruppennormen und ausdifferenzierten Gruppenrollen (also nicht nur die sach- und funktionsbezogenen Rollen) der Aufgabe und der Kooperation dienen (vgl. Antons 2000, 226; Sader 1994, 80ff).

Auch wer erfolgreich konkurrieren will, braucht genau genommen diese Orientierung.

Design-Konsequenz

Das Team muss sich immer wieder mit sich selbst befassen damit die Einzelnen Orientierung bezüglich der Gruppe haben. Solche Selbstreflexion fand bei der Erwartungsklärung im ersten Treffen, der Worldcup-Auswertung im dritten, dem Einstieg ins vierte Treffen und in dessen Feedback-Sequenz statt. Das Thema Beziehungsdynamik wurde im zweiten Treffen über das Malen der Bilder vom Team angestoßen.

These 9: Für die Entwicklung, Arbeitsfähigkeit und Kooperation eines Teams sind alle in gleichem Maße verantwortlich

Die Verantwortung für das Erreichen der Teamziele tragen alle Teammitglieder gemeinsam zu gleichen Teilen mit unterschiedlichen Beiträgen. Das Verständnis einer gemeinsamen Verantwortung für die Arbeits- und Kooperationsfähigkeit, also den Arbeits- und Gruppenprozess ist wenig verbreitet.

Design-Konsequenz

Ein Design, das die Selbstorganisation des Teams fordert, stärkt dessen Selbstverantwortung. Wie Einzelne in Entscheidungen und in die Arbeit, auch durch persönliche Stellungnahmen, einbezogen sind, braucht Achtsamkeit und ist zu thematisieren.

Am Umgang mit dem Fehlen Einzelner wird dies deutlich: Es ist das Team, das die Fehlenden einbeziehen und in die Verantwortung nehmen muss. Die Teamentwicklungsmaßnahme selbst ist eine solche Teamaufgabe und ein Übungsfeld im Hier und Jetzt. Die gründliche Erarbeitung eines Kontrakts mit dem Team im ersten Treffen transportierte genau diese Botschaft: Wird ein Bedarf für Teamentwicklung gesehen und woran soll gearbeitet werden? En Miniature geschah dies bereits im ersten Schritt der Erwartungsklärung für diesen Tag. Das Team wurde konsequent in die weitere Prozessgestaltung einbezogen, z. B. im zweiten Treffen mit der Anleitung „Welche Fragen möchte ich jetzt ansprechen?", nach der Auswertung der Team-Bilder oder durch das Sammeln von Auswertungsfragen am Anfang des dritten Treffens. Selbst die Diagnose „Was stimmt bei uns nicht, was fehlt uns?" wurde konsequent in die Verantwortung des Teams gelegt, das durch methodische Anleitungen seitens der Leiterin der Teamentwicklungsmaßnahme (Anregungen zu Selbstwahrnehmung, -mitteilungen, Feedback) und deren Gruppenfeedback unterstützt wurde.

Mit der Frage „Was muss geschehen oder getan werden, damit der formulierte Teamzweck erreicht wird?" und der Verhandlung der daraus abgeleiteten Erwartungen untereinander wurde die Verantwortung Einzelner für die Kooperationsfähigkeit bekräftigt.

These 10: Kooperation im Team erfordert Kooperation innerhalb der Organisation

Die Umwelt eines Teams prägt seine Kultur und seine inneren Prozesse. Einflüsse von außen können die Entwicklung einer kooperativen Teamkultur torpedieren, indem sie Konkurrenz anheizen (z. B. durch Entlohnungs- oder Beurteilungssysteme, die nur den Einzelerfolg werten) oder Anforderungen an Einzelne stellen, die mit kooperativem Verhalten kollidieren (z. B. Terminkollisionen oder zusätzliche Aufgaben). Auch wenn Kooperation innerhalb der Organisation keinen hohen Wert hat, oder wenn Teammitglieder innerhalb der Organisation an Personen gebunden sind, die ihrerseits konkurrieren (z. B. wenn Teammitglieder auch in Projekten konkurrierender Abteilungen oder konkurrierender Vorgesetzter mitarbeiten), oder wenn der Kooperationserfolg des Teams Bedeutung in der Konkurrenz auf anderen Organisationsebenen (z. B. im Führungsstab) hat, wird Kooperation erschwert (vgl. Fengler 1996, 169ff).

Design-Konsequenz

Das Team braucht Gelegenheit, um Transparenz in behindernde und unterstützende Einflüsse aus dem Organisationszusammenhang zu bringen. Weiters können andere wichtige Personen punktuell einbezogen werden. Auf jeden Fall sollte Verständigung darüber erarbeitet werden, wie mit diesen Einflüssen umgegangen werden kann, um störende Wirkungen zu minimieren.

Im beschriebenen Beispiel gab es viele hinderliche Einflüsse: Das Team identifizierte bei den Wettkampfauswertungen, dass Heimtrainer der Athletinnen oft über diese in die verabredete Teamstrategie hineinregierten und erkannte die Konkurrenz im Nationaltrainerstab, dessen Neid der Nationaltrainerin gegenüber und dessen Versuche, diese klein zu machen. Der Wunsch der Nationaltrainerin und des Teams nach einer ergänzenden Reflexionsarbeit mit dem Nationaltrainerstab scheiterte an dessen Weigerung.

Die Immunisierung des Teams gegenüber störenden Einflüssen begann mit dem wachsenden Bewusstsein ab dem ersten Treffen. Das Einvernehmen über Nominierungsverfahren (die Nationaltrainerin nominiert nach eventueller Beratung mit den Heimtrainern und dem Chef-Nationaltrainer) und eine von der Nationaltrainerin herbeigeführte Vereinbarung mit der Konferenz der Nationaltrainer stärkte die Abgrenzung gegen – später dennoch erfolgte – Versuche der Einflussnahme. Dadurch kam es im Vorfeld von Wettkämpfen zu einer deutlichen Entspannung. Weitere Abgrenzungen und Rollenklärungen (z. B. bezüglich der Erstellung der Trainingspläne, der Vorbereitung internationaler Wettkämpfe, der Bedeutung von Teamentscheidungen und Entscheidungen sonstiger Betreuer und Verbandsfunktionäre) ermöglichten es den Teammitgliedern, sich außerhalb des Teams klarer zu positionieren und z. B. ihre Heimtrainer eindeutiger einzubeziehen. Durch das Vertreten der Teamentscheidungen nach außen stärkten die Athletinnen auch die Trainerin innerhalb des Betreuerstabes. Am Ende des vierten Treffens wurde diese Problematik als „Gefahrenpunkte und Konfliktpotenziale" beleuchtet. Dabei kam die Wirkung der Medien auf die teaminterne Konkurrenz zur Sprache. Die unterschiedliche Medienattraktivität der Athletinnen, deren Bedeutung für die Medienpräsenz und Sponsorengewinnung des Teams usw. wurde reflektiert und ein achtsamer Umgang mit den Medien wurde vereinbart.

Gedanken zum Schluss

Die Wichtigkeit von Selbstreflexion und Transparenz, der Anspruch, dass Teammitglieder einander Einblick in ihre Ziele, Bedürfnisse und Motive gewähren und sich wechselseitig Feedback geben, wirft die berechtigte Frage auf, ob so viel Offenheit überhaupt möglich und wünschenswert ist.

Gerade in Konkurrenzbeziehungen verbietet sich Offenheit an manchen Stellen (vgl. Sader 1994, 241ff). Hierbei geht es nicht um absolute Offenheit, sondern darum, dass die Teammitglieder sukzessive die Wahrnehmung dafür entwickeln, wann, wozu und in welchem Ausmaß, sie Transparenz brauchen und miteinander aushandeln und austesten können, wie viel möglich ist. Voraussetzung ist, dass Konkurrenz kein Tabu, sondern ein offenes Geheimnis ist. Es ist erstaunlich, wie offen dann die Frage der möglichen Offenheit verhandelt werden kann. Die geschilderten Athletinnen waren beispielsweise auch im vierten Treffen nicht in der Lage, sich plenar jene Feedbacks zu geben, die ihnen als wichtig erschienen. So wählten sie eine abgemilderte Form mit einem Marktplatz für paarweises Feedback. Diese Form hat dem Team Transparenz und Orientierung in einem Maße ermöglicht, das die Kooperationsfähigkeit deutlich gesteigert hat, und war ein Grundstein für den späteren Teamerfolg. In diesem Teamprozess lernte ich die Wirkung von aufgeworfenen Fragen, auf die aus mancherlei Gründen (z. B. Widerstand) noch keine Antwort gegeben werden konnte, zu schätzen.

Literatur

Antons K (2000) Praxis der Gruppendynamik – Übungen und Techniken. Hogrefe, Göttingen

Antons K et al (2001) Gruppenprozesse verstehen – Gruppendynamische Forschung und Praxis. Leske+Budrich, Opladen

Fengler J (1996) Konkurrenz und Kooperation in Gruppe, Team und Partnerschaft. Pfeiffer, München

König O, Schattenhofer K (2007) Einführung in die Gruppendynamik. Carl-Auer-Systeme Verlag, Heidelberg

Lang A (1979) Die Feldtheorie von Kurt Lewin. In: Heigl-Evers A (Hg) Die Psychologie des 20. Jahrhunderts. Band VIII. Lewin und die Folgen – Sozialpsychologie. Gruppendynamik. Gruppentherapie. Kindler, Zürich, 51–57

Lück H (2001) Kurt Lewin – Eine Einführung in sein Werk. Beltz, Weinheim

Sader M (1994) Psychologie der Gruppe. Juventa, Weinheim

Thomae H (1979) Zur Motivation sozialen Verhaltens. In: Heigl-Evers A (Hg) Die Psychologie des 20. Jahrhunderts. Band VIII. Lewin und die Folgen – Sozialpsychologie. Gruppendynamik. Gruppentherapie. Kindler, Zürich, 276–282

Tillman K (1980) Das Schulsystem und seine sozio-psychischen Auswirkungen auf die Schüler. In: Spiel W (Hg) Die Psychologie des 20. Jahrhunderts. Band XI. Konsequenzen für die Pädagogik (1) – Entwicklungsmöglichkeiten und erzieherische Modelle. Kindler, Zürich, 617–633

Vertrauensklima in Organisationen
Sinn. Verstehen. Mitgestalten im OE-Prozess

Andrea Tippe, Edith Jakob, Karl Olzinger

Zusammenfassung

Die AutorInnen beschäftigt als OE-PraktikerInnen, als BegleiterInnen von Organisationsentwicklungsvorhaben und Projekten des Wandels in Organisationen die Frage, welche sinnvollen Gestaltungsmöglichkeiten Führungskräfte und BeraterInnen im aktuellen OE-Prozess bereitstellen können, um ein Vertrauensklima aufzubauen, das die Entwicklungsfähigkeit der Organisation und ihrer Mitglieder ermöglicht und tragfähige Beziehungs- und Kommunikationsprozesse zulässt. Der theoretische Bezugsrahmen stellt neben der Anfrage und den Zielsetzungen die Basis für die Entwicklung eines OE-Projektes dar. Zunächst werden Annahmen zu Vertrauensklima in Organisationen beschrieben. Darauf aufbauend wird ein OE-Projekt vorgestellt, das die Einbettung der Annahmen praktisch veranschaulichen soll.

Vertrauens- und Wertekrisen in Organisationen: die Organisation als soziale Akteurin

Zentrale Impulsgeber für Entwicklungsvorhaben sind interne Organisationskrisen und/oder zu erwartende gravierende Veränderungen in den politischen und ökonomischen Zusammenhängen. Führungsprobleme, wie z. B. ein Führungsstil, der MitarbeiterInnen mit wichtigem ExpertInnenwissen dazu veranlasst, innerlich oder äußerlich zu kündigen, können Ursachen interner Krisen sein. Auch Fehlentscheidungen des Managements können Krisen auslösen, ein weiterer Indikator dafür, dass interne und externe Faktoren interdependent sind. Die explizite Zuwendung an kurzfristigen ökonomischen und effizienzorientierten Daten und Fakten kann Unternehmen mittelfristig in krisenhafte Dynamiken führen. Weiters können sich Unternehmensziele, die von sozialen Anspruchs- und Konsumentengruppen eine Delegitimation erfahren, in sozialen Vertrauens- und Wertekrisen der Unternehmen ausdrücken.

Die Organisation als solche ist dabei aus unserer Sicht eine Akteurin, egal ob die Krise extern oder intern resultiert. OrganisationstheoretikerInnen beschäftigen sich in der Regel mit der Frage, welche Trends der Gesellschaft auf die Organisation wirken und wie die Strukturen anzupassen seien. So postuliert der Soziologe Klaus Türk, dass die Gesellschaft sich derzeit auf die Organisation verlasse. Seine Überlegungen besagen, dass ein wesentliches Moment der modernen Gesellschaft das Phänomen der Organisation bilde und dass Organisation das zentrale Medium von Herrschaft in der modernen Gesellschaft sei (Türk 2006, 41). Diese Sichtweise betont die Verantwortung von Organisation als aktives System der Gesellschaft, der Bildung ihrer Strukturen und Werte.

Vom Gelingen des Organisationswandels sollte unserer Meinung nach die Rede sein, wenn dieser zu einer umfassenden nachhaltigen Unternehmensentwicklung beiträgt, d. h. neben der Wettbewerbs- auch die Überlebens- und Entwicklungsfähigkeit von Unternehmen längerfristig verbessert. Das Erfolgskriterium für diese Fähigkeit von Unternehmen bildet nach dem Arbeitswissenschafter Guido Becke ein kommunikativ organisiertes Kriterium: organisatorische Effektivität (Becke 2005, 2). Es kennzeichnet die Fähigkeit aus der Perspektive der Stakeholder – derjenigen, die Ressourcen zur Verfügung stellen, auf die das Unternehmen angewiesen ist – akzeptable Aktivitäten und Ergebnisse zu generieren. Die Betonung liegt dabei auf Akzeptanz, ein Begriff, den wir noch näher erläutern werden.

Der Begriff der Stakeholder umfasst Individuen oder Gruppierungen, welche die Ziele der Organisation beeinflussen können und von deren Zielerreichung und Aktivität betroffen sind. Vor dem Hintergrund eines derartigen Verständnisses sozialer Anspruchsgruppen sehen sich die Führungskräfte einer Organisation mit diversen Gruppierungen konfrontiert. Diese umfassen nicht nur KundInnen, LieferantInnen oder möglicherweise AktionärInnen, sondern auch politische Institutionen auf unterschiedlichen politischen Handlungsebenen, Presse und Medien, Vereine und soziale Organisationen und vor allem die MitarbeiterInnen.

Wenn sich das Kriterium der organisatorischen Effektivität auch auf die Anspruchsgruppe der MitarbeiterInnen bezieht, so wird deutlich, dass die Berücksichtigung ihrer Interessen und Ansprüche als wichtiger

Beitrag zur Entwicklungsfähigkeit von Organisationen betrachtet werden kann. Lewins Postulat „Betroffene zu Beteiligten machen", ein Grundsatz gruppendynamischer Organisationsentwicklung, gewinnt mit dieser Sichtsweise sowohl Konkretisierung als auch Erweiterung. Entwicklungsfähigkeit ist eine notwendige Voraussetzung für die soziale Legitimität der Organisation bei diversen Anspruchsgruppen.

Veränderungsdynamik: Bewahren, verändern oder optimieren?

Veränderungsdynamiken setzen sich nach Kornelia Rappe-Giesecke aus drei Prozessen zusammen, hinter denen sich unterschiedlichste Maßstäbe und Wertigkeiten verbergen: Revolutionieren, Reproduzieren und Reformieren (Rappe-Giesecke 2005, 16). In der folgenden grafischen Darstellung wird das Zusammenwirken der drei Veränderungsprozesse und der damit jeweils möglichen verbundenen Handlungen dargestellt:

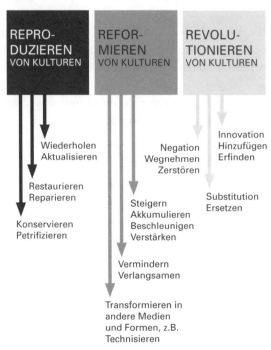

Abb. 1: nach Rappe-Giesecke 2005, 16

51

Gruppierungen in Organisationen favorisieren meist einen bestimmten Prozess: Bewahren – Erneuern – Optimieren. Hinter diesen Prämierungen verstecken sich Werte und Interessen. Das Misstrauen gegenüber Veränderungsprojekten bei MitarbeiterInnen und Führungskräften entsteht gleichermaßen, wenn das Management damit einhergehende Wertigkeiten und Maßstäbe verschleiert oder einen Prozess allein favorisiert und damit den anderen Ressourcen entzieht, die Prozesse personalisiert oder wenn schlicht und einfach geschwindelt wird.

Aus den Annahmen Rappe-Gieseckes und den vorangegangenen Ausführungen ergeben sich folgende Prämissen für Führungskräfte, damit die Veränderung entwicklungsfördernd gestaltet werden kann:

- Alle drei Prozesse haben ihre Berechtigung und entlasten die Beteiligten.
- Führungskräfte müssen im Wandelprojekt ihre eigene Bewertung von Bewahren, Optimieren, Zerstören kennen und sie gleichwertig setzen können.
- Sie müssen die Wertigkeiten und Maßstäbe des Veränderungsprojektes (er)kennen, legitimieren und kommunizieren.
- Beteiligungsverfahren sollen einsetzen, um Partizipation am Prozess zu ermöglichen.
- Es muss transparent sein, was entschieden ist und was offen bleibt.
- Reflexivität ist von Beginn an anzuwenden.

Maximen, die sich aus den bisherigen Ausführungen für die BeraterInnen ergeben, sind beispielsweise:

- Die eigenen Priorisierungen hinsichtlich der drei Prozesse kennen und suspendieren können.
- Dynamiken entpersonalisieren – Prozessdenken einführen.
- Die drei simultan laufenden Prozesse im Blick behalten und steuern.
- Mit dem Widerstand arbeiten, nicht gegen ihn.
- Mit Führungskräften und MitarbeiterInnen arbeiten und Teil des Prozesses sein.
- Für Transparenz der Werte, Maßstäbe und Prozesse im Beratungsverlauf sorgen.
- Reflexivität ist von Beginn an anzuwenden.

Bewertungskriterien transparent gestalten

Jede Organisation formuliert explizit und implizit Werte, auch Beratungs-unternehmen. Wenn in einem Unternehmen ein Organisationsent-wicklungsvorhaben gestartet wird, stellt sich von Beginn an die Frage, wie der Organisationswandel erfolgreich gelingen kann, ohne dass das gesamte Porzellan auf einmal in Brüche geht. Die Kausalitätsannahme, dass Wandelprojekte die Entwicklungs- und Überlebensfähigkeit sicher erhöhen, ist längst widerlegt: Loyalitätseinbußen und eine Misstrauenskultur auf Seiten der MitarbeiterInnen gegenüber Führungskräften, erhöhter Widerstand gegenüber weiteren OE-Maßnahmen, den dazugehörigen BeraterInnen und Instrumenten, beeinträchtigen längerfristig erheblich die ökonomische Leistungsbilanz der Unternehmen bei radikalen Umstrukturierungen (Becke 2005, 6).

Wir gehen bei OE-Prozessen von der Annahme aus, dass der Beginn der Wandelvorhaben große Sorgfalt und kritische Vorbereitung auf Seite der Führungskräfte und BeraterInnen benötigt, um die beschriebenen Prämissen und Dynamiken zu erfassen, daraus weitere Zielsetzungen zum eigentlichen Anlass zu erkennen, zu benennen und entwicklungsfördernd zur Bildung organisatorischer Effektivität in die Projektierung aufzunehmen. Organisationsentwicklung entsteht – wie Supervision und Coaching – als gemeinsamer Lern- und Entwicklungsprozess zwischen BeraterInnen(system) und AuftrageberInnen(system). Die Qualität der Prozesse entsteht bei Dienstleistungen auch durch Setzung von Standards, die gemeinsam zu überprüfen sind.

„Qualität ist ein politischer Begriff, den jede Organisation mit Blick auf ihr spezifisches Umfeld und für jeden Arbeitsbereich unterschiedlich zu definieren hat" (Fatzer 2004, 12). Qualitätsstandards müssen aus unserer Sicht zu Beginn eines OE-Prozesses kommunikativ erarbeitet werden, beispielsweise als Teil des Vertrags, und sie müssen im OE-Prozess laufend ergänzt werden können. Das Setzen von Qualitäts- oder Bewertungskriterien stellt selber eine Intervention (im Sinne der Aktionsforschung nach Lewin) dar. Das Setzen von gemeinsamen Qualitätskriterien bedeutet auch die Übernahme der gemeinsamen Verantwortung (KundInnen/BeraterInnen) für die Steuerung des Organisationsentwicklungsprozesses.

Veränderung stabilisieren

Die Prozesse der Organisationstransformation per se bedeuten für die Beteiligten eine Identitätsverunsicherung. Sie stellen als selbstverständlich betrachtete organisationskulturelle Basisannahmen hinsichtlich Ziele, Werte etc. in Frage. Bei radikalem Organisationswandel, mit dem auch Umstrukturierungsmaßnahmen einhergehen, stellt dieser die soziale Zugehörigkeit in Frage und damit einhergehend werden bisher routinierte Arbeits- und Kooperationszusammenhänge neu konstituiert. Darüber hinaus konfrontieren Wandelprojekte die Beschäftigten und Führungskräfte mit neuen Verhaltensanforderungen an die Rollengestaltung.

All dies beinhaltet einen kulturellen Bruch, in dem Basisannahmen, Praktiken, Gewissheiten und Regeln außer Kraft gesetzt oder möglicherweise entwertet werden. Existente Organisationskulturen werden im Feld der klassischen Organisationsentwicklung oft als Barrieren angesehen, die die Neuausrichtung blockieren (Schein 2003, 158). „Empirische Befunde der Organisationskulturforschung verdeutlichen die Grenzen eines grundlegenden Kulturbruches: So wird die Bereitschaft von Organisationsmitgliedern zur Unterstützung der Organisationstransformation gefördert, wenn zumindest einige zentrale kulturelle Muster und Praktiken beibehalten werden und die Erfolge der Vergangenheit nicht entwertet werden" (Trice/Beyer 1993, 404 ff). Der Organisationstheoretiker Karl Weick schlägt deshalb vor, organisatorische Lernprozesse auch zur Bewahrung zu nutzen, indem Organisationsmitgliedern die Möglichkeit eröffnet wird, sich ihrer kollektiven Überzeugungen, Werte und Gefühle zu versichern und zu bestärken. Die Anschlussfähigkeit an Bestehendes ermöglicht erst das Infrage-Stellen des Gewohnten (vgl. Becke 2005, 29).

Diese Annahme wird durch das Drei-Phasen-Modell der Veränderung von Lewin begründet. Es beinhaltet die Phase des Auftauens (unfreezing) festgefahrener Verhaltensweisen, die Phase der Veränderung (move) und die Phase der Stabilisierung (refreeze) neuerworbener Verhaltensweisen (vgl. Tippe 2008, 52). Lewin selbst betont, dass der Veränderungsprozess nicht durch das lineare Aufeinanderfolgen der Phasen gelingt, sondern in der Annahme der Gleichzeitigkeit derselben. Auftauen, Verändern und Stabilisieren sind also gleichzeitig zu beobachten, zu planen und zu intervenieren, um den Veränderungsprozess zum Gelingen zu bringen. Wir übersetzen diese Annahme, in dem wir sie mit der Gehbewegung vergleichen: Das Fortschreiten ist nur möglich, wenn ein Fuß ausschreitet und gleichzeitig der andere Fuß für Balance und Stabilität sorgt.

Der Organisationswandel ermöglicht demnach eine nachhaltige Unternehmensentwicklung, wenn dabei stabilisierende organisatorische Kerndimensionen erhalten bzw. reproduziert werden (vgl. Hannan/Freeman 1984; Becke 2005, 18; Tippe 2008, 52). Einige dieser Kerndimensionen beinhalten die Strukturierung von Umweltbeziehungen, andere treffen die Reproduktion sozialer Beziehungen und Bindungen (wie beispielsweise die organisationskulturellen Basisannahmen und kollektiven Überzeugungen und Werte). Unternehmensleitungen und BeraterInnen unterliegen nach Becke dabei einer Mentalitätsillusion, da sie davon ausgehen, dass sich das Verhalten der Beschäftigten relativ schnell und flexibel an geänderte Situationen anpassen könne. „Um dieser Gefahr zu entgehen, kommt es darauf an, organisatorische Veränderungsprozesse flexibel anzulegen, so dass auf Phasen der Transformation Phasen folgen können, in deren Fokus Maßnahmen der Personal- und Organisationsentwicklung stehen, die darauf abzielen, zum einen die Handlungskompetenzen der Beschäftigten unter den veränderten organisatorischen Bedingungen zu fördern sowie zum anderen Loyalitäts- und Vertrauensbeziehungen zwischen Unternehmensleitung bzw. den Promotoren der Transformation und diverser Belegschaftsgruppen zu rekonstruieren bzw. neu zu entwickeln" (Becke 2005, 34).

Thomas Schumacher bemerkt, dass die eigentliche Führungsaufgabe (neben der inhaltlich sachlichen Aufgabe des OE-Projektes), nämlich die Gestaltung des Wandelprozesses bei Führungskräften immer wieder in Vergessenheit gerät (Schumacher 2003, 368). Wandelprozesse sollen die Rekonstruktion der eigenen Identität und den Aufbau neuer, sozial konstruierter Erwartungen ermöglichen.

Veränderungsprojekte sind erfolgreich, wenn es rasch gelingt, tragfähige Beziehungs- und Kommunikationsprozesse für weitere Verbesserungspotenziale zu entwickeln. Die Voraussetzung dazu ist, dass einer kollektiven Identität die Chance gegeben wird, sich zu entwickeln. Dazu bedarf es aus der Praxis gesehen Zeit und Raum, damit Personen diese

Entwicklung auch emotional vollziehen können. Veränderungssituationen sind mit Entscheidungen, Emotionen des Abschieds und der Verabschiedung anderer Möglichkeiten begleitet. Wird den Emotionen zuwenig Beachtung geschenkt, entsteht in der Organisation eine Versachlichung, die auch ihren Preis hat. Sowohl Gruppen als auch Organisationen durchlaufen Entwicklungsphasen. Schritte in Richtung der Entwicklung einer Gruppe passieren dann, wenn es gelingt, in konflikthaftem Geschehen zu gemeinsamen Entscheidungen zu gelangen. Das bedeutet, dass Konflikte ebenso Voraussetzung für Entwicklung sind (Schenk 1995, 4). Für die Arbeitsfähigkeit, also die Fähigkeit ziel- und prozessorientiert zu arbeiten, ist die psychodynamische Bearbeitung der Konflikte, die zwischen Abhängigkeit und Eigenständigkeit angesiedelt sind, besonders bedeutsam. Jede fremde Entscheidung verlangt danach nachvollzogen zu werden und das eigenständige Handeln der Personen, der Gruppe oder Organisation zu ermöglichen. Der Widerspruch von Abhängigkeit und Eigenständigkeit ist bewusst herzustellen und erlebbar zu machen. Daraus folgt, dass die Qualität der Veränderung stark vom Prozess beeinflusst wird. Da Veränderung als prozesshaftes Geschehen und Durchführung zwischen Wahlmöglichkeiten und Entscheidungen gesehen werden kann, ist es notwendig, Entscheidungen den Bedingungen anzupassen. Entscheidungen erhalten Sinn aus dem Kontext, in dem sie getroffen werden. Richten sich Entscheidungen zur Veränderung ausschließlich an den äußeren Bedingungen aus, kommt es erfahrungsgemäß zu einseitigen Ausrichtungen und massiven Verlusten von möglichen Ressourcen für gelungenen Wandel.

In der Konzeption von OE-Projekten ergeben sich aufbauend auf diese Ausführungen folgende zentrale Annahmen:

- Organisatorische Lernprozesse auch zur Bewahrung zu nutzen, indem Organisationsmitgliedern die Möglichkeit eröffnet wird, sich ihrer kollektiven Überzeugungen, Werte und Gefühle zu versichern und zu bestärken.
- Emotionen als Grundlage des tragfähigen Aufbaues von Beziehungs-strukturen im OE-Lernprozess anzuerkennen.

Führung als Teamleistung etablieren

Führung hat sich im Kern zu einer Teamleistung weiterentwickelt, mit der Führungskräfte die Bereiche und das Zusammenspiel zwischen Organisationseinheiten und Teams organisieren. Daher gelingt eine tragfähige Koordination nur mehr in teamförmigen Erarbeitungs- und Aushandlungsprozessen (Wimmer 2006, 45). Es braucht Mitglieder, die sich auf der inhaltlichen und persönlichen Ebene fordern können, die ihre jeweiligen Grundannahmen bei wichtigen Themen offen legen und hinterfragen, ohne damit ihre Beziehungen zu belasten. Wurde noch vor Jahren der integrative Charakter für MitarbeiterInnen, deren Gruppen und Teams betont, den diese aus organisatorischen und anderen Gründen oft nicht mehr leisten können (vgl. Sanz 2008, 103), kommt der Teamentwicklung der Führungskräfte in der Steuerung von OE-Prozessen jetzt große Bedeutung zu. Diese Annahme wird auch durch empirische Befunde bestätigt. Wie eine Einzelfallstudie zum Thema Vorstellungen von Führungskräften zu Stabilisierung in OE-Prozessen (Tippe 2008) ergeben hat, erheben Führungskräfte in Veränderungsprozessen deutliche Ansprüche an teamorientiertes Arbeiten innerhalb der eigenen Gruppe. Eine im Rahmen dieser Studie interviewte Führungskraft verdeutlicht dies folgendermaßen: „Was unglaublich hilft in instabilen Situationen ist Gruppe. Dass da ein starkes, ein ganz starkes Kommittment hergestellt wurde, auch von den anderen KollegInnen immer wieder eingefordert, ganz dezidiert, und klargestellt wurde, sich da hinzustellen, auch für die Instabilität zu sorgen, aber nur wenn die anderen dahinterstehen. Wirklich dahinterstehen" (Tippe 2008, 74). Teamentwicklungsworkshops werden weiters befürwortet, weil sie reflexive Lernprozesse befördern: „Da gibt es zwei Sachen, bei uns ist es längerfristig so, dass das, was in der Teamentwicklung gelernt wurde, war, den Organisationsprozess als Prozess zu sehen. Und das ist nicht vorbei, sondern eine wirkliche Erkenntnis. Also in der Teamentwicklung wird die Wahrnehmung von Prozess schon sehr geschärft. Und das hilft uns bei neuen Anforderungen unglaublich" (Tippe 2008, 77).

Den Sinn gestalten: Der Wert des Vertrauens

In der modernen Literatur der Führung und des Wandels wird der werteorientierten Unternehmensführung ein völlig neuer Stellenwert zugemessen (Wunderer 2003, 156 ff). Generell reagieren Führungskräfte in Organisationen derzeit auf den gesellschaftlichen Werte- und kulturellen Wandel mehr durch veränderte Steuerungskonzepte als noch vor Jahren. Wertprioritäten der Beschäftigten und veränderte Werthaltungen verlangen von Führungskräften neue Priorisierung und Sinnvermittlung. Beispielsweise ist die Finanzkrise des letzten Jahres Anlass für viele Unternehmen, das unternehmerische Handeln auf Menschen- und Wertbilder öffentlich und unternehmensintern zu prüfen. Erfolgreichen Organisationen gelingt es, einen Wertediskurs zu entwickeln, der den ökonomischen Erfolg nicht vernachlässigt, aber vor allem Sinn und Nachhaltigkeit vermitteln kann (Stark/Bluszcz 2002, 2).

Aus soziologischer Perspektive markiert der Begriff Wertemanagement „[…] einen Führungswechsel im Umgang mit Werten von der Rationalität zu der Reflexivität" (Pankonke 2002, 12). Reflexivität bedeutet, dass man gemeinsam die eigene Motivation oder den zu bewertenden Wert dialogisch zu ermitteln hat. Wertemanagement ist daher der Umgang mit Werten als ein konstruktiv zu führender kommunikativer Lernprozess, welcher sich über Netzwerke verbreitet und Sinnkonstruktionen vermittelt. Werte stellen in der Steuerung der Organisationskultur einen Vergemeinschaftungsprozess für Identität her. Die Herausforderung für Unternehmen, die mit diesem Ansatz arbeiten, besteht darin, die Werte zu finden, die zum Unternehmen authentisch passen, diese konsequent zu leben und auf allen Ebenen des Unternehmens intern sowie für die externen Stakeholder transparent zu machen und zu kommunizieren.

Besonders wesentlich in der Diskussion um werteorientiertes Management scheint uns, dass der Wert des Vertrauens an Bedeutung gewinnt. Alle persönlichen und institutionellen Loyalitätsformen rücken mehr denn je in den Mittelpunkt des Steuerungs- und Veränderungsinteresses. Vertrauen gilt als wesentlicher wettbewerbswirksamer Erfolgsfaktor. Wie wird im Organisationsprozess das Vertrauensklima gestaltbar?

Vertrauen ist per Definition der individuelle Glaube an die positive Entwicklung von Ereignissen, gebunden an die eigenen Wertvorstellungen und Erfahrungen. Weiters kann der Begriff des Vertrauens im Hinblick auf seine Zielbestimmung definiert werden. Nach Luhmann (1968) ist Vertrauen im weiteren Sinn ein Mechanismus zur Reduktion sozialer Komplexität. Dort wo die rationale Abwägung von Information nicht möglich ist, befähigt Vertrauen dennoch zu einer auf Intuition gestützten Entscheidung.

In der Vertrauenskonstellation ist personales Vertrauen von Systemvertrauen und institutionellem Vertrauen zu unterscheiden. Mesoanalysen zum Schwerpunkt des aktuellen Vertrauensdiskurses in Organisations- und Arbeitsprozessen hinterfragen, ob Vertrauensbildung eine Folge gemeinsamen Handelns sein könnte oder als Vorbedingung zu werten sei (Endress 2002, 57). Dazu kann angemerkt werden, dass Kompetenz, Vertraulichkeit, Redlichkeit, Transparenz und Effektivität sich durchgängig als fünf Aspekte für eine vertrauensbildende und professionelle Interaktion nennen lassen. Endress belegt anhand von vergleichenden Untersuchungen, dass Handlungsverdichtung und das Gesetz des Wiedersehens, Handlungsroutinen, Handlungsprofessionalisierung und -differenzierung, die Festlegung eines gültigen Handlungsrahmens und sozial akzeptierte Handlungsstrategien, die entscheidenden fünf Orientierungsinidikatoren für den Aufbau von Vertrauensbeziehungen darstellen.

Hierzu soll auf das Modell von Dolleschka hingewiesen werden: „Frei nach Jack R Gibb (1972) ist die Theorie weiterentwickelt, dass aufbauend auf, einander als kompetent wert zu schätzen, ein Klima des Vertrauens in der jeweiligen Organisation möglich macht [...] Gibb spricht von vier ‚modal concerns', die aus jeder sozialen Interaktion entstehen: Akzeptierung, Datenfluss, Zielbildung und soziale Kontrolle. Es ist zu beobachten, dass, mit anderen Begriffen deutlich gemacht, Kompetenz, Kommunikation, Kooperation und Kontrolle aufeinander aufbauen und in ihrer positiven Ableitung einander bedingen. Sie stehen in Wechselwirkung mit „partizipativem Leitungsverhalten'" (Dolleschka 1995, 1).

Andrea Tippe, Edith Jakob, Karl Olzinger

	Primäre Ableitung	Sekundäre Ableitung	Symptome des ungelösten Problems	Symptome des gelösten Problems
Kompetenz	Akzeptanz	Mitgliedschaft	Misstrauen	Vertrauen
Kommunikation	Information	Entscheidung	Höfliche Vorsicht	Spontaneität Feedback
Kooperation	Zielorientiertheit	Mitarbeit	Desinteresse Konkurrenz	Kreative Arbeit Produktivität
Kontrolle	Ergebnisvergleich	Organisation	Abhängigkeit	Funktionsbewusstsein

Tab. 1: Vertrauensklima nach Dolleschka 1995, 3

Als grundsätzliche und erste Ebene der Vertrauensbildung sieht Dolleschka die Kompetenz und deren Akzeptanz bezogen auf Befähigung und Befugnis. Kompetenz hat für ihn mit der Bildung von Wertschätzung zu tun, einander als kompetent erachten, führt zu Vertrauensbildung. Er weist damit deutlich auf eine Haltung der wertschätzenden Akzeptanz hin. Organisationalen Ausdruck findet die Kategorie Kompetenz zum Beispiel in Funktions- und Kompetenzbeschreibungen, die in Prozesszyklen den Erfordernissen der Entwicklung einer Person und/oder Organisation angepasst und kommuniziert werden.

Die darauf aufbauende zweite Ebene der positiven Kommunikation spricht das Geben und Nehmen von Informationen im Organisationskontext an. Spontaneität und offenes Feedback sind Kennzeichen eines vertrauensvollen Umganges. Die bewusste Gestaltung der Besprechungsstrukturen und -kulturen sind dazugehörige organisationsbezogene Interventionsformen.

Die darauf folgende Ebene zeigt die Tätigkeit des Kooperierens, ausgedrückt durch Zielorientiertheit. Sinnhaftigkeit der Ziele ist oft wesentlicher als die exakte Formulierung, sie dient dem Entstehen des Miteinanders. Andernfalls können Desinteresse und destruktive Konkurrenz entstehen, die spontanem Feedback und kreativer Arbeit im Wege stehen.

Dolleschka beschreibt auch die Verhaltensweisen bei ungelösten Problemen. Auf der Ebene der Kommunikation nennt er höfliche Vorsicht. Gemeint ist damit eine Kommunikationskultur, die auf den ersten Blick so scheint, als ob alles sehr freundlich wäre, es besteht jedoch wenig Kontaktintensität.

Auf der Ebene der Kooperation ist das Symptom des ungelösten Problems die Konkurrenz. Nach Fengler wäre es die Fehlform der Konkurrenz: Rivalisieren um jeden Preis (Fengler 1996, 31). Eine weitere Verhaltensweise ist das ständige Desinteresse, eine besondere Form der Nicht-Anerkennung. Die letzte Dimension beschäftigt sich mit Kontrolle im Sinne des Ergebnisvergleiches. Abweichungen dienen dazu an der Lösung von neuen Problemen zu arbeiten.

Die vier Ebenen bedingen einander aufsteigend, sie stehen in engem Zusammenhang. Ist eine Ebene ungenügend entwickelt, so werden die darauf folgenden Ebenen schwer lebbar sein und Symptome des ungelösten Problems zeigen.

Das Modell nach Dolleschka ist in der Praxis hervorragend für die Diagnose des Vertrauensklimas in Arbeitsgruppen anwendbar. Es wird weiters durch empirisch erforschte Voraussetzungen zum Vertrauensaufbau unterstützt (Endress 2002).

Fallbeispiel: OE-Projekt AGO+

Alle bisher beschriebenen theoretischen Annahmen und Modelle bilden eine Basis für das folgende Praxisbeispiel eines OE-Projektes. Wir möchten im Beitrag aufzeigen, wie wir die theoretischen Annahmen derzeit in der Konzeption und Durchführung eines mehrphasigen und über vier Jahre angesetzten OE-Projektes anwenden, ganz nach der Aussage Lewins: Es gibt nichts Praktischeres als eine gute Theorie.

Die Organisation

Die Organisation GFO ist ein Gesundheitsunternehmen, dessen Leistungsangebot mehrere Kernaufgaben und Angebote umfasst. Das Spektrum beinhaltet Vorsorge, Versicherung, Prävention, mobiles Sozialservice, medizinische Servicestellen und Einrichtungen.

Vor dem ersten organisationalen Veränderungsprozess 1990 war die Organisationsstruktur von GFO starr und wenig flexibel auf wechselnde Umweltbedingungen ausgerichtet. Die Bürokratie hat die Tätigkeiten sehr stark standardisiert und formalisiert, Unternehmensziele und

Strategien waren kaum bewusst vorhanden bzw. sichtbar. Die Organisation konzentrierte sich damals auf die technokratische und hierarchische Erfüllung des Gesetzesauftrages. Durch den Veränderungsprozess seit 1992 hat sich die Koordination von direkter Anweisung zu kooperativer Abstimmung verschoben, wiewohl einzelne Geschäftsbereiche den alten Stil trotz veränderter Strukturen weiter pflegten und durch defensive Routinen unterwanderten.

Anlass des Wandels und OE-Maßnahmen

Die Abteilung AGO+, in dem das in diesem Beitrag beschriebene OE-Projekt durchgeführt wurde, ist ein eigener Geschäftsbereich in der Organisation GFO. Sie umfasst 21 Servicestellen, ca. 290 MitarbeiterInnen, die mit interdisziplinären Kernaufgaben einen der zentralen Leistungsbereiche der Organisation darstellen.

2003 wurde das Leitungsteam der AGO+ (die Abteilungsleitung sowie die beiden Stellvertretungen) neu bestellt, da die bisherige Leitung in den Ruhestand ging. Dieser Umstand und die Überlegungen der Ressortdirektion zur Optimierung der Arbeitsprozesse von einem reinen Verwaltungs- zu einem modernen Dienstleistungsunternehmen bildeten Anlass für mehrere Veränderungsvorhaben. Auf Bereichsebene wurden von der Ressortdirektion mit allen Leitungsteams eine tragfähige Vision und strategische Zielsetzungen erarbeitet. Darauf aufbauend erfolgte eine professionelle Implementierung der Ziele durch einen zielorientierten differenzierten Erfolgsplan, Qualifikation der Führungskräfte und Durchführung von Veränderungsprojekten.

Die Abteilung AGO+ sollte sich durch Innovation hinsichtlich Wertemanagement, Kundenorientierung und Netzwerkbildung, Projektarbeit zur Optimierung der Prozesse, Veränderung der Leitungsstruktur und -kultur an modernen Führungsprinzipien auszeichnen.

2003 bis 2005 wurden von der neuen Abteilungsleitung AGO+ in Kooperation mit externen BeraterInnen und wissenschaftlicher Begleitung eines Universitätsinstitutes zwei OE-Projekte durchgeführt, die die neue Ausrichtung der Organisationseinheit hinsichtlich Vision und Strategie ermöglichten.

Das erste Projekt „Netzwerk" implementierte eine neue Beratungs- und Betreuungsform im Kundenservice. Nach Wunsch der KundInnen können spezielle Fälle besonders individuell und regional vernetzt betreut werden. „Netzwerk" basiert auf den Grundsätzen des Case-Managements.

Das zweite Projekt „Werte" unterstützte das Projekt „Netzwerk" auf normativ-strategischer Ebene: Durch die große Veränderung im Kundenservice, die die Implementierung von „Netzwerk" mit sich gebracht hatte, gab es die Notwendigkeit, diese neue Betreuungsform nachhaltig in der bestehenden Unternehmenskultur zu verankern. Das Case-Management verlangt von den MitarbeiterInnen eine Abkehr von bisher traditionellen Verhaltensmustern, die in der Organisation allgemein verbindlich waren.

Eine neu zu formulierende gemeinsame Wertebasis und das damit verbundene werteorientierte Handeln sollten einen neuen Rahmen bieten. Werteorientierung bedeutet, ein Mindestmaß an Gemeinsamkeit in der Organisation zu ermöglichen und ein Höchstmaß an Unterschiedlichkeit zuzulassen. Die Leitung wollte mit diesem Projekt eine Betreuungsphilosophie schaffen, in der die Servicestellen in Eigenständigkeit und mit Selbstverantwortung entscheiden und handeln können. Das Projektvorgehen bestand in der Erarbeitung eines Wertekataloges durch alle Führungskräfte und MitarbeiterInnen von AGO+ sowie darauf aufbauend die Formulierung von Verhaltenskriterien, die die Werte in operationalisierbare Handlungen brachte.

Der vom neuen Führungskräfteteam gestartete Organisationslernprozess verfolgte eine strategische Ausrichtung an der Kundenzufriedenheit, die über Kundenbefragungen gemessen werden sollte. Effizienz im Sinne der Qualität und Akzeptanz der Leistung bei den KundInnen spielte dabei eine große Rolle.

Konzeption des OE-Projektes AGO+

Am Beginn jeder OE-Maßnahme steht eine Diagnose. Im Fallbeispiel führten wir diese in einer halbjährlichen Zeitspanne durch, in der mit Leitung, ausgewählten MitarbeiterInnen sowie BeraterInnen Kurzworkshops zur Klärung der Situation durchgeführt wurden. In dieser Phase kommen die Annahmen, Vorurteile, Fakten, Zielsetzungen, Interessen zur Diskussion, um konkrete Auftragsklärung und einen Kontrakt zwischen den Systemen zu ermöglichen, die ein sinnvolles Vorgehen zum Ziel haben.

Die Klärung dieser Annahmen erfolgt in einem relativ unstrukturierten Diskurs, jedoch mit hoher Funktionsbewusstheit über die jeweilige Durchführungs- und Entscheidungsverantwortung, Zielorientierung und Zeitstruktur. Diese Phase ist abgeschlossen, wenn sie „fertig ist", d. h. keine weiteren wesentlichen Informationen in der Erhebung durch Diskurs, Beobachtung oder Reflexion zu Tage kommen.

Den Sinn des Entwicklungsvorhabens klären

Den eigentlichen Anlass zur Arbeit mit den Führungskräften bildete u. a. eine Mitarbeiterbefragung, in der der Umfragewert Partizipation unterdurchschnittlich in den Servicestellen ausgefallen war, die Führungskräfte boten wenig Beteiligungsformen.

Die Abteilungsleitung formulierte in der Diagnosephase, dass der Wert, der in der Organisation derzeit am wichtigsten zu entwickeln wäre, Vertrauen sei.

Vertrauen wurde im Wertekatalog folgendermaßen beschrieben: „Vertrauen, darunter verstehen wir …

- Offene und ehrliche Kommunikation, in der die Meinungen der GesprächspartnerInnen ernst genommen werden. Getroffene Vereinbarungen müssen eingehalten werden.
- Vertrauen ermöglicht selbstständiges Arbeiten, wodurch Verantwortungsbewusstsein und Verlässlichkeit gefördert werden.
- Der tolerante Umgang mit Fehlern bildet die Basis für selbstständiges Arbeiten, das zu einem weiteren Ausbau von Vertrauen und somit zu Handschlagqualität der Beteiligten führt" (Quelle: unternehmensinternes Manuskript „Unsere Werte" in AGO+).

Die neue Abteilungsleitung war von MitarbeiterInnen und Führungskräften mit starken Ambivalenzen bezüglich der Neuerungen (Wertekatalog, Netzwerk) konfrontiert. Das Beharren auf dem Gewohnten sowie die Abwehr von mitunternehmerischem Denken standen dem Bedarf nach Veränderung und Passung an neue Erfordernisse unter Berücksichtigung der veränderten Umwelten entgegen.

Die erste Intention der Abteilungsleitung zu einem weiteren OE-Projekt bestand darin, eine klassische Managementausbildung für alle 18 Außenstellen bzw. Führungskräfte der Abteilung AGO+ durchzuführen. Die Veränderungsdynamik, die bisher eher dem Prozess „Revolutionieren" zugeordnet werden konnte, sollte sich in einem weiteren OE-Projekt der „Optimierung" widmen bzw. eine Stabilisierung ermöglichen. Die Abteilungsleitung stand nach derart einschneidenden Veränderungen vor der Aufgabe, die Neuerungen durch integrierende Maßnahmen der Unternehmenskultur zu unterstützen, damit diese emotional von den Beschäftigten angenommen werden können. Die Verantwortung der Führungskräfte und eine aktive reflexive Auseinandersetzung mit der persönlichen Rollengestaltung sollten Thema sein, um Nachhaltigkeit zu ermöglichen. Diese Nachhaltigkeit sollte aus Sicht der Auftraggeber durch ein Lehrgangsmodell erzielt werden, das im Mix von Seminaren und Gruppen-Coachings vor allen Dingen Führungshaltungen und -verhalten thematisiert.

Am Ende des Klärungsprozesses standen die Ziele, Interessen und Richtungen einer Projektierung fest: „Eine der Intentionen für die Durchführung des Entwicklungsvorhabens ist die Sicherung einer nachhaltigen werteorientierten Führungsarbeit und die Stabilisierung des bisherigen OE-Prozesses. Die bewusste Rollengestaltung der Führungskräfte ist in diesem Bereich nicht oder wenig bearbeitet worden. Es geht darum, wertschätzende Entwicklungsräume, die auch zur Entlastung dienen, zu eröffnen. Das gilt auch für die Auftraggeber. Reflexion der Zusammenarbeit kann und soll thematisiert werden. Die Führungskräfte der Abteilung stehen unter enormem Erfolgsdruck, der sich in den letzten Jahren ständig erhöht hat. Beim Entwicklungsprojekt sollen die Lebensphasen der Führungskräfte mitberücksichtigt sein. Es geht nicht darum, Ideale zu entwerfen und die Führungskräfte dahingehend einheitlich anzupassen oder möglichst ähnliche Verhaltensweisen zu bilden. Vielfalt und Ausprägung der Regionalität sind sehr erwünscht. Man erwartet sich vom Projekt auch mehr Vertrauensbildung der Führungskräfte zu der Abteilungsleitung. Es ist nicht alles offen, denn die Rollengestaltung der alten Führungskräfte ‚Bürokrat' oder ‚Besserwisser' soll nicht forciert werden. Die Verbindlichkeit soll durch Werte und daraus formulierte Ziele hergestellt werden, ebenso wie durch ähnliche Vorstellungsweisen, was Management eigentlich bedeutet. Der Wert des Vertrauens soll durch offenen Fehlerumgang und Reflexion gestärkt werden. Die Stärkung der Partizipation der MitarbeiterInnen ist sehr wünschenswert" (Auszüge aus den Protokollen OE-263).

Qualitätskriterien mitgestalten

Für die Projektierung wurden von Seiten der Auftraggeber allgemeine Erfolgsfaktoren formuliert, und in einem ausführlichen Startworkshop mit den Führungskräften konnten diese ihre konkreten Ergebniskriterien und persönlichen Ziele benennen und den Prozess mitgestalten.

Erfolgsfaktoren	Ergebniskriterium (Beispiele)
Stärkung der Eigenverantwortung der Leitung	Die Managementaufgabe eigenständig wahrnehmen; das Zusammenspiel Zentrale und Dezentrale funktional gestalten
Einbindung der MitarbeiterInnen in Managementprozesse	Partizipation am Managementprozess sicherstellen (bspw. Besprechungsstrukturen und -kulturen), Führung als Prozess gestalten
Ausprägung der Regionalität	Identität und persönliches Image als Institution in der Region bilden; soziale Netzwerkbildung gezielt betreiben und anbieten
Rollengestaltung der Leitung	Aktive reflexive Rollengestaltung; alles was ich tue, zeigt Wirkung; Sach- und Beziehungsebene, das Verhalten miteinbeziehen; offensiv und präsent; Nicht-Rollen: Besserwisser, Bürokrat, Wahrheitsrechthaber, Nicht-Zuständiger Vertrauensbildende Maßnahmen setzen, Führung nach „oben"
Kundenbindung	Den Organisational Citizen Behaviour (OCB) konsequent erhöhen; ein positives Leistungs- und Zusammenarbeitsklima in der Außenstelle erarbeiten; Konflikte bearbeiten
Konkurrenzfähigkeit	Das gesellschaftliche Werteumfeld beobachten und in die soziale Netzwerkarbeit einbeziehen

Tab. 2: Ergebniskriterien AGO+

Veränderung stabilisieren

Im konkreten OE-Projekt wurde den Beteiligungsverfahren, dem konsequenten und wiederholten Feedback auf mehreren Ebenen, dem Fokus des Prozesses und der Möglichkeit der dialogischen Erarbeitung breitester Raum gegeben. Besondere Berücksichtigung in der Konzeption wurde der Formulierung der organisationskulturellen Basisannahmen und kollektiven Überzeugungen und Werte zuteil.

Folgende Darstellung aus dem Projekt zeigt diese Annahmen:

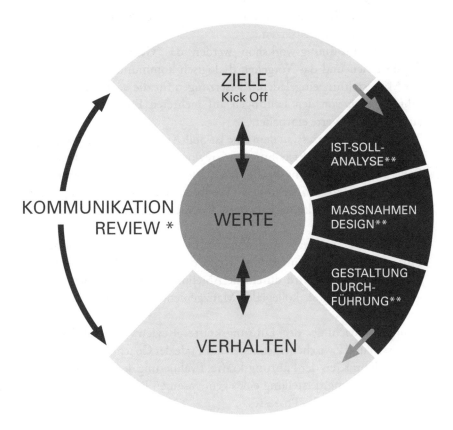

* Wiederholende Prozesse zu Rollengestaltung
  Gruppen-Coaching
  konstruktiv-kritischer Dialog
  Einbettung in BSC/MAG
  Führungskräfte lernen

** Workshops OE-263

Abb. 3: Phasen des OE-Projektes AGO+

Zusammenfassung der Bausteine im Prozess AGO+

- Grundlage des Projektes ist der Wertekatalog AGO+ mit zehn Werte-themen, der Wert des Vertrauens ist zur Bearbeitung ausgewählt, Formulierung von Leitsätzen.
- In einem Eröffnungsworkshop werden das Gesamtprojekt, die Er-folgskriterien und das Vorgehen dialogisch kommuniziert, und es wird zur Mitgestaltung eingeladen, Zielsetzungen für die nächsten eineinhalb Jahre werden von den Leitungen auf mehreren Ebenen zu einem der ausgewählten Werte erarbeitet.
- Teamcoaching-Prozess, in dem eine Ist-Soll-Analyse zu den Zielsetzungen vorgenommen wird, Erstellung eines regionalen Entwicklungskataloges.
- Reviews der Führungskräfte zu den jeweiligen Prozessen und Zwischenergebnissen, persönliches Feedback im Kreis der Führungskräfte, persönliche Entwicklungskataloge, Evaluierung des Projekt-Prozesses und Adaptierung.
- Zentrale Themen der Unternehmensentwicklung aus dem bisherigen Prozess werden gemeinsam im Kreis der Führungskräfte bearbeitet, die Workshopreihe wird durch die Abteilungsleitung und BeraterInnen gemeinsam begleitet, kollegiales Management-Lernen steht im Vorder-grund.
- Gruppen-Coachings der Führungskräfte, Reviews zu den jeweiligen Prozessen und Zwischenergebnissen am Ende der Coachings, persönliches Feedback im Kreis der Führungskräfte, Evaluierung des Projekt-Prozesses und Adaptierung, Erstellung eines gemeinsamen Projekthandbuches mit zentralen Themen des Prozesses.

Verstehen: Partizipation und Reflexivität sichern

Wer ein derartiges Projekt steuert, braucht dazu vernetztes Denken und entsprechendes Wissen um geeignete Instrumente und Verfahren zur Reflexion der Prozesse, die das vorbehaltlose kritische Überprüfen ermöglichen, einzusetzen.

Wir orientieren uns dabei an den Ausführungen Moldaschls (2005), der den Begriff der „Institutionellen Reflexion" in zweierlei Form verwendet: Erstens als soziales Phänomen bzw. als Einrichtung organisationaler Praxis, wie sich Organisationen selbst beobachten, Handlungsfolgen analysieren und ihre Regeln ändern. Dabei interessiert, wie sie das machen, welche Regeln sie hierfür schaffen. Zweitens liefert er als analytisches Konzept geeignete Beobachtungs- und Bewertungskriterien, anhand derer sich auch der Grad des institutionellen Nichtlernens („Innovationsbarrieren") beurteilen lässt, oder umgekehrt, die institutionelle Bereitschaft und Fähigkeit der Organisation („dynamic capability"), die im Gebrauch befindlichen Routinen und Theorien („theory-in-use") kontinuierlich zu überprüfen (Moldaschl 2005, 11).

Im OE-Projekt AGO+ wurde eine ganze Reihe an individuellen und institutionellen Interventionen der Selbstbeobachtung und Selbstkritik eingeführt. Diese wurden systematisch mit den bestehenden Reflexionsinstrumenten der Organisation verknüpft. Konkret zu nennen sind:

- Feedback in den Beratungsformaten: dialogische Reviews, Zielkontrolle (Selbstevaluation), persönliches Feedback, Gruppen-Coaching, Team-Coaching, Projektreflexion, begleitende wissenschaftliche Evaluation im Rahmen eines OE-Studiums einer der LeiterInnen.
- Verknüpfung mit den bestehenden strategischen Instrumenten des Strategieplans im Geschäftsbereich (Management by Objectives (MbO), Balanced Scorecard, Kundenbefragungen, MitarbeiterInnenbefragungen, MitarbeiterInnengespräche und Mitarbeiterorientierungsgespräche).
- Für die Bearbeitung des Wertes Vertrauen wurde das Vertrauensklima nach Dolleschka als Modell eingeführt. Es dient den Leitungen als Selbstevaluationsraster. Die strukturelle Stützung von verhaltensbezogenen Themen wirkt erleichternd im Selbstreflexionsprozess und ermöglicht das Einüben von Beziehungsthemen.

Resümee
Nach Abschluss von OE-Projekten ist die Überprüfung der Wirksamkeit der durchgeführten Maßnahmen und die Rechtfertigung der Mittel die Aufgabe der Projektauftraggeber. Deshalb wurde eine universitäre Begleitstudie mit qualitativen und quantitativen Analysen initiiert, die zum Zeitpunkt des Erscheinens des Beitrages jedoch noch nicht abgeschlossen ist.

Die Weiterentwicklung der Führungskräfte steht bei diesem Vorhaben sicherlich an erster Stelle, da sie das Nadelöhr für die Erfolgsfaktoren bilden. Die gewählte Vorgehensweise im Projekt hat von Beginn zu hoher Aufmerksamkeit und Akzeptanz der Inhalte geführt, wiewohl auch in den Workshops Widerstandsphänomene bemerkbar wurden.

Die Führungskräfte bestätigten, dass sie das erworbene Wissen als Bereicherung für sich selbst sahen und die intensive Zusammenarbeit in den Lerngruppen zu guter und freier Arbeitsatmosphäre geführt hatte. Somit wirkt das Projekt per se als Intervention auf vielen Ebenen, aber vor allen Dingen wurden Offenheit und Vertrauen gestärkt.

Wie bewerten wir das Vorgehen im OE-Projekt unter Berücksichtigung der theoretischen Annahmen? Wir möchten diese Frage in Form von Thesen beantworten. Diese sollen die Essentials spiegeln, die wir aus der praktischen Erfahrung gewinnen konnten.

These 1: Die Ermöglichung von Veränderung braucht Neugierde

Das konkrete Vorgehen im OE-Projekt integrierte das praxisnahe Forschen, Lernen und Entwickeln. Wir sind der Gruppendynamik als Methode verbunden und dabei besonders dem Aktionsforschungsansatz. Dies stellt ein Gütekriterium – Kommunikation und Partizipation – für das Gelingen des Wandels sicher.

These 2: Zur Bildung von Vertrauensklima bei gleichzeitiger destabilisierender Veränderung muss im konkreten Vorgehen die Komplexität reduziert werden.

Die Anwendung der gruppendynamischen Prinzipien (Hier-und-Jetzt, relative Unstrukturiertheit, Feedback und Metakommunikation) wirken dabei förderlich.

These 3: Entwicklung verlangt Zeit

An kritischen Stellen im OE-Prozess muss auch nicht eingeplante Zeit zur Verfügung gestellt werden.

These 4: Wertschätzende Haltung ist eine Eingangsbedingung für gelungene Entwicklungsprozesse

Im Zuge der zahlreichen Reviews, in denen Führungskräfte ihre Entwicklung beschrieben, wurde weder be- noch abwertend geantwortet. Es fand keine Prämierung einer der drei Veränderungsdynamiken statt. Wirkungsvolles Feedback war Voraussetzung für weitere Entwicklungsschritte. Reflektieren in unterschiedlichsten Formen und Formaten war möglich. Kritisches war erwünscht und erlaubt. Gefühle wurden nicht separiert und versachlicht.

These 5: Dialog ist die Grundlage für Vertrauen

In den Reviews befanden LeiterInnen, die Möglichkeit des Austausches zwischen KollegInnen und Leitung als entwicklungsfördernd und entlastend. Sie erlebten unserer Beobachtung nach einen Zuwachs an persönlicher organisationaler Freiheit, der ihnen ermöglichte, sich selbst, die KollegInnen, die Vorgesetzten und die neuen Prozesse in aller Offenheit kritisch wertschätzend in Frage zu stellen und das „Nein" zu wagen.

These 6: Team(förmige Zusammen)arbeit stellt eine Integrationsfunktion sicher

Derartige OE-Projekte sollten Kooperationsmöglichkeit der Führungskräfte auf vertikalen und horizontalen Hierarchieebenen beinhalten, um die Konkurrenz zu konkurrenzieren. Die Strategie „go alone" ist in Zeiten hoher Veränderungsdynamik ungünstig. Umso wichtiger scheint es uns, die Gruppenfähigkeit zu fördern. Voraussetzung dazu ist die Etablierung teamförmiger Zusammenarbeit von Führungskräften. Sie kann eine Integrationsfunktion im Veränderungsprozess sicherstellen.

These 7: Wer den Wandel meistern will, muss den Meister wandeln

Entwicklung von Vertrauen ermöglicht den Aufbau stabiler Interaktionsordnungen des sozialen Handelns. Vertrauenswürdigkeit entsteht letztlich im personal erlebbaren Raum durch Kontakt, konkrete Handlungen, Einstellungen, soziale Wiederholungen und durch die Haltung Lernende/r zu sein und zu bleiben.

Andrea Tippe, Edith Jakob, Karl Olzinger

Literatur

Becke G (2005) Überlebensfähigkeit durch radikalen Unternehmenswandel – Balanceakt zwischen Veränderungsdynamik und reproduktiver Stabilität. Universität Bremen, artec Forschungszentrum Nachhaltigkeit. Online: http://www.artec.uni-bremen.de/files/paper/paper_125.pdf (Datum des Abrufs: 8.6.2005)

Becke G (2007) Vom Erhalten durch Verändern zum Verändern durch Erhalten. Reproduktive Stabilität in Change-Management-Prozessen. In: Organisationsentwicklung 1/2007. Verlagsgruppe Handelsblatt, Düsseldorf, 18–25

Bluszcz O, Stark W (2002) Werte und werteorientiertes Management in Unternehmen als Grundlage für Corporate Social Responsibility. In: Schriftensammlung des Labors für Organisationsentwicklung (Seminarunterlagen), Fachbereich 2. Universität Essen

Dolleschka B (1995) Kommunikation – Interaktion: Vertrauensklima. Theoriepapiere ÖAGG Gruppendynamik Mühldorf Seminare 10.–14.2.1995. Unveröffentlichtes Manuskript

Endress M (2002) Vertrauen. transcript Verlag, Bielefeld

Fatzer G (2004) Organisationsberatung und -entwicklung – Veränderung durch Entwicklung und Lernen. In: *Nestmann F (Hg) Handbuch der Beratung. DGVT, Tübingen, 5–32*

Fengler J (1996) Konkurrenz und Kooperation in Gruppe, Team und Partnerschaft. Pfeiffer, München

Moldaschl M (2005) Innovationsfähigkeit. Mythenbegriff und Gegenentwurf. Online: http://www.tim-kommission.de/fachtagung/2005/unterlagen/Moldaschl_Vortrag.pdf (Datum des Abrufs: 5.8.2005)

Pankoke E (2002) Netzwerke und Lernprozesse. In: Schriftensammlung des Labors für Organisationsentwicklung (Seminarunterlagen), Fachbereich 2. Universität Essen

Rappe-Giesecke K (2005) Aussitzen – Durchsetzen – Widersetzen. Wandlungsdynamiken in Unternehmen. Vortrag am Institut für Kommunikation und Psychotherapie der Universität Innsbruck. Online: http://wandlungsdyn_giesecke.pdf (Datum des Abrufs: 5.8.2005)

Sanz A (2008) Burnout als Gruppenphänomen. Ein soziologisch-gruppendynamischer Beitrag zum Wandel der (Team-)arbeit. In: Krainz E, Lackner K (Hgg) betrifft: Interkulturalität. Gruppendynamik und Organisationsberatung. Zeitschrift für angewandte Sozialpsychologie. 1/2008, 88–106

Schein E (2003) Prozessberatung für die Organisation der Zukunft. Der Aufbau einer helfenden Beziehung. EHP, Bergisch-Gladbach

Schenk S (1995) Gruppenkonflikte: In der Dynamik von Abhängigkeit und Eigenständigkeit. In: Jakob et al (Hgg) Entscheidung – Abschied vom Konflikt. Konfliktbearbeitung in Gruppen und Organisationen. Feedback Jahrgang 14/211, ÖAGG, Wien, 3–20

Schumacher T (2003) Identität oder strategischer Wandel. Eine systemische Perspektive auf organisationale Veränderungen. Carl-Auer Verlag, Heidelberg

Tippe A (2008) Veränderung stabilisieren. Strategische Teamentwicklung als Führungsaufgabe zur Stabilisierung von Organisationsentwicklungsprozessen. Carl-Auer Verlag, Heidelberg

Türk K et al (2006) Organisation in der modernen Gesellschaft. Eine historische Einführung. Verlag für Sozialwissenschaften, Wiesbaden

Wimmer R (2006) Das besondere Lernpotenzial der gruppendynamischen Trainingsgruppe. In: betrifft: TEAM. Dynamische Prozesse in Gruppen. Schriften zur Gruppen- und Organisationsdynamik, Band 4. Verlag für Sozialwissenschaften, Wiesbaden, 36–52

Wunderer R (2003) Führung und Zusammenarbeit. Eine unternehmerische Führungslehre. Luchterhand Verlag, München

Konzeptlinien der Organisationssupervision auf dem Prüfstand
Theoretische Überlegungen und Praxisdokumentation

Angela Gotthardt-Lorenz

Zusammenfassung

In der Organisationssupervision geht es darum, gegebene bzw. zu erkundende oder zu entwickelnde Strukturen zusammen mit dort sich zeigenden und zu entschlüsselnden Dynamikprozessen konstruktiv in die Entwicklung von Supervisionsprozessen einzubeziehen. Insbesondere die Rollengestaltung als SupervisorIn und die Kontextualisierung sind relevante Konzeptlinien der Organisationssupervision, um mit komplexen Organisationsprozessen umzugehen. Wie dies funktionieren kann und wo die Grenzen liegen, wird beispielhaft anhand eines konkreten Supervisionsprojekts überprüft.

Zum Vor-Verständnis

Nach meiner Einschätzung ist Supervision in der Community der SupervisorInnen grundlegend definiert. Ich beziehe mich im Anschluss an schon ältere Veröffentlichungen (vgl. z. B. Gotthardt-Lorenz/Schüers 1997) darauf, dass Supervision vom Grundansatz als Anleitung zur Selbstreflexion im Arbeits- und Berufskontext verstanden wird, wobei die Anleitung in der Regel durch externe Supervisorinnen oder Supervisoren erfolgt. Ausgangs- und Bezugspunkt für die Reflexionsarbeit ist das berufliche Handeln der SupervisionsteilnehmerInnen im Hinblick auf ihre im Rahmen der Organisationen bestimmten Aufgaben sowie damit einhergehende Problemsituationen bzw. deren Bedarf nach Klärung und Weiterentwicklung.

Unter diesen groben Bezugspunkten hat Supervision eine eigene Methodik entwickelt, die mit zwei Ebenen hantiert: Zum einen mit dem Geschehen im Beratungssystem, d. h. mit den genannten Problemstellungen und Vorhaben, die oft Anlass für Supervision sind, mit den dort zur Sprache kommenden bzw. angedeuteten und sich ereignenden Themen und Interaktionen, mit den dazugehörigen Identifikationen, Aversionen und dem breiten Spektrum an Emotionen. Zum anderen gleichermaßen und nahezu gleichzeitig mit dem Bezug all dessen zur Arbeit und zum dazugehörigen Organisationssystem, zu den dort angelegten Themen, Strukturen und Konfliktsituationen, die für die Aufgabestellung der Adressaten der Supervision direkt oder indirekt relevant sind.

Beide Blickrichtungen – das Hier und Jetzt im Supervisionsgeschehen und die Arbeitsrealität der TeilnehmerInnen des Beratungssystems – werden in der Supervision auf kreative Weise kontraktorientiert zusammengeführt.

Unter aktiver Beobachtung und Rückmeldung der SupervisorInnen werden Situationen beschrieben, Emotionen geortet, Zusammenhänge erforscht, Perspektiven erweitert und verändert, Fixierungen – d. h. einseitige Situationseinschätzungen – aufgelöst, Handlungslinien entwickelt, die Identifikation mit der Arbeit thematisiert.

Das ist das anspruchsvolle Programm der Supervision zur Unterstützung der Qualität von Arbeit. In diesem Ansatz konstituiert sich schulenübergreifend die Methodik der Supervision (vgl. Gotthardt-Lorenz 2000b). Dieses Programm bildet auch die Basis für den Konzeptansatz Organisationssupervision.

Organisationssupervision auf einen Blick

In der Organisationssupervision geht es insbesondere um die Beachtung und Bearbeitung aller institutionellen Prozesse, die bezogen auf die Supervisionsprojekte von Wichtigkeit sind. Der Schwerpunkt des Konzepts ist das Herstellen eines Zusammenhangs zwischen Struktur und Dynamik der relevanten Organisationssysteme und der Struktur und Dynamik in den zu entwickelnden Beratungssystemen bzw. im konkreten Beratungsprozess. Hier gilt es, neue Verstehensmuster in der Supervision zu finden, welche die Beratungsanfrage und die Aktualitäten der Beratungssequenzen ansprechbarer und bearbeitbarer machen. Zu berücksichtigen ist hier insbesondere die hohe Komplexität von Organisationen und deren Umwelten, welche die Arbeitsprozesse, Kultur(en) von Organisationen und die Empfindungen, Einstellungen und das Vorgehen von Führungskräften und MitarbeiterInnen in vielschichtigen Arbeitsfeldern und Organisationen bestimmen. Prozesse, die der Komplexität von Organisationen und Arbeitsprozessen zuzuordnen sind, betreffen natürlich auch die Supervision selbst und jene SupervisorInnen, die dort Beratungssysteme aufbauen und nutzen.

Rollengestaltung und -reflexion
Handwerkszeug von OrganisationssupervisorInnen

Der wesentliche methodische Zugang der Organisationssupervision besteht darin, die professionelle Position des Supervisors bzw. der Supervisorin über die im dynamischen Organisationskontext relevanten Rollen und Aufgaben zu definieren sowie das im Kontext dieser Rollen und Aufgaben sich ergebende Material zu reflektieren und im dialogischen Reflexionsprozess bzw. gemeinsamen Forschungsprozess zur Verfügung zu stellen.

Mit einem noch zu beschreibenden Rollenspektrum reflektiert und „bearbeitet" die SupervisorIn das oben skizzierte methodische Grundkonzept. Dabei geht es um den verbindenden Blick auf einerseits die Situation und Entwicklung im Beratungssystem und andererseits auf den Bedarf und die Einflussfaktoren, die sowohl dem Organisationssystem als auch dem Adressatensystem der SupervisionsteilnehmerInnen zuzuordnen sind. Die eigentlich Leistung der Arbeit besteht darin, Zusammenhänge – auch strukturelle – zu erkennen, Abbildungen zu registrieren, Dynamiken, die hier und dort zu erkennen sind, miteinander in Verbindung zu bringen und per Intervention zur Verfügung zu stellen.

Bisher schon beschriebene konzept-konstituierende Rollen und Aufgaben der SupervisorInnen in der Organisationssupervision, denen auch Interventionen zuzuordnen sind (vgl. Gotthardt-Lorenz 2000a), sollen hier (erweitert um eine vierte Rolle) kurz skizziert werden:

1. Die SupervisorIn in der *Rolle der/des institutionell Handelnden* und damit Verantwortlichen für das Beratungssystem obliegen folgende Aufgaben:

- Recherche zur Aufgabe der Supervisionsanfragenden, zu ihrem institutionellen Background, zur Struktur der Organisation,
- Einschätzung der Beratungsanfrage und Verhandlungen für ein angemessenes, die Aufgaben der SupervisionsteilnehmerInnen unterstützendes Beratungssystem,
- Sicherstellung einer Entwicklung der Beratungssysteme und -prozesse,

- Evaluation mit den SupervisionsteilnehmerInnen und dem Auftraggeber.

2. Die Supervisorin/der Supervisor in der *Rolle als externe Expertin/als externer Experte für Struktur und Dynamik beruflichen Handelns* muss folgende fachliche Anforderungen erfüllen:

- Know-How zu verschiedenen Arbeitsansätzen, deren Gestalt in unterschiedlichen Organisationen, zum gesellschaftlichen Stellenwert der dort angesiedelten Arbeit,
- Know-How zu Struktur und Dynamik in unterschiedlichen Organisationen,
- Wissen und Erkennen von relevanten Themen im jeweiligen konkreten Arbeitsfeld, Kompetenz dort zu recherchieren und mit den SupervisandInnen einen gemeinsamen Forschungsprozess zu gestalten,
- „Korrelierungskompetenz", d. h. die Fähigkeit, Themen und Fragestellungen der Supervision in Beziehung zu relevanten Bedingungen aus dem Organisations- und auch aus dem Adressatenbereich der Arbeit zu setzen (vgl. Gotthardt-Lorenz 2002, 18 f).

3. Die Supervisorin/der Supervisor in der *Rolle als institutionell Betroffene(r) und Distanzierte(r)*, als „Katalysator für institutionelle Bedeutungen" (Wellendorf 2000, 40) übernimmt folgende Aufgaben:

- Wahrnehmung der eigenen Betroffenheit im Organisationskontext,
- Analyse „institutioneller Gegenübertragungen",
- Analyse von Spiegelungsphänomenen.

4. Die Supervisorin/der Supervisor in der *Rolle als Zugehörige(r) zum eigenen Organisations- und Professionssystem* reflektiert und berücksichtigt:

- Abhängigkeiten und Prägungen des beraterischen Vorgehens aufgrund des eigenen institutionellen Backgrounds (SupervisorIn als EinzelunternehmerIn oder eingebunden in eine Firma, ein Institut, einen Verein oder ein Vertragsverhältnis zur Auftragsorganisation),
- die eigene fachliche Sozialisation und Positionierung,
- Erwartungen, welche an die SupervisorIn bezogen auf die zugeschriebene fachliche Position offen und verdeckt herangetragen werden,
- Ressourcen aus dem eigenen fachlichen und möglichst institutionalisierten Background zur inhaltlichen Kontrolle und Perspektivenerweiterung,

- die Frage, ob relevante benachbarte Supervisionen, andere Supervisions-ansätze (z. B. Fallsupervision neben Teamsupervision) oder andere externe Beratungsangebote in der gleichen Organisation existieren und in welcher Weise Kooperationen/Absprachen dazu im Rahmen der Organisation sinnvoll sind.

Das Rollengerüst der Organisationssupervision ist jenes Instrument, das bei seiner aufmerksamen Beobachtung und Zur-Verfügung-Stellung im Beratungssystem das Naheliegende in der Organisation mit Sorgfalt ins Bewusstsein heben kann. Der Organisationsfaktor ist in der heutigen Supervisionsszene ein selbstverständliches Bezugssystem, wenngleich die unbefragte Selbstverständlichkeit nur allzu schnell dazu verleitet, die im Detail der Beratungsarbeit liegenden und zu reflektierenden Sequenzen zu übersehen. Gerade dafür brauchen OrganisationssupervisorInnen solide, möglichst institutionalisierte fachliche Bezugssysteme, in denen die Komplexität, die sich aus dem Organisationskontext in Beratungssituationen niederschlägt, in einer entsprechend komplexen Reflexionskultur bearbeitbar ist (z. B. entsprechend große Kontrollgruppe mit unterschiedlichen fachlichen Schwerpunkten).

In den frühen Jahren der Supervision, als die persönliche Auseinandersetzung der SuperivsandInnen mit ihren beruflichen, meist klientenbezogenen, Anforderungen in den Mittelpunkt gestellt wurde, war die Gefahr gegeben, den institutionellen Kontext, die dortigen Abhängigkeiten, Verstrickungen und institutionellen Bedingungen der Supervision selbst außer Acht zu lassen (Teams waren sich z. B. häufig einig: „Der Supervisor oder die Supervisorin gehört uns; was wir in der Supervision tun, geht unsere LeiterIn, unsere Organisation nichts an").

In den letzten 25 Jahren ist für die in unterschiedlichen Arbeitsfeldern angesiedelte und zur Unterstützung verschiedenartiger Aufgaben dienende Supervision der Faktor Organisation eine Selbstverständlichkeit geworden. Allerdings bedeutet das auch, dass Supervision in vielen Einrichtungen, z. B. in Krankenhäusern, quasi dazugehört und nach den dortigen Regeln in die Arbeitsabläufe der Organisation eingebaut ist. Dabei besteht häufig wenig Spiel für den Aufbau einer für Supervision notwendigen distanzierten Position. SupervisorInnen sind dann u. U. schnell verführbar, den dortigen

Angela Gotthardt-Lorenz

Anfragen unkritisch zu folgen und wenig den Aufbau und die Entwicklung der adäquaten Beratungssysteme zu fordern und zu fördern. Aufgrund der vorgefertigten und guten Bedingungen der Supervision kann schnell jene Sorgfalt verloren gehen, die es ermöglicht, mit den organisationseigenen Bedingungen und ihren Dynamiken vorsichtig zu arbeiten und gleichzeitig das dort erfahrene Material für die Arbeit in der Supervision zu nutzen.

Im Gegenzug scheint mir das Rollengerüst der Organisationssupervision eine Konzeptlinie abzusichern, die Selbstverständlichkeiten in Organisationen genau so wie große Herausforderungen und Belastungen in einer erforschenden Haltung zusammen mit den am Supervisionssystem Beteiligten einer Reflexion zuführt. Dadurch werden im Arbeits- und Organisationsalltag gegebene Fixierungen aufgelöst und Wege für neue Perspektiven eröffnet. Dieses Rollenrepertoire ist kein Programm für einen Ablauf, sondern hilfreich in der Arbeit mit unterschiedlichen Zuschreibungen und Anforderungen, um diese für das Verstehen der Situation und deren Änderungsperspektiven zu nutzen.

Im Gegenzug scheint mir das Rollengerüst der Organisationssupervision eine Konzeptlinie mit abzusichern, die Selbstverständlichkeiten in Organisationen genau so wie große Herausforderungen und Belastungen in einer erforschenden Haltung zusammen mit den am Supervisionssystem Beteiligten einer Reflexion zuführt, um im Arbeits- und Organisationsalltag gegebene Fixierungen aufzulösen und den Weg für neue Perspektiven zu eröffnen. Die oben aufgeführten Rollen sind dabei kein Programm für einen Ablauf, sondern hilfreiche Garanten, mit dem Repertoire der unterschiedlichen Zuschreibungen und Anforderungen arbeiten zu können und dies für das Verstehen der Situation und deren Änderungsperspektiven zu nutzen.

Das folgende Beispiel skizziert einige wesentliche Sequenzen und Inhalte eines Supervisionsverlaufs. Dabei weise ich auf einige relevante Aspekte aus dem oben aufgeführten Rollenspektrum der im Konzept der Organisationssupervision arbeitenden SupervisorInnen hin. Ich versuche zu zeigen, wie Wahrnehmungen, Interventionen und Planungen in diesem Ansatz entstehen und verfolgt werden.

Organisationssupervision konkret
Verlauf und Gestaltung

Von der Leiterin eines Teams medizinischer TechnikerInnen in einem Krankenhaus kommt die Anfrage an mich, kurzfristig als Supervisorin zur Verfügung zu stehen, weil ein Kollege bei einem Autounfall ums Leben gekommen sei und das Team unter Schock stehe, aber gleichzeitig weiterarbeiten müsse. Zuvor wurde ich auch von einem Mitarbeiter einer Stabstelle dieses Krankenhauses, der mich aus anderen Supervisionsprozessen kannte, gebeten, kurzfristig einen Termin zur Verfügung zu stellen.

In Telefonaten mit beiden VertreterInnen hatte ich abgeklärt, dass diese Organisationseinheit nur aus Medizinischen TechnikerInnen bestehe, dass sie – in Analogie zum Pflegepersonal einer Station – einer eigenen Organisationslinie unterstellt seien und dass sie in dieser Organisationseinheit jedoch sehr eng mit FachärztInnen zusammenarbeiten würden. Diese Anfrage betreffe jedoch nur die TechnologInnen, weil dieses eingespielte Team besonders von dem plötzlichen Unfalltod des Kollegen betroffen sei. Die Arbeit der medizinischen TechnikerInnen bestand darin, Untersuchungen mit unterschiedlichen bildgebenden Verfahren durchzuführen

Nach der ersten Betroffenheit, die auf mich übergesprungen war, stellte ich mir die Frage, was ich denn dort nun tun solle und mein erster Impuls war: „Ich muss dort möglichst bald hin" (Helferimpuls). Dann erst begann in meinem Kopf mein Raster zu arbeiten: *Institutionell Handelnde!* Jetzt sollte ich schnell wissen, welches Beratungssystem für diese Arbeit und diese Organisationseinheit in diesem Krankenhaus das richtige sei. Eine Abklärung mit dem Team vorab wäre wohl allzu arrogant gewesen. Ich fühlte mich für einen Augenblick recht hilflos (Über die *Rolle der institutionell Betroffenen und Distanzierten* wurde mir klar, dass diese Hilflosigkeit in Korrespondenz mit der Hilflosigkeit des Teams bzw. der Anfragenden der Organisation zu sehen sein könnte). Meine Frage blieb, ob ich als Supervisorin dort überhaupt richtig am Platz sei oder ob es eher darum ging, diesen Teammitgliedern als Personen professionell zur Seite zu stehen. Ich bezog mich auf den Teil der Anfrage, der besagte, dass das Team „unter Schock stehe, aber gleichzeitig weiterarbeiten müsse". Bezogen auf diese nicht allein personen- sondern institutions- und arbeitsorientierte Anfrage fühlte ich mich als Supervisorin angesprochen. So bot ich – als *instiutionell Handelnde* – zu dieser Fragestellung eine Krisenintervention mit zwei Terminen an und stellte in Aussicht, dass man im Anschluss daran überlegen könne, welche Beratungsangebote mit welchem Schwerpunkt dann gegebenenfalls anzuschließen seien.

Offen blieb die Frage nach der *Expertin für berufliches Handeln* in diesem Feld. Ich hatte viele Erfahrungen mit Krankenhausstrukturen und dort grundsätzlich liegenden Themen. Was die Aufgabe der Medizinischen TechnikerInnen bezogen auf die dortigen Untersuchungen mit bildgebenden Verfahren betrifft, war ich wenig kundig. Ich nahm mir vor, mit dieser Unkenntnis offensiv umzugehen, d. h. sie zu benennen und das, was ich dazu lernen würde, bei meinen Interventionen zu berücksichtigen. Erkundigungen holte ich noch über die Website der Einrichtung ein. Einige Supervisions-Forschungsfragen schienen mir relevant: Über welche Ausbildungen und welche Spezialisierungen verfügen diese medizinischen TechnikerInnen, in welcher Weise kommen sie wie mit den zu untersuchenden Menschen in Kontakt?

Ich holte Rückmeldungen aus meinem KollegInnenteam ein, in deren Vielfalt sich schon die Mehrschichtigkeit der Anfrage zeigte. Der persönliche Verlust im Team schien im Vordergrund zu stehen: Was war möglicherweise alles zwischen Teammitgliedern und dem Verstorbenen offen und in der Kommunikation abgebrochen worden? Was hätte man ihm alles noch sagen wollen? Was man hätte noch erledigen müssen ausgehend von wahrscheinlich sehr unterschiedlichen Positionen im Team? Zusätzlich spielten die Anforderungen der Organisation eine Rolle. Alle würden davon ausgehen, dass diese Gruppe – da es sich ja um ein Arbeitsteam handelte – arbeitsfähig bleibt. Seitens der Leitung wird wahrscheinlich sehr schnell überlegt, ob und wie diese Stelle wieder besetzt wird. Der Doppelauftrag bestand darin, einerseits Menschen zu helfen, mit einer Grenzsituation umzugehen, andererseits die Organisation zu unterstützen, ihre Verpflichtungen gegenüber den PatientInnen – selbst oft in Grenzsituationen, wenn offen ist, welche Ergebnisse die dort geleisteten Untersuchungen bringen – zu erfüllen. Diese Komplexität macht verständlich, dass man eine Supervisorin nimmt, die bekannt ist, von der vielleicht auch nicht so viel Fragen in so einer Situation zu befürchten sind (mögliche Zuschreibung zum Organisations- bzw. Professionssystem der Supervisorin).

In der Tat habe ich gemerkt, wie schnell ich geneigt war, in der ersten Reaktion gar keine Fragen zu stellen und einfach hinzugehen. Mein „professioneller Apparat", d. h. sowohl mein inhaltliches professionelles „Rüstzeug" als auch die Rückmeldungen meiner KollegInnen haben mich unterstützt, die Komplexität „konkrete Menschen – ein Verlust – ein Arbeitsteam – eine Abteilung im Krankenhaus – PatientInnen – Supervision..." zu erfassen. Ich habe gemerkt, wie ich es gebraucht habe, mich als Supervisorin als Teil des eigenen Organisations- und Professionssystems zu verorten.

Der Weg in den Sozialraum des Teams, in dem dann die erste Doppelstunde Supervision stattfand, ging durch ein Labyrinth von abgedunkelten Räumen und Computern. Die Untersuchungsmaschinen waren in den dahinterliegenden Räumen untergebracht. Der Raum, in dem sich das Team traf, war extrem klein. Die Atmosphäre von unbekannten Geräuschen und dunklen Lichtverhältnissen fand ich eher beängstigend (Registrierung der eignen institutionellen Betroffenheit und der Versuch mich über Reflexion davon zu distanzieren und die Betroffenheit zu nutzen). Wahrscheinlich würden auch so PatienInnen empfinden, die hier untersucht werden. Damit wurde ich wieder auf die Adressaten der Arbeit dieses Teams gestoßen. Durch meinen Kopf schossen Gedanken zu den Bezugspunkten der Supervision: Die PatientInnen einerseits und andererseits die Organisation, welche diese gesamte Maschinerie und die dort angesiedelte menschliche Arbeit beinhaltet. Noch wusste ich wenig über die relevanten Arbeitsabläufe und die speziellen Herausforderungen der Arbeit.

Die Mitglieder des dort arbeitenden Teams waren bis zur letzten Minute vor der Supervision (einige auch noch während der Supervision) mit ihrer Arbeit sehr beschäftigt – business as usual? Es waren vorwiegend junge MitarbeiterInnen, mehr Frauen als Männer, insgesamt 10 TeilnehmerInnen. Mich nahmen sie unbefragt freundlich auf, um mit mir über Ihre Situation zu reden – wohl so freundlich und offen wie sie auch sonst in ihrer Arbeit dauernd neue PatientInnen aufnahmen. Mir selbst schien diese Selbstverständlichkeit angesichts der schwierigen Situation einerseits angenehm (institutionelle Gegenübertragung?), im Nachdenken jedoch etwas zu schnell (*institutionell Involvierte und Distanzierte*).

Es folgte das Erzählen Einzelner, unter welchen Bedingungen sie wann wie über den plötzlichen Tod Ihres jungen Kollegen erfahren hatten. Ähnlich schnell wie bei meinem Einstieg ging das Team dazu über, ihre fachlichen Ansprüche dar zu legen: Dieses Team verlangte ein 200%-Engagement, was die Arbeit, privates Miteinander (langes Zusammensitzen nach dem Dienst) und fachliche Weiterbildung betrifft. Es wurde schnell klar, dass der verstorbene Kollege in diesem Kontext eine wichtige Funktion hatte. Ein Teil des Teams wollte diesen hohen Anspruch an Präsenz und Engagement nicht einbringen, ein anderer Teil war zutiefst von der Sinnhaftigkeit dessen überzeugt – auch, um sich auf diese Weise gegenüber den Ärzten als fachlich kompetent und stark zu fühlen. Der verstorbene Kollege hatte die Funktion gehabt, das Bindeglied zwischen beiden Seiten zu sein. Auch wenn er aus privaten Gründen nicht so viel Zeit in die informelle Vernetzung investieren konnte, hatte er doch mit allen Kollegen und Kolleginnen einen soliden Kontakt und einen guten Draht, um auch kritisierende Rückmeldungen geben zu dürfen, die bisweilen für die absolut notwendige Präzision in dieser Arbeit erforderlich waren. Bezogen auf die Gruppe, die vor mir saß, war dieser Kollege also derjenige, der diese Gruppe zusammengehalten hatte. Bezogen auf die Arbeit hatte er die Funktion, trotz dieser potenziellen Spaltung im Team den Kontakt so aufrecht zu erhalten, dass auch Kritik im Sinne der dortigen Professionsnormen aufrecht erhalten bleiben konnte.

Ich lernte in diesem Kontext dazu, dass diese Medizinischen TechnikerInnen sich ca. ein Jahr einarbeiten mussten, um verantwortlich Untersuchungen durchführen zu können (Zuwachs an Wissen in der *ExpertInnenrolle für berufliches Handeln* in der Organisation). Die dortige Leiterin, die erst beim zweiten Treffen dabei sein konnte, wurde zwar akzeptiert als diejenige, die den Überblick behielt und die Organisation der gesamten Arbeitsgruppe managte, war aber in die internen Belange des Teams wenig involviert. Angesichts der allgemeinen Verunsicherungen im Team war sie es, die die Supervision besorgt hatte.

Die Krise des Teams bestand – und das wurde schon in der ersten Sitzung deutlich – nicht nur darin, dass ein von allen auch wegen seiner humorvollen Art geschätzter Kollege plötzlich nicht mehr im Team war, sondern auch in der Angst, dass dieses Team jetzt auseinanderbrechen könnte.

In zwei Sitzungen konnte ich – im Sinne einer Krisenbeschreibung, so formulierte ich es auch gegenüber der Teamleiterin und sicherte diesen

Teilauftrag institutionell nochmals ab – Platz geben, die persönlichen Betroffenheiten und die Verunsicherungen im Team zu formulieren und auszutauschen. Ich unterstrich diese Leistung des Teams, den einzelnen Teammitgliedern zuzuhören und über ihre Betroffenheiten und Befürchtungen zu reden. Besprochen wurde auch die Tatsache, dass die Teammitglieder sonst bei ihrer Arbeit sich keine wirkliche Betroffenheit leisten können, auch nicht bei todkranken, manchmal auch sehr jungen, Menschen. Die präzise und sehr anspruchsvolle Bedienung der Maschinen, die eben auch für mich spürbar das alltägliche Arbeitsklima und die Arbeitsatmosphäre prägen, stand meist im Vordergrund. In der Supervision wurden die anfänglichen, von Selbstverständlichkeiten und Schnelligkeit geprägten Umgangsformen (siehe Umgang untereinander und mit mir) durch Phasen der Nachdenklichkeit ersetzt, was – wie die Teammitglieder mitteilten – Ihnen eine wichtige Hilfestellung war. Ich konnte meine neu gewonnenen Kenntnisse über die Kompetenz und den Präzisionsanspruch in dieser Arbeit (*Expertin beruflichen Handelns*) mit einbeziehen, um Ihnen zu vermitteln, wie betreffend die schon rein menschlich zu verstehende Dramatik der Situation für sie ist, wie sich diese jedoch für sie vervielfacht angesichts der speziellen Anforderungen, die sich aus der Arbeit und dem Team ergeben.

Die Weiterentwicklung des Kontrakts bestand darin, die derzeitige Situation im Team, insbesondere die Existenz zweier informeller Gruppen, genauer zu reflektieren (Kontraktentwicklung als *institutionell Handelnde*) mit dem Ziel, neue Umgangsformen zu finden, um einer Teamspaltung entgegen zu wirken. In dem folgenden Prozess (drei Sitzungen) wurde klar, dass in den beiden Gruppen RepräsentantInnen vertreten waren, die jeweils gemeinsam mit ÄrztInnen unterschiedliche fachliche Richtungen zu Untersuchungsmethoden und auch zum Umgang mit den PatientInnen vertraten (Know-How zu Struktur und Dynamik in Organisationen als *Expertin für berufliches Handeln*). Diese Reflexion löste Problemfixierungen (einseitige und eindimensionale Problemsichten) auf und ließ neue Perspektiven zum konstruktiven Zusammenarbeiten und zur fachlichen Weiterentwicklung im Team entstehen.

So konnte insgesamt – supervisorisch gestützt – ein komplexer Erfahrungs-prozess vom Team geleistet werden: Ausgehend von dem Austausch über die Betroffenheit zum plötzlichen Tod des Kollegen wurde die Frage der speziellen Struktur im Team klar. Es erfolgte damit eine Auseinandersetzung und Perspektivenerweiterung zu den Zusammenhängen im Team. Danach war es dann auch möglich, sich institutionell von dem verstorbenen Kollegen zu verabschieden, ohne den persönlichen Respekt aufzugeben. Er hatte bis dahin im Dienstplan noch die Position eines Kranken, der zu vertreten ist. Sein Name wurde dann in den neuen Dienstplan nicht mehr aufgenommen, aber ein Foto von ihm wurde im Dienstzimmer aufgehängt. Dies setzte dann auch Energie frei, sich auf die aktuelle Gestaltung der Teamarbeit einzulassen, auch – und an der Stelle gab es viel Austausch mit der Leiterin – sich um eine Neubesetzung dieser Stelle zu bemühen.

So wurde diese Beratungsphase bereits nach fünf Sitzungen abgeschlossen. Es war eine Offenheit entstanden, zusammen mit ÄrztInnen die tägliche Zusammenarbeit und die dort sich herausbildenden unterschiedlichen Vorstellungen und Ansprüche zu besprechen.

Daraus ergab sich von mir und den entsprechenden Leitungs- und Stabstellen unterstützt die Planung eines weiteren Beratungssettings: die Inter-Berufsgruppen-Supervision für diese Medizinischen TechnikerInnen und FachärztInnen (wiederum als *institutionell Handelnde* unterstützte ich diese Entwicklung des Beratungssystems). Die Supervision für die beiden Berufgruppen, die täglich eng zusammenarbeiteten, sollte die Möglichkeit bieten, sich über die Gestaltung der gemeinsamen Arbeit zu verständigen angesichts des enormen Drucks, mit wenig Zeitressourcen und einem sehr hohen professionellen Anspruch umgehen zu müssen. Es war vonseiten der Medizinischen TechnikerInnen klar, dass die inzwischen bekannte Auseinandersetzung, welche ihre eigene Gruppe ja zu Beginn nahezu hätte spalten können und für die durch die Supervision eine gute Verständigung und Differenzierung der Positionen erfolgt war, auch in dieser größeren Gruppe wirkte.

Sowohl ÄrztInnen als auch die Medizinischen TechnikerInnen waren sich einig, dass in dieser hektischen Arbeitsatmosphäre eine Reflexionszeit Möglichkeiten eröffnen könnte, über aktuelle Konfliktsituationen zu reden. Nach meiner Einschätzung als Supervisorin (als *Expertin für berufliches Handeln*) sollte die geplante Reflexion für den angespannten Arbeitsalltag, in dem fachlich höchst anspruchsvolle Untersuchungsarbeit für verschiedene emotional höchst angespannte PatientInnen geleistet wird, eine weitere Phase der Distanzierung (Entlastung) und auch der gegenseitigen Anerkennung bringen. Der Arbeitsalltag war eben gekennzeichnet von dem Druck, viele Termine zu bewältigen, die teuren Maschinen optimal auszulasten, fachliche Ansprüche zu erfüllen und Entwicklungsarbeit zu leisten, geprägt durch notwendigerweise kurz angebundene, auf das Wesentlich begrenzte Kommunikation und begleitet durch den andauernden Geräuschpegel der Maschinen.

Bedingungen dieser Art kennzeichneten schon die Vorgespräche, bei dem zwei ÄrztInnen und zwei Medizinische TechnikerInnen zwar die oben genannten Vorhaben gegenüber der Supervisorin skizzierten, das Gespräch aber wegen Termindruck abgebrochen werden musste. Die geplante Fortsetzung des Gesprächs fand nicht statt, weil dann wiederum ein Wechsel von ÄrzInnen anstand und Engpässe im Dienstplan keine Zeit ließen.

Als Repräsentantin der Supervision blieb ich übrig mit dem Gefühl, dass diese angebotene Form der Kommunikation und Reflexion nicht stattfinden sollte – abgewehrt wie viele andere Interessen und Wünsche in diesem institutionellen Kontext. Von der *institutionellen Betroffenheit* in der Rolle der Supervisorin konnte ich mich über die auf die Organisationsdynamik bezogene Reflexion, erweitert durch die Rückmeldungen meiner KollegInnen in der Reflexionsgruppe, wieder distanzieren. Als *institutionell Handelnde* stieß ich jedoch an eine Grenze: Die strukturellen Bedingungen der Organisation und die dort sich entwickelte Organisationsdynamik ließen die Weiterentwicklung des Beratungssystems nicht zu.

Kontexte – Kontextualisierung
Bezugssystem und Beratungsmethodik in der Organisationssupervision

Im Folgenden möchte ich mich mit der inhaltlichen Ausrichtung der Organisationssupervision beschäftigen. Das im aktuell zu entwickelnden Beratungssystem verarbeitete und der Reflexion zugeführte Material ist immer dann von Wichtigkeit, wenn es die für die BeratungsteilnehmerInnen relevanten Kontexte ihrer Arbeit betrifft und wenn die Durcharbeitung von Zusammenhängen zur Qualifizierung der jeweiligen im gesellschaftlichen Kontext verankerten professionellen Tätigkeit beitragen kann.

Angela Gotthardt-Lorenz

Abstrakt gesagt geht es hier um die Kontextualisierung. Supervision ist nicht von ihrem strategischen und technischen Vorgehen her, sondern zunächst – wie Weigand schon 1987 aufzeigte (Weigand 1987, 30) – von ihrem Gegenstand, dem beruflichen Handeln, her definiert. Von ihrer Methodik her bringt Supervision den im Beratungssystem entwickelten arbeitsorientierten Gegenstand, die im Beratungssystem entwickelte Thematik und Dynamik inklusive der dort angesiedelten individuellen bzw. gruppenspezifischen Emotionen und der dort wirkenden Persönlichkeitsstrukturen (sowohl der BeratungsteilnehmerInnen, AuftraggeberInnen als auch der Supervisor-Innen) in den Kontext der dazugehörigen arbeitsrelevanten Einflussfaktoren: Bedingungen, Strukturen, Themen, Dynamiken. Die die Supervision und ihre Beratungsmethodik konstituierenden Kontexte sind bei Supervisionen in Organisationen zentral durch die folgenden Bereiche gekennzeichnet:

Die – wie das Praxisbeispiel gezeigt hat – oft unspektakulär im Prozess der Supervision sich zeigenden Themen, Fragen, Emotionen können den beschriebenen Kontextebenen der Supervision zugeordnet werden. Organisations-SupervisorInnen erfahren dieses Material, wie beschrieben, zum großen Teil in den von ihnen gestalteten bzw. zugewiesenen Rollen. Die Reflexion oder Perspektivenerweiterung erfolgt dadurch, dass in der Supervision Zuordnungen geleistet und Zusammenhänge begriffen und erfahren werden können.

Insgesamt lässt sich der methodische Duktus der Organisationssupervision wie folgt beschreiben: Je mehr aktuelle Konflikte und Herausforderungen in der Supervision nachvollziehbar in den institutionellen und adressatenbezogenen Kontext gestellt werden können und je mehr auch das Beratungssystem selbst in seiner daran beteiligten Symptomatik begriffen werden kann, umso mehr erfolgt Entlastung. Spüren die SupervisionsteilnehmerInnen diese Entlastung, so können sie in der Folge persönliche und sehr spezielle eigene Perspektiven zur Bearbeitung ihrer Thematik entwickeln.

Wichtig ist, dass Thematiken und Konflikte nicht allein bei den BeratungsteilnehmerInnen als Personen hängen bleiben. Natürlich gibt es sehr persönliche Dispositionen, mit unterschiedlichen Fragestellungen in dem kollegialen und institutionellen Miteinander umzugehen. Wichtig ist es, das Verstehen zu ermöglichen, dass alle relevanten Erfahrungen, auch sehr persönlich gefärbte, nicht an sich und zu aller erst im Kontext der persönlichen Geschichten zu bearbeiten sind, sondern in Bezug zur Arbeit und den dazugehörigen Ebenen: bezogen auf das Team, die KlientInnen, den Ruf oder die Ziele der Organisation, die gesellschaftliche Einschätzung der Arbeit usw. Werden Konflikte in ihrer Relevanz hier beschrieben und geortet, sind die beteiligten Personen im zweiten Schritt sehr häufig auch fähig, ihre persönlichen Anforderungen und Umgangsformen in diesen Kontexten zu thematisieren. Wenn die Belastung der einseitigen „Verursachungsphantasie" sich auflöst zugunsten der Erfahrung, dass in komplexen Arbeitssituationen immer viele Ebenen und Faktoren zusammenspielen, bringt dies Entlastung und neue Aktivitäten, sich mit der jeweiligen mehrschichtigen Thematik auseinander zu setzen.

Die oben gezeichnete Kontext-Skizze bildet als Bezugssystem der Methodik Supervision grundsätzlich den Rahmen für die Entwicklung, Durchführung und Evaluation von Supervisionsprojekten in komplexen Situationen von Organisationen. Vor diesem Hintergrund können sehr unterschiedliche Auftragsgestaltungen für Organisationssupervision erfolgen. Spezielle Schwerpunktsetzungen und Settings sind zu entwickeln und zu überprüfen, ohne den supervisorischen Gesamtblick zu verlieren. Nicht nur in Phasen der ausgewiesenen Evaluation, z. B. zum Abschluss eines Supervisionsprozesses, sondern auch in der begleitenden Metareflexion der supervisorischen Reflexionsarbeit kann die oben gezeichnete Kontext-Skizze auf Ausblendungen (was kommt gar nicht in einem Supervisionsprozess vor) oder auch auf Verschiebungen (z. B. Konflikte im Team, die eine Ausformung von KlientInnen-Konflikten darstellen) hinweisen.

Organisationssupervision konkret

Ausgehend von diesem Methodik-Rahmen der Supervision möchte ich abschließend und in aller Kürze aufzeigen, dass Verlauf und Inhalt des beschriebenen Supervisionsprojekts nach meiner Einschätzung die Grundzüge der kontextorientierten Organisationssupervision enthalten.

Betrachtet man zunächst das Beratungssystem selbst, so ist relativ leicht erkennbar, wie hier zu Beginn das Anliegen, eine Unterstützung für ein Krisenmanagement für das Team zu erhalten, im Vordergrund stand. Das supervisorische Bestreben bestand darin, dieses Beratungsvorhaben nicht allein als persönliche Krisenintervention anzulegen, sondern die Bedeutung und Prägung der belastenden Situation durch die relevanten Kontexte mit einzubeziehen: die für den Arbeitsablauf relevanten formellen und informellen Subsysteme der Organisation und die damit einhergehende Dynamik einerseits und die spezifische Arbeit und deren AdressatInnen bzw. die dort angesiedelte Professionalität und Kultur andererseits. Mein eigenes Professionssystem hatte mich durch Reflexion und fachlichen Austausch dafür sensibilisiert.

Es zeigte sich in dem Beispiel, wie die persönlichen Mitteilungen über die Trauer und die betreffenden Erfahrungen relativ bald übergingen in Überlegungen, welche Bedeutung der verstorbenen Kollege für das Arbeitsteam hatte und wie sich darin wiederum die Dynamik der Professionsansprüche und der Organisationserwartungen offenbaren, auch die spezielle Thematik zwischen diesem Team und den dort arbeitenden ÄrztInnen. Über das Reflektieren und Erfahren der Bedeutung der Organisations-, Arbeits- und Teamzusammenhänge, auch der dortigen Schwierigkeiten und Grenzen, konnten dann die Teammitglieder zusammen mit ihrer Leitung auch ihre sehr persönliche Leistung in diesem Organisationsrahmen begreifen. Als Team erarbeiteten sie sich die Erlaubnis, die Stelle frei zu geben für eine Nachbesetzung, ohne ihren persönlichen Respekt vor dem verstorbenen Kollegen als bedroht anzusehen. Sie begriffen jene Funktionen, die der verstorbene Kollege in der Teamzusammenarbeit informell erfüllt hatte und entwickelten daran anschließend neue eigene Handlungsperspektiven.

Deutlich wurde, wie die Kontextualisierung eine betreffende Situation im Team emotional durchsichtiger und kognitiv verständlicher machen konnte und den Weg für neue Aktivitäten ermöglichte. Die logische Weiterführung des Beratungssystems in eine Supervision zur Kooperation zwischen Medizinischen TechnikerInnen und ÄrztInnen, welche die für die alltägliche Arbeit (Kontext PatientInnen-System) notwendige Kooperation der Berufsgruppen, ihre Identitäten und Anerkennungen (Kontext Organisation) beinhaltet hätte, war lediglich planbar (Verständigung über die Bedeutung), aber nicht durchführbar. Die Abhängigkeit der Supervision vom Organisationskontext, von den dort immer wieder spürbaren begrenzten Ressourcen, wird hier sichtbar.

Die im gesellschaftlichen Kontext verankerte Ressourcenbegrenzung ist eine meistens für alle Kontexte der Supervision geltende Realität, mit der sich jede Organisationssupervision auseinandersetzen muss. Zeit- und Mittelbegrenzung ist ein Thema im Adressatensystem, im Organisationssystem, logischerweise dann auch im Beratungssystem – und auch im Professionssystem der SupervisorInnen.

Bezogen auf das Beratungssystem müssen SupervisorInnen immer wieder kritisch auf die begrenzte Reichweite ihrer Arbeit schauen und auch entscheiden, wie sie diese bewerten.

Für den konkreten Fall schätze ich die erfolgte Supervision so ein, dass die BeratungsteilnehmerInnen und auch die benachbarte Berufsgruppe einen

Anstoß erhalten konnten, bezogen auf die vielfältig begründete und in der Zusammenarbeit sich niederschlagende Drucksituation bewusster zu reagieren und mehr die Verständigung untereinander zu suchen. Dass dieser Anstoß bezogen auf die Kräftigkeit der Dynamik ein sehr kleiner war, ist einzugestehen, zumal die Fortsetzung in einem erweiterten Beratungssetting nicht möglich war.

Ressourcenknappheit betrifft auch das Professionssystem Supervision. Anzumerken ist hier der gering institutionalisierte Austausch von SupervisorInnen, auch die geringe Anzahl von Projekten, in denen SupervisorInnen kooperieren. Genau dieses gelebte Professionssystem ist jedoch eine conditio sine qua non, um in der Komplexität von Organisationssupervision kontextbezogen professionell arbeiten und die dortigen Rollen als SupervisorIn konzeptorientiert erfahren und gestalten zu können.

Literatur

Gotthardt-Lorenz A, Schüers W (1997) Das Supervisionsverständnis in der Community der SupervisorInnen. In: Luif I (Hg) Supervision. Tradition, Perspektiven und Ansätze in Österreich. Orac, Wien, 13–26

Gotthardt-Lorenz A (2000a) Organisationssupervision. Rollen und Interventionsfelder. In: Pühl H (Hg) Handbuch der Supervision 2. Edition Marhold, Berlin, 297–312

Gotthardt-Lorenz A (2000b) Die Methode Supervision – eine Skizze. In: Pühl H (Hg) Handbuch der Supervision 3. Supervision und Organisationsentwicklung. Leske+Budrich, Opladen, 55–69

Gotthardt-Lorenz A (2002) Müssen wir das Rad immer wieder neu erfinden? Bedeutungen der Feldkompetenz. In: supervision 1/2002. Votum, Münster, 15–20

Weigand W (1987) Zur beruflichen Identität des Supervisors. In: supervision 11/1987. Akademie für Jugendfragen, Münster, 19–35

Wellendorf F (1986) Supervision als Institutionsanalyse und zur Nachfrageanalyse. In: Pühl H (Hg) Handbuch der Supervision 2. Edition Marhold, Berlin, 30–40

Arbeitsalltag Teamsupervision. Zur Praxis gruppendynamischer Deutungs- und Interventionsprozesse

Lilli Lehner

Zusammenfassung

Beschrieben wird die Eingangsphase des Arbeitsprozesses einer Teamsupervision. Im Fokus der Betrachtung stehen die Wechselwirkungen von Inhalt und Dynamik, also die Aufgaben und Themen, die das Team im institutionellen Kontext zu bewältigen hat und wie das geschieht: Welche Interaktions- und Abwehrstrukturen, welche Kultur, Macht- und Positionierungsdynamiken in der wechselseitigen Bezogenheit von Team, Klientel und Organisation dabei entstehen. Es wird versucht, die Komplexität der konkreten Arbeitssituation anhand praxisleitender Theoriemodelle, die den Denk- und Verstehenshintergrund im Prozess des Intervenierens liefern, zu erfassen. Dabei steht nicht die systematische Ausdifferenzierung unterschiedlicher Zugangs-Theorien im Vordergrund, sondern die Alltagspraxis gruppendynamischen Verstehens und Intervenierens unter dem Prädikat Gruppen- und Prozesskompetenz wird beschrieben und zur Diskussion gestellt.

Einleitung

Welcher theoretische Hintergrund wird im jeweiligen Hier und Jetzt der praktischen Arbeit wirksam? Auf welche Hypothesen greifen GruppendynamikerInnen zurück, um im aktuellen Prozess, dem Kräftefeld aus Informationen und Verborgenem, Normierungen und Gefühlen, institutions- und teamspezifischer Konstruktions- und Bewertungspraxis, Orientierung zu finden? Wie werden Organisations-, Kommunikations- und Machtstrukturen in Gegenwärtigem, Vergangenem, Zukünftigem wirksam und prozessleitend? Welche Konzepte und Ziele bilden die Grundlage der Interventionsplanung, um welche Entwicklungen auf welchen Ebenen anzuregen? Welche Deutungen, Konstruktionen und Haltungen fließen in den Prozess des Verstehens und Intervenierens ein? Ein weites Feld an Fragestellungen bildet die methodische Basis prozessorientierten gruppendynamischen Handelns.

Lilli Lehner

In meiner Annäherung an das Geflecht expliziter und impliziter Informationen, beobachteter und gedeuteter Wahrnehmungen interessiert mich deren Einbettung in die umgebende Organisation. Mein Fokus richtet sich darauf, wie Verschränkungen von Themen des Teams mit Themen der Klientel, Aufgaben und Aufträgen der Organisation und institutionellen sowie gesellschaftlichen Abwehrmechanismen sichtbar werden; darauf, wie sich gesellschaftliche Wirklichkeit als Konstruktionspraxis im Team abbildet und inszenierte (unbewusste) Dynamiken bearbeitbar werden.

Der Prozess des Abbildens interessiert mich hier einerseits vor dem Hintergrund psychoanalytisch orientierter Widerstands- und Interaktionsmodelle, wie z. B. dem Modell der projektiven Identifikation als besonderer Kommunikationsform – im Gegenüber das in Szene zu setzen, was abgewehrt, nicht gefühlt und gedacht werden kann – als Leistung des Teams, Ängste und Dynamiken der Klientel und der Gesellschaft, aus der diese Klientel kommt, zu verwahren und zu verarbeiten (vgl. z. B. Lohmer 2000, 34f).

Andererseits beschäftigt mich der Prozess des Abbildens auch vor dem Hintergrund der sozialen Praxis, dem Konstruktionsprozess von Machtstrukturen über Normierungen und Deutungen, der die Teamkultur mitgestaltet und (gesellschaftliche) Wirklichkeit schafft.

Also *wie* ist der Prozess des Abbildens in seiner szenischen Darstellung als Phänomen, z. B. über das Instrument Gegenübertragung, erfahrbar und *was* wird abgebildet, um welche Relationen und Strukturen von Macht und Einfluss herzustellen oder zu bewahren?

Wie gehen Teams in Organisationen an diese Abbildungsfunktion heran? Wie kann sie im Prozess der Supervision verstehbar und als Containment-Leistung in das professionelle Selbstverständnis integriert werden, um Funktionalität und Arbeitsfähigkeit zu unterstützen? Wie kann das Team dabei unterstützt werden, die eigene Konstruktionspraxis von Machtverhältnissen und die Mitkonstruktion gesellschaftlicher Machtverhältnisse zu reflektieren? Welches Potenzial an „Störkraft" (siehe Zitat Seite 98) ist erträglich, um in der Organisation arbeitsfähig zu bleiben?

Ich beschreibe den Prozess einer Teamsupervision in einem Wiener Jugendzentrum über den Zeitraum der ersten acht Sitzungen. Im Verlauf der Falldarstellung versuche ich meine Interventionen nur dort einzufügen, wo sie für das Verständnis unbedingt nötig sind, um daran anschließend den Prozess des Verstehens und Intervenierens als einen Dialog zwischen Theoriehintergrund und Anwendungspraxis in der aktuellen Teamsituation zur Diskussion zu stellen.

Die Organisation

Die Organisation besteht seit 30 Jahren als gemeinnütziger Verein, betreibt im Auftrag der Gemeinde Wien über 30 Einrichtungen und beschäftigt etwa 300 MitarbeiterInnen. Die Arbeitsbereiche umfassen Offene Kinder- und Jugendarbeit in Jugendzentren und Jugendtreffs, Mobile Jugendarbeit, Gemeinwesenarbeit und überregionale Projekte.

Der Verein bietet ein Leitbild mit einem ausdifferenzierten Katalog an Haltungen, Werten und gesellschaftspolitischer Positionierung:

„Wir wollen, dass Kinder und Jugendliche einen anerkannten Platz in der Gesellschaft erhalten, dass sie sich entfalten und als innovative Kraft an der Weiterentwicklung der Gesellschaft mitwirken können" (Leitbild des Vereins Wiener Jugendzentren).

Einige der angeführten Leistungen für die primäre Zielgruppe: „[...] kontinuierliches, professionelles Beziehungsangebot, Orientierungshilfe für persönliches Handeln, aktivierendes Animationsangebot, Begegnung und Handeln in multikulturellen Zusammenhängen, geschlechtssensible Angebote" (ebd.).

Grundprinzipien der Arbeitsansätze sind: „[...] präventiv, sozialräumlich, lebensweltorientiert, partizipativ, geschlechtsspezifisch, interkulturell und freiwillig" (ebd.).

Flexibilität in der Anpassung an „[...] sich schnell ändernde Bedürfnisse der Zielgruppen" und „[...] die sich wandelnden gesellschaftspolitischen Rahmenbedingungen". Bewusstheit „[...] des Spannungsfeldes zwischen öffentlichem Auftrag, Bedürfnissen der Zielgruppen und eigenen Ansprüchen [...] Dabei ist es unser Bestreben eigenständig, souverän und kooperativ im Interesse unserer Zielgruppe zu handeln [...] Wir legen Wert auf Feedback und ein Klima der gegenseitigen Wertschätzung. Wir vertrauen auf die fachliche Kompetenz der MitarbeiterInnen. Darauf basiert unsere Zusammenarbeit; genauso wie auf einer Diskussionskultur, die auch Kritik und Konflikte ermöglicht [...] Widersprüche und Ambivalenzen wollen wir beim Namen nennen. Wir sehen es als Herausforderung, sie nach Möglichkeit aufzulösen. Nicht zuletzt deshalb verstehen wir uns als 'lernende Organisation'" (ebd.).

Prozessverlauf

1. Sitzung

Inhalte und Ziele für die gemeinsame Arbeit beziehen sich im Erstgespräch auf die Klientel: Umgang mit schwierigen Jugendlichen, Erarbeitung von Interventionsstrategien, Reflexion von pädagogischen Konzepten und Verbesserung von organisatorischen Abläufen. Diese sind mir schon aus anderen Supervisionsaufträgen in Jugendzentren als sehr komplex in Erinnerung. Da gibt es ausdifferenzierte und ineinander verzahnte Strukturen in Betrieben – Programmschienen nach Altersklassen und Geschlecht – Indoor und Outdoor, spezielle Angebote und Projekte. Jedes Teammitglied leitet irgendeinen Betrieb, ist Delegierte/r in Vernetzungsforen und Arbeitskreisen.

Die Personen im Team – eine Leiterin, vier Frauen und drei Männer – stellen sich mit ihren vielfältigen Funktionen und Verantwortlichkeiten vor. Das Organigramm, das ich erhalte, wirkt sehr kompliziert, und ich vermute, dass Leitung bei so vielen Verantwortlichen – wie fast immer in ähnlichen Einrichtungen – ein heikles Thema sein wird.

Mich interessieren im Erstkontakt die Zugangsberufe und Berufsbiographien. Wie und warum wird jemand JugendarbeiterIn, welches soziale Hinterland und welche Differenzstrukturen werden darüber im Team, in der Arbeit wirksam? Das Team besteht aus vier SozialarbeiterInnen (Leiterin, zwei Frauen und ein Mann), einer Horterzieherin, einer AHS-Lehrerin, einem Psychologen und einem Jugendbetreuer mit Facharbeiterausbildung (türkischer Österreicher der 2. Generation). Was bedeuten diese Informationen für das Verstehen des sozialen Raums, in dem sich dieses Team bewegt? Bestimmt die Kernkompetenz SozialarbeiterIn die professionelle Sprache, die Teamkultur? Gilt ein abgeschlossenes Studium als Aufwertung der Organisation, als persönlicher Abstieg oder als Durchgangsstadium zu weiteren Karriereschritten? Welche Zuschreibungen bekommen Personen mit fremden Zugangsqualifikationen und Kulturen im Team und auf der Ebene der Organisation? Welches Maß an Integrationsfähigkeit ist dem Team, der Organisation zuzutrauen? Wie werden Zielsetzungen und Ansprüche, die im Leitbild formuliert werden, umgesetzt?

Weitere Differenzierungen, die mich interessieren, sind, wie lange die Leiterin und die Teammitglieder am Standort bzw. in diesem Beruf tätig sind? Leitungswechsel war vor eineinhalb Jahren, vier Frauen (eine davon Leitungsstellvertreterin und ehemalige Kollegin der Leiterin in einem anderen Jugendzentrum) stammen aus dem alten Team und sind unterschiedlich lang hier beschäftigt, die Horterzieherin mit 14 Jahren am längsten, die Männer kamen alle nach dem Leitungswechsel. Die Altersspanne reicht von etwa 50 Jahren (Horterzieherin) bis wenig über 20 Jahre (jüngster Sozialarbeiter), von langer Berufserfahrung in diesem Feld bis zu Berufseinsteiger. Welche Positionierungen und Machtstrukturen werden darüber erahnbar?

Meine Frage, welche Konflikte uns hier beschäftigen werden, wird übergangen, nonverbal mit Achselzucken etc. beantwortet. Meine Rückmeldung, dass die angesprochenen Inhalte und Ziele das Team als sehr professionell, sach- und leistungsorientiert darstellen, wird ebenfalls nonverbal, doch mit zustimmenden Reaktionen beantwortet.

Abschließend werde ich nicht zu meinem professionellen Hintergrund, meinem methodischen Zugang etc., sondern zu meiner Einstellung, meinen Phantasien über die Wohngegend, in der sich das Jugendzentrum befindet, befragt (eine große Wohnsiedlung mit etwa 20.000 BewohnerInnen, in den 1970er Jahren von der Gemeinde Wien errichtet, zunehmend auch von MigrantInnen der zweiten und dritten Generation bewohnt).[1]

---

[1] Im weiteren Verlauf werde ich die Personen des Teams über die Differenzkriterien Zugangsberuf, Alter, Herkunft benennen, weil ich glaube, darüber wesentliche Dynamiken sichtbar zu machen. Um jedoch die Anonymität zu wahren, wurden Merkmale (z. B. Herkunftsberufe und ethnische Zugehörigkeit) so verändert, dass die handelnden Personen zwar nicht kenntlich sind, die zugrundeliegenden Zuschreibungen und Konstrukte aber verstehbar bleiben.

2. Sitzung

Das Team hat zwei Fallbeispiele für die Supervision vorbereitet: Ein türkischer Bursche, der mit seinen gewalttätigen Aktionen das Team beschäftigt (Anliegen der drei Männer und der Leiterin) und ein Wiener Mädchen, auch „nicht ohne" (Anliegen der ältesten Jugendarbeiterin). Der männliche Fall ist dringender, da Hausverbot, Polizei- und Umfeldinterventionen zu planen sind. (*Oder weil das männliche Anliegen attraktiver ist?*)

Die Arbeit an der besonderen Problematik gestaltet sich hinsichtlich Funktionsverständnis, Aufgabenklarheit und dem Verständnis von patriarchal-familiären Übertragungsdynamiken konstruktiv. Gegen Ende der Sitzung beschäftigt sich das Team mit einem für mich auffällig aus-differenzierten Regelwerk von Absicherungsmaßnahmen in Bezug auf möglicherweise notwendige Interventionen: „Wenn..., dann Punkt eins, Punkt zwei..." und meine Phantasie mit den Themen Macht und Ohnmacht, wie Personen und Team damit zurechtkommen, und wie sie es bewerkstelligen werden, eigene Gefühle, gesellschaftliche Aufträge und die rohe Gewalt und die rohe Angst zu verarbeiten. Und der „Mädchenfall" kommt nicht zur Sprache. Mein Hinweis zur Halbzeit wird schnell beiseite geschoben, auch von der Frau, die diese Sache besprechen wollte „Wichtiger ist es, jetzt an dem Männerthema dran zu bleiben, das hat mehr „Störkraft", das Frauenthema nächstes Mal".

3. Sitzung

Das Team beschäftigt sich und mich mit keinem Problem außer mit dem des Aushaltens von „Kein Problem, alles in Ordnung". Alle Ängste in Bezug auf die Gewalttätigkeit der jungen Männer beschäftigen das Team nicht mehr, auch über die Probleme mit den aufsässigen jungen Frauen soll nicht mehr gesprochen werden. (*Es scheint darum zu gehen, auszuhalten, dass nichts zu tun ist – ein gutes Team präsentiert Ergebnisse, einiges war gelungen.*) Reflexion über Arbeitstempo, Professionalität und wie schwierig es sei, mit Zufriedenheit und Anerkennung umzugehen.

Und schließlich fällt der Horterzieherin doch noch etwas ein, was sie sehr stört an diesem guten Team: die Kommunikation.

Sie hatte schon vor Jahren im damaligen Team, lange vor dem Leitungswechsel, das Kinder-Projekt „Aufgabenhilfe" für SchülerInnen der umliegenden Schulen initiiert, das immer noch Besucherzahlen und Kontakte mit den Schulen bringt. Zuletzt arbeiteten die AHS-Lehrerin und der jüngste Sozialarbeiter gemeinsam mit ihr in der Aufgabenhilfe. Jetzt erfährt sie quasi nebenbei, dass die beiden auf Initiative des jüngsten Sozialarbeiters hinter ihrem Rücken ein neues Projekt entwickelt hätten: Ein „Jobcafe" für Jugendliche, das auch schon die Zustimmung der Leiterin hat. Von dieser erfährt sie erstmalig davon, und zwar so, als wäre alles schon beschlossen. Beides ginge auf Grund der Stundenressourcen nicht, und wenn die beiden das jetzt schon geplant hätten, müsse die Aufgabenhilfe eingestellt werden. Das Bild des guten Teams ist gestört, Betroffenheit über die Kränkung und viele Versuche – „versteh das nicht auf der persönlichen Ebene" – Erklärungen über Sachzwänge zu finden, warum wer was zu welchem Zeitpunkt wem nicht mitgeteilt hätte. Letztendlich stellt sich heraus, dass nur die Horterzieherin nicht gewusst hatte, was läuft. Sie akzeptiere natürlich, dass auch andere Projekte durchgeführt werden sollen und klarerweise müsse ihr Projekt fallen, wenn das Team ein anderes für interessanter hielte, ihre Enttäuschung, Kränkung und ihr Ärger seien „nicht persönlich gemeint", ihre Position als Alteingesessene gegenüber der neuen Leiterin, dem neuen Team spiele keine Rolle, ebenso wenig die funktional unklaren Strukturen. Es gehe ihr „auf der Sachebene" um die Verbesserung der Kommunikation, an der Optimierung der Informationsflüsse müsse gearbeitet werden. „Im alten Team wäre so etwas nie passiert."

4. Sitzung

Die Horterzieherin möchte etwas besprechen – nicht den Konflikt vom letzten Mal, die Sache wäre erledigt und zur Kenntnis genommen. Sie möchte über die Kommunikation im Team reden, darüber, was die Zusammenarbeit immer wieder sehr schwierig gestalte.

Sie bringt das Beispiel einer konkreten Situation: Im Betrieb XY passierte es, wie schon so oft, dass einer ihrer Partner-Männer einfach im Spiel mit einer kleinen Gruppe verschwand (mit seiner Aufmerksamkeit aber auch räumlich) und ihr die viel unattraktivere Aufgabe des Übersicht-Behaltens überließ. Aus der Sicht der Frauen im Team geschehe es regelmäßig, dass die organisierende, überblickende, kontrollierende Kompetenz ihnen überlassen

Lilli Lehner

werde und die Männer sich „lustvoll" auf Spiel und Kontakt einließen und so für die Frauen einerseits als Partner verloren gingen und ihnen andererseits der Zugang zu ähnlich lustvollem In-Kontakt-Sein verwehrt werde, weil „irgendwer müsse ja die Stellung halten und Überblick bewahren". Die Männer sind sich in dieser Situation in ihrer Nicht-Stellungnahme einig, was auf Frauenseite Vorwürfe und Misstrauen und das Absprechen von männlicher Berufskompetenz umso gravierender werden lässt. Die Leiterin, obwohl sicher vertraut mit diesem Konflikt, nimmt nicht Stellung.

Zu Ende der Supervisionseinheit bedankt sich die stellvertretende Leiterin bei einem der drei Männer für seine Mitarbeit.

5. Sitzung

„Wir wollen an der Kommunikation im Team weiterarbeiten". Von Frauenseite beginnt eine dichte Bestandaufnahme männlicher Versäumnisse, Aufzählung zurückliegender Situationen zur Beweisführung männlichen Fehlverhaltens, Argumentationsketten zur Bestätigung männlicher Inkompetenz, oft eingeleitet mit „Ich meine das jetzt nicht persönlich". Die Leiterin nimmt in diesem Prozess zu den Vorwürfen nicht Stellung, gibt immer wieder Zusammenfassungen und versucht zu übersetzen. Meine Nachfrage, wie sie die Vorwürfe in ihrer Funktion bewerte, wie gestaltet sich z. B. ihre Kontrolle über die Qualität der Arbeit in den Betrieben und darüber, ob etwa Nachbesprechungszeiten wirklich eingehalten werden, wird von den Frauen sofort weggewischt. Das Ganze sei ein Problem der Kommunikation, dazu brauche man die Leiterin nicht, hier seien schließlich alle gleich selbstverantwortlich. Da ich kaum noch zu Wort komme, muss schließlich ich mich in meiner Funktion als sehr inkompetent erleben, meine Interventionsansätze – z. B. das Persönliche doch persönlich zu nehmen, um einen ersten Schritt im Verstehen des Prozesses zu machen, scheinen nicht annehmbar.

Die stellvertretende Leiterin lobt zum Abschluss der Supervisionssitzung einen anderen Mann für seine Mitarbeit.

6. Sitzung

„Wir wollen an der Kommunikation im Team weiterarbeiten" kommt wieder von Frauen, Männer haben keine Themen zu bearbeiten, „aber wenn die Frauen das wollen...". Frauen machen wieder ihr Misstrauen in männliche Kompetenz zum Thema, den Männern wird ihre körperliche Präsenz vorgeworfen, ihr Hang zu Körperkontakt und ihr Nicht-Umgang mit Grenzen. Sie heizten die Stimmung an, und den Frauen bliebe nichts anderes übrig, als dauernd Ordnung zu schaffen und Grenzen zu setzen. Männer behandelten sexuelle Themen nicht „auf Linie", sie ahnden verbotene Wörter nicht, vielmehr noch, sie verwendeten sie selbst. Darauf folgt eine ausführliche Recherche von Vorkommnissen, die das detailreich belegt. Für mich als Außenstehende ist die Beweisführung verwirrend: All jene Wörter, die nicht verwendet werden dürfen, sind dauernd im Umlauf, Sexuelles wird bürokratisch penibel abgehandelt. Die Leitungsstellvertreterin regt an, einen Katalog zur sexuellen Sprachregelung zu verfassen, an den sich alle bindend halten müssen. Auf meinen Einwand, jetzt ginge es vorerst um Verstehen nicht gleich um neue Regeln, bringt sie ein Beispiel, um ihr Anliegen zu begründen: Ein Kollege (türkischer Jugendbetreuer) wurde von ihr in einem Gespräch mit zwei Burschen belauscht, als er seine „Privatmeinung" zur Verwendung von Präservativen äußerte: „Ich find Gummis auch scheiße". Zu diesem Thema gäbe es eine klare pädagogische Haltung, von der nicht abzuweichen wäre. (*Das könnte als Aufforderung an die Leiterin verstanden werden, hier in ihrer Funktion Ordnung zu schaffen, doch die selbstverantwortlichen Frauen brauchen dazu keine Leiterin.*)

Jetzt melden sich die Männer zu Wort. Sie ließen sich nicht belauschen und hier vor der Leiterin (*und der Supervisorin*) bloß stellen, sie fänden sehr wohl, dass deren Funktion eine Rolle spiele, vor ihr als inkompetent dazustehen bedeute schließlich etwas ganz anderes als von den Kolleginnen dauernd „auf Linie" gebracht zu werden. Auf meine Frage an jeden der drei Männer, ob und wann es eine Gelegenheit gegeben hatte, die Anlass geboten hätte, an der pädagogischen Kompetenz, Loyalität und Funktionsklarheit der Frauen zu zweifeln, kommt: „Nein, ich war immer sicher, dass die Kollegin weiß, was sie tut, auch wenn ich es anders getan hätte." Und weiter: „Hier wird nicht geschätzt, was wir übernehmen: Das Rausgehen, die vielen Stunden im Fußball-Käfig, die Anstrengung der körperlichen Präsenz, schließlich haben wir auch pädagogische Konzepte" (*alle Männer nehmen regelmäßig an der vereinsinternen Fortbildung zur Burschenarbeit teil*).

Lilli Lehner

Auch diesmal schließt die stellvertretende Leiterin die Sitzung mit anerkennendem Dank an den dritten Kollegen.

7. Sitzung

„Wir wollen weiter an der Kommunikation arbeiten." Diesmal beginnt der jüngste Sozialarbeiter. Er wendet sich an die Leiterin. Es habe ihn sehr verärgert, als er sich im Rahmen der Planung für das „Burschenwochenende", für das ein Übernachtungsort an der tschechischen Grenze vorgesehen war, an die Leiterin wendete und von dieser gesagt bekommt: „Ich hoffe, ihr wisst, dass der Aufenthalt absolut jugendfrei sein muss und nicht im Puff enden darf." Ich hätte die Aussage nicht verstanden, er schon, denn etliche Burschen im Jugendzentrum schwelgten schon seit Tagen lautstark in der Vorfreude auf tschechische Prostituierte. Er erlebte dies als Unterstellung von Verantwortungslosigkeit; so geschehe es oft, dass von den Frauen im Team vom Verhalten der Burschen auf die Betreuer geschlossen werde, dadurch würden sie lahm gelegt, müssten entweder erst brav beweisen, dass sie keine Burschen mehr wären oder sich wie die Burschen aufsässig verweigern. Niemand würde auf die Idee kommen, einer Frau Derartiges zu unterstellen. Die anderen beiden Männer bringen ähnliche Beispiele, die diese Dynamik bestätigen. Sie kämen immer in die Situation, vorgefasste Meinungen entkräften zu müssen oder eben zu erfüllen, was ihnen so oder so keine andere Möglichkeit ließe, als sich verkannt und abgewertet zusammen zu schließen. Verstehen und Betroffenheit bei den Frauen, doch der Psychologe überspannt den Bogen mit seinem Hinweis auf „sich selbst erfüllende Prophezeiung" und „Spiele der Erwachsenen" und bekommt von der Horterzieherin zu hören: „Dieses intellektuelle Gerede verstehe ich nicht, ich bin nur dafür zuständig, dass hier Ordnung herrscht und keine Schädel eingeschlagen werden".

Kein attraktiver Job! Über das Vehikel Attraktivität – die Männer scheinen viel davon für sich in Anspruch zu nehmen, nicht nur die „geschlechtsspezifisch körperliche Präsenz", jetzt kommen sie auch noch als Intellektuelle und mit ihrem Vorsprung an funktionaler Kompetenz groß heraus – kann das an Unattraktivität eingegangene althergebrachte Projekt „Aufgabenhilfe" der Horterzieherin wieder ins Gespräch kommen.

Als die stellvertretende Leiterin ihren Abschlussdank aussprechen will, wird allen Beteiligten der phänomenhafte Charakter dieser Machtstrukturierung begreifbar, und es kann gelacht werden.

8. Sitzung

Auch diesmal beginnt der jüngste Sozialarbeiter, wieder wurde ein Konflikt mit der Leiterin für die Supervision aufgespart. Er erhält den Auftrag, Quartier für ein Schiwochenende zu suchen. Als er sich fristgerecht mit seinen Recherchen an die Leiterin wendet, hat sie schon „etwas ganz Günstiges" gefunden, das sie, weil die Zeit drängte und die Situation es erforderte (kurz abgesprochen mit der Stellvertreterin) auch schon gebucht hatte. „So etwas geschieht nicht zum ersten Mal, man kommt sich verarscht und überrumpelt vor, kriegt hier nie eine Chance auf Anerkennung (schließlich will man diese auch von der Leiterin). Immer sind die Frauen (die Leiterin) schneller, dumm und naiv, wenn man sich an Vereinbarungen hält".

Depressive Stimmung, Einsicht und die Bereitschaft am Verstehen des Gruppenprozesses zu arbeiten: „Wie hatte das passieren können?"

Ist es eine Frage
– von Kommunikation, die über verbesserte Strukturen und einen verbindlichen Normenkatalog zu optimieren wäre (wie schon oft vom Team gefordert)?
– von Funktionalität, Leitung und Führungsstil?
– des gruppendynamischen Kräftefeldes, von rangdynamischen Prozessen und Strukturen?
– der Organisation und deren Dynamik, wie sie über Aufgabe, Ziele und Leitbild normierende Realität schafft und die Dynamik im Team bestimmt?
– unbewusster Wechselwirkungen und Projektionen, die das Team dazu bringt KlientInnendynamiken aufzunehmen und abbildend in Szene zu setzen?

Arbeitsinstrumente, Hypothesen, Interventionen

Schon im Hier und Jetzt des Erstkontakts mit dem fremden Team und dessen Geschichte, wirken Vorerfahrungen aus ähnlichen Arbeitssituationen,

Einstellungen und Bilder über die zu erwartende Teamkultur, über die Organisation, ihre Aufgaben, Strukturen und Geschichte, und es gibt schon erste Hypothesen über zu erwartende Themen und Konflikte sowie Konzepte darüber, was das Team in der Supervision brauchen wird, erste Überlegungen zum Interventionsprozess. Die Hier und Jetzt Situationen der monatlich vereinbarten Supervisionstermine zeigen nur einen kleinen Ausschnitt an Teamrealität, an Informationen und Abläufen. Eine Wirklichkeit, die das Team explizit über zu bearbeitende Ziele, Themen und Anliegen zur Verfügung stellt und implizit über die Art, wie Machtverhältnisse und Teamkultur, Dynamiken und Konflikte in Szene gesetzt oder vermieden werden und aus dem Hier und Jetzt auf Vergangenes und Zukünftiges schließen lassen.

Die wichtigsten Arbeitsinstrumente sind meines Erachtens eine besondere Form der Wahrnehmung, die für Phantasien und innere Fragestellungen offen bleibt, die Bereitschaft, Gefühle wie z. B. Ängste in Bezug auf Entwertung und Ausschluss, Scham und Ohnmacht, aufzunehmen, auszuhalten und aus der Gegenübertragung bearbeitbar zu machen sowie die Bereitschaft zur Rollenübernahme (vgl. Sandler 1976) – also der innere Parallel-Prozess der Hypothesenbildung und das Zugreifen können auf Gruppenwissen. Hier im Speziellen auf das Prinzip der wirksamen Feldkräfte, das Prinzip der Verhaltensänderung und das Verständnis von Gruppe als übersummatives Wirksystem eigener Art (vgl z. B. Teutsch/Pölzl 1999), die Sicht auf Gruppe mit ihrem Strukturierungsvermögen über rangdynamische Positionen, die phasenhafte Bearbeitung von Themenkomplexen um Macht, Intimität und Zugehörigkeit sowie Konflikten um Konkurrenz, Kompetenz, Anerkennung, Autorität und Funktionalität. Im Sinne sozialen Lernens wird es darum gehen, mit gruppendynamischem Instrumentarium (z. B. Feedback und Anregung zu direkter Kommunikation und Überprüfung von Phantasien, Ansprechen von Wiederholungen, Situations- und Prozessanalysen, Benennen von Konflikt-ExponentInnen und deren Funktion für das Gesamte) an Widerständen zu arbeiten, Vermiedenes und blinde Flecken für die Kommunikation zugänglich werden zu lassen, um Wechselseitigkeit, Arbeitsfähigkeit und Funktionalität zu unterstützen (vgl. Majce-Egger 1999).

Im Sinne eines psychodynamischen Verständnisses von Team und Organisation richtet sich der Fokus auf psychosoziale Abwehrmechanismen, die den spezifischen Umgang mit Ängsten, Belastungen und Bedrohungen prägen, die mit Inhalt und Aufgabe der Organisation verbunden sind. Im Fall Jugendzentrum liegt es nahe, Ängste vor der Eskalation, dem Rohen – der rohen Gewalt, der rohen Sexualität – Ängsten vor Ohnmacht und Ausgrenzung als Ängste von Jugendlichen und gesellschaftliche Ängste in Richtung auf Jugendliche zu erwarten (vgl. Obholzer 1997, 23). Unter diesem Aspekt wird es darum gehen, diese Ängste im Teamprozess miteinander zu teilen, auszuhalten und im Sinne von Funktionalität und Differenzierung denkbar werden zu lassen.

Im beschriebenen Fall beginnt der Prozess der Hypothesenbildung schon vor dem Erstgespräch: Warum sucht das Team gerade jetzt eine neue Supervisorin? Wieso fällt die Wahl auf mich?

Die Anfrage kam von der Leiterin. Das Team sei auf der Suche nach einer neuen SupervisorIn, den alten Supervisor hatte man nach dem Leitungswechsel noch ein Jahr behalten, und nachdem sich die Supervision „totgelaufen" hatte, lebte man das letzte halbe Jahr auch ganz gut ohne.

Die Leiterin kannte mich aus ihrer Zeit als Mitarbeiterin und stellvertretende Leiterin in einem anderen Jugendzentrum, wo ich zweieinhalb Jahre hindurch einen konfliktreichen Teamprozess begleitet hatte. Damals ging es nach einem Leitungswechsel um heftige Machtkämpfe zwischen alteingesessenen Männern, die gewohnt waren „ihr eigenes Ding zu fahren" und der neuen Leiterin. Im Verlauf der damaligen Teamsupervision hatte sich das Team fast zur Gänze ausgetauscht, um arbeitsfähig zu werden. Das Überzeugt-Sein der Leiterin von meiner Kompetenz ließ mich annehmen, dass es auch in diesem Team um eine ähnliche Dynamik gehen würde. Ich lehnte vorerst aus organisatorischen Gründen ab. Sie meldete sich nach einigen Wochen wieder, es hätte sich noch kein/e passende/r SupervisorIn gefunden (ein männlicher Berufsanfänger wäre zum Erstgespräch da gewesen). Ihre Beharrlichkeit bestätigte meine phantasierte Arbeitshypothese, dass es darum gehen würde, sie zu unterstützen, sich in der Leitungsfunktion zu etablieren, dass es ähnlich heftig wie damals, um Leitung, Macht und Ohnmacht in der besonderen Dynamik zwischen Männern und Frauen gehen würde, und dass ich einiges abkriegen würde – der letzte hatte sich „totgelaufen" und ging schließlich niemandem ab.

Konfliktdynamik

Ich gehe von der Arbeitshypothese aus, dass Konfliktfelder in Teams nach Heftigkeit des Widerstandes, der der Bearbeitung entgegengesetzt wird, und der Phase der Gruppenentwicklung ineinander verpackt sind (vgl. Schenk 1999, 133f).

Verträgliche, institutionell vorgefertigte Konflikte – hier der geschlechtsspezifische oder die Konkurrenz unter Gleichen oder Konflikte, die in einem technischen Verständnis von Kommunikation, aus Missverständnissen entstehen – haben geringeres Widerstandspotenzial und müssen zuerst bearbeitet werden. Während bedrohliche Konflikte – hier rund um Themen von Macht und Einfluss, Attraktivität, Entwertung, Ausschluss, das Persönliche, das Leitungsthema und die funktionale Differenzierung – erst in einer späteren Phase der Prozessbegleitung bearbeitbar werden.

Das Konfliktfeld – älteste Jugendarbeiterin, neue Leiterin, jüngster Sozialarbeiter – beinhaltet vorerst nicht erträgliche Inhalte und Tabuthemen. Funktionalität, Macht und Konkurrenz können auf dieser Achse anfangs nicht behandelt werden. Meine Interventionsversuche werden zurückgewiesen („Hab keine persönlichen Probleme damit").

Die älteste Frau im Team, deren Fall in der zweiten Sitzung nicht dran kommt, deren abgewürgtes unattraktives Projekt in der dritten Sitzung als Kommunikationsschwäche abgehandelt wird, leistet die Verschiebung auf die Konfliktdynamik zwischen Männern und Frauen und ermöglicht dem Team, auf ein Konfliktgebiet auszuweichen, das relativ ungefährlich und gut bearbeitbar erscheint und den Fokus des Machtthemas verändert. Alle „alten" Frauen vereinen sich gegen die „neuen" Männer, zeigen den Neuen, was hier „Linie" ist, und der Leiterin ebenfalls. In der siebenten Sitzung wird über den Themenkomplex „attraktiv/unattraktiv" das Tabu-Thema Randposition und drohender Ausschluss vor dem Hintergrund des Modells der soziodynamischen Rangstruktur als negative Identitätsbildung (das in der Gruppe Abgewehrte) verstehbar. Was heißt es in einem jungen intellektuellen Team 50 Jahre, altgedient und Horterzieherin zu sein und die unattraktive Arbeit des Ordnung-Haltens zugeschanzt zu bekommen, während das eigene Kinder-Projekt in einem an Jugendlichkeit orientierten Team einem attraktiveren Jugend-Projekt weichen muss? Die neue Bewegungsrichtung, das neue Identitätsprinzip wird von den neuen attraktiven Männern repräsentiert (vgl. Majce-Egger 1999, 253). Sie thematisieren Machtstrukturen, Funktionalität (z. B. im Umgang mit Vereinbarungen) und eine neue Teamkultur mit neuen Zuschreibungen für Professionalität (z. B. Authentizität der Beziehungsgestaltung versus Kontrolle und Anleitung, Intellektualität...).

Der Konflikt zwischen Männern und Frauen

Der Verein Wiener Jugendzentren legt eine Reihe von Publikationen vor, die die Bilder von Geschlechtlichkeit und Jugendlichkeit vor dem institutionellen Hintergrund, der pädagogischen Bearbeitung dieser Konstruktionen sichtbar werden lassen.

Vorweg die Auffälligkeiten

Zur Burschenarbeit ist unter dem Titel „Männliche Sozialisation und geschlechtsspezifische Arbeit mit Burschen zwischen Theorie und Praxis" (2002) ein 130 Seiten starkes Handbuch um etwa 13 Euro in der pädagogischen Abteilung des Vereins zu beziehen. Die acht Autoren präsentieren sich im Anhang mit Funktionen und Universitätsabschlüssen. Das Heftchen „Leitlinien für die Mädchenarbeit" (2002), 34 Seiten in Großdruck gibt es hingegen gratis, die Autorinnen werden zwar namentlich genannt, man erfährt aber nichts über ihre Funktionen oder ihre Ausbildungen.

Eine weitere Auffälligkeit ist die inhaltliche Hinwendung zur Jugendarbeit. Obwohl die angebotenen Programmschienen zu einem guten Drittel für Kinder konzipiert sind, beziehen sich „Qualitätsmerkmale der offenen Kinder- und Jugendarbeit" (2001) und das „Leitbild des Vereins Wiener Jugendzentren" ausdrücklich ausschließlich auf Jugendarbeit. Die Bearbeitung von Jugend scheint also nicht nur in der Praxis der einzelnen Standorte attraktiver zu sein, sondern auch in der inhaltlichen Ausrichtung des Gesamtvereins.

Lilli Lehner

Zur institutionellen Konstruktion von Geschlecht

Was in den Publikationen des Vereins die Auseinandersetzung mit Geschlechtlichkeit prägt, wird über den Terminus geschlechtsspezifisch und seine Anwendung deutlich. In „Qualitätsmerkmale der offenen Kinder- und Jugendarbeit" (2001, 10) werden als Prinzipien geschlechtssensibler Mädchenarbeit z. B. „Berücksichtigung von mädchenspezifischen Interessen in der gesamten Programmgestaltung, mädchengerechte Atmosphäre schaffen (auf Sprache achten), an Stärken ansetzen, Parteilichkeit, Vorbildfunktion der BetreuerInnen" angeführt.

Noch deutlicher erscheint die Bearbeitung von Geschlecht über das Spezifische, das Geschlechtstypische in der Publikation zur Burschenarbeit als (sozialisations)natürlich festgeschrieben: „Bei Burschen und Mädchen klaffen die Möglichkeiten der inneren Identifikation mit dem eigenen Geschlecht und des Verhaltens auseinander: Bei Burschen finden sich Defizite in der Möglichkeit der Geschlechtsidentifikation, dagegen aber eine breite Palette an öffentlichen äußeren Verhaltensmöglichkeiten. Bei Mädchen verhält es sich eher umgekehrt" (Auinger et al 2002, 30). Einem dominant provokanten, aggressiv körperbetont raumgreifenden Habitus bei den Burschen stehen bei den Mädchen Zuschreibungen von Beziehungsorientierung, begrenztem Handlungsspielraum und insgesamt „[...] eine nach innen gerichtete Tendenz" (ebd. 76) gegenüber. Auch die Darstellung von Sozialisationsdynamiken orientiert sich an geschlechtstypischen männlich/ weiblichen Verhaltenskomplexen, um aus diesem Defizit zwischen den Geschlechtern die emanzipatorischen pädagogischen Aufgaben und Zielsetzungen abzuleiten: Den Burschen soll Raum, Zeit, verstärkende Aufmerksamkeit entzogen und den Mädchen zugeteilt werden (interessant dazu der Umfang der Publikationen) und den Burschen Innerlichkeit zugänglich gemacht werden. Burschen sollen ihre „weiblichen Anteile", Mädchen ihre „männlichen Anteile" entwickeln können. Über diese Sprachregelung werden Bilder von Männlichkeit und Weiblichkeit in ihrer Dichotomie zwar zur Umerziehung herangezogen, aber letztlich doch als etwas Spezifisches, Typisches (Natürliches) festgeschrieben.

Geschlechtsspezifische Zuschreibungen, wie sie hier getroffen werden, beinhalten wie immer, auch soziale sowie ethnische Kategorisierungen. Die vorliegenden Texte legen die Deutung nahe, dass Angebote und

Vorbildwirkung der JugendarbeiterInnen dafür sorgen sollen, die Differenzen zwischen jungen Männern und Frauen zu kompensieren, damit moderate Verhältnisse hergestellt werden, um gleichzeitig ein möglichst hohes Maß an Sicherheit vor der „Störkraft" sozial schlecht gestellter junger Menschen für die Gesellschaft zu bieten.

Zurück zum Fall

In der beschriebenen Supervisionssequenz stellen Frauen und Männer im Team den institutionellen Auftrag geschlechtsspezifisch dar. Frauen sind verlässlich („auf Sprache achten") mit der pädagogischen Linie identifiziert, Männer mit der aggressiv raumgreifenden „Störkraft", und die Dynamik gestaltet sich in einer Kollusion des wechselseitigen Defizits.

Im Erstgespräch übernehmen Frauen das Aushandeln der Zieldefinitionen mit mir, Männer verhalten sich nonverbal subversiv („wenn die Frauen das wollen..."). Auch der abgelehnte unerfahrene männliche Supervisor beschäftigt meine Phantasie: Warum suchte man nicht nach einem Erfahrenen?

In der 2. Sitzung dominieren die Männer mit ihrem männlichen „Störfall" „geschlechtsspezifisch" den Raum der Supervision.

In der 3. Sitzung wird das Macht-Thema über die „Störkraft Attraktivität" recht bedrohlich. Dem jüngsten Team-Mann war es über sein begeistertes und begeisterndes Agieren gelungen, ein ordentliches aber unattraktives Projekt zu unterwandern (es war ihm auch für die Leiterin einiges gelungen).

In der 4. Sitzung kann über die Entfaltung des Frau/Mann-Konflikts der Abbildungscharakter institutionell, aber auch in der KlientInnendynamik deutlich hervortreten und verstanden werden. „Männer verschwinden, Frauen müssen die Stellung halten, um das existenzielle Überleben zu sichern" setzt Familiendynamiken der Klientel in Szene, asymmetrische Rollenrepertoires, die es zwar auftragsgemäß umzuerziehen gilt, die aber gleichzeitig über das Spezifische in Zeiten der Bedrohung Sicherheit im Rückgriff auf eine sozialisationsnatürliche Ordnung bieten und die Konfliktachse im Team auf die bewährten Pole Weiblichkeit/Männlichkeit verlagern.

Lilli Lehner

In der 5. Sitzung wird die Funktion, die das Abbilden von KlientInnen- und Institutionsdynamiken für das Team hat, immer deutlicher. Bedrohliche Themen wie persönliche Entwertung („nicht persönlich Gemeintes") über Absprechen von Kompetenz und das Leitungsthema setzen sich nach und nach durch.

In der 6. Sitzung wird über das Thema Sexualität die Spannung zwischen institutioneller Sicherheitspolitik, die die Frauen vertreten („sexuelle Sprachregelung"), und der sexuell rohen „Störkraft" der KlientInnen, mit der die Männer identifiziert sind (werden), noch einmal in Szene gesetzt. Darüber hinaus wird in der „Privatmeinung" des türkischen Jugendarbeiters auch die ethnisch/kulturelle Differenz thematisiert.

In der 7. Sitzung wird über das Sexuelle eine wichtige Brücke zu einem Aspekt des Machtthemas hergestellt. Über die Anerkennung von Gefühlen und Dynamiken verändert sich die Interaktion in Richtung eigene Bedürfnisse, und schließlich können Themen, wie die Auseinandersetzung mit der Leitung, Interaktions- und Machtstrukturen im Team (z. B. Tempo) klarer hervortreten und bearbeitet werden. In der 2. Sitzung war der jüngste Sozialarbeiter mit seinem Projekt der Exponent für Macht über Tempo – er konnte die Leiterin und alle anderen bis auf die älteste Frau im Team dafür gewinnen, sein Projekt schnell durchzusetzen.

In der 8. Sitzung wird er selbst vom Tempo der Leiterin überrumpelt und eine grundlegende Machtdynamik kann jetzt bearbeitet werden. Vor dem Hintergrund eines Gruppenmodells in Phasen (z. B. nach Bennis und Shepard) kann der Entwicklungsschritt aus der Phase der Abhängigkeit/Gegenabhängigkeit „aus der Zone der Autoritätsorientierung" (Fliedl/Majce-Egger 1999, 104) – hier im Speziellen der Orientierung an der institutionellen Autorität und der Gegenabhängigkeit zur Leiterin – in Richtung Interdependenz in die „Zone der persönlichen Beziehungen" und der realen Auseinandersetzung mit der Leitung zugeordnet werden.

Interventionen

Meine Interventionsüberlegungen gehen in Richtung Entlastung der Teamdynamik, die bedrohliche Konflikte vor dem Hintergrund von Macht/Ohnmacht, Eskalation, Entwertung, Ausgrenzung/Ausschluss erahnen lässt.

Entlastend kann der Blick auf das Phänomen der übersummativen Gruppe sein, das Team ist mehr als die Summe der Teammitglieder. Daher wähle ich zuerst Interventionen, die Kommunikationsstrukturen und Konflikte als Funktion im Kräftefeld der Teamdynamik deuten: Jeder Konflikt, jeder Fehler, jede Entwicklung, jede Beziehungsklärung hat Funktion und Bedeutung im Gruppenprozess, leistet etwas für das gesamte Team.

Über dieses funktionale Verständnis verliert die Angst vor Entwertung der Einzelnen, des Teams, der Leiterin auf persönlicher und professioneller Ebene einiges an Brisanz, und Teamkonflikte können – narzisstisch verträglicher – über Anerkennung von Konflikt- und Prozesskompetenz der ExponentInnen und des Gesamtteams bearbeitet werden.

Auch die Deutung von Interaktionsphänomenen im Team vor dem Hintergrund von KlientInnen- und Institutiondynamik entlastet, und einiges an affektiv bedrohlichem Potenzial kann als Containmentleistung – als professionelle Teamleistung im Sinne der Aufgabe – anerkannt und integriert werden.

Im ersten Schritt gelingt es, das Abbilden von Geschlechterdynamiken der Klientel, die im Konflikt Frauen/Männer in Szene gesetzt werden und die starken Gefühle, die damit verbunden sind, als Gegenübertragung von Gefühlen der Klientel zu bearbeiten. „Das persönlich Gemeinte" ist eine Leistung im Sinne der Aufgabe (Beziehungsfähigkeit ist eine Kernkompetenz der JugendarbeiterIn). Miteinander geteilte persönliche Gefühle lassen Rückschlüsse über Gefühle, vor allem Ängste der Jugendlichen zu, können als Diagnoseinstrument verstanden und professionell anerkannt werden.

Über das Herstellen der Verbindung zu den pädagogisch vorgegebenen Geschlechtsrollen-Bildern der Einrichtung kann das anfangs bedrohliche Entwertungsthema jetzt zur Kompetenzdebatte zwischen Frauen und Männern werden. Beziehungsklärungen werden eingeleitet, und es kann begonnen werden, Funktionalität, Differenz und Machtstrukturen im Team zu bearbeiten.

Die Sicherheitsdebatte zwischen Männern und Frauen wird auf der Ebene KlientInnendynamik nur zu einem Teil erfasst, die wesentlichere Integrationsleistung für das Team ist das Bewusstwerden des Ausmaßes an Ängsten, die mit der Klientel verbunden sind – Ängste vor Eskalation,

Lilli Lehner

Gewalt, professioneller Hilflosigkeit und sozialer Vernichtung („unten durch sein"). Die Vorstellung von Sicherheit über Regelungen und Maßnahmenkataloge und die Hoffnung, alle eventuellen Gefahren durch entsprechende Vorkehrungen bannen zu können, dient der psychosozialen Abwehr dieser Ängste, sowohl im Team als auch auf der Ebene der Organisation. Über das Ausagieren männlichen Risikoverhaltens und weiblicher Sicherheitsbürokratie wird erlebbar, dass Angstabwehr über Regelungen nur vermeintlich Sicherheit bietet und brüchig wird. Das Team muss sich mit dem Risiko und den Gefahren, den eigenen und gesellschaftlichen Ängsten vor der Klientel, aber auch den Ängsten der Klientel vor der Gesellschaft und deren mächtigen Repräsentanten auseinandersetzen.

Literatur

Auinger et al (2002) Männliche Sozialisation und geschlechtsspezifische Arbeit mit Burschen zwischen Theorie und Praxis. Wissenschaftliche Reihe des Vereins Wiener Jugendzentren, Band 3. Eigenverlag, Wien

Fliedl R, Majce-Egger M (1999) Gruppenmodelle. In: Majce-Egger (Hg) Gruppentherapie und Gruppendynamik – Dynamische Gruppenpsychotherapie. Facultas, Wien, 95–111

Leitbild des Vereins Wiener Jugendzentren. Online-Ressource: http://www.jugendzentren.at/about/leitbild/ (Datum des Abrufs, 02.01.2009)

Leitlinien für die Mädchenarbeit im Verein Wiener Jugendzentren (2002) Eigenverlag, Wien.

Lohmer M (2000) Das Unbewusste im Unternehmen. In: Lohmer M (Hg) Psychodynamische Organisationsberatung. Konflikte und Potenziale in Veränderungsprozessen. Klett-Cotta, Stuttgart, 17–40

Majce-Egger M (1999) Inteventionstechniken. In: Majce-Egger (Hg) Gruppentherapie und Gruppendynamik – Dynamische Gruppenpsychotherapie. Facultas, Wien, 255–270

Obholzer A (1997) Das Unbewusste bei der Arbeit. In: Eisenbach-Stangl I, Ertl M (Hgg) Unbewusstes in Organisationen. Facultas, Wien, 17–38

Qualitätsmerkmale der offenen Kinder- und Jugendarbeit (2001) Eigenverlag des Vereins Wiener Jugendzentren, Wien

Sandler J (1976) Gegenübertragung und Bereitschaft zur Rollenübernahme. In: Psyche, 4/76, 297–305

Schenk S (1999) Konfliktmodelle und Entscheidungsprozesse in Gruppen. In: Majce-Egger (Hg) Gruppentherapie und Gruppendynamik – Dynamische Gruppenpsychotherapie. Facultas, Wien, 127–134

Teutsch H R, Pölzl G (1999) Sozialpsychologische Wurzeln und Aspekte der Methode – Die Entwick-lung der Gruppendynamik und deren Auswirkungen auf die Dynamische Gruppenpsychotherapie. In: Majce-Egger (Hg) Gruppentherapie und Gruppendynamik – Dynamische Gruppenpsychotherapie. Facultas, Wien, 17–34

Gruppenpsychotherapie und Selbsterfahrung

Wirksamkeitsforschung in der Gruppenpsychotherapie

Volker Tschuschke

Zusammenfassung

Der Artikel befasst sich mit dem derzeitigen Stand der empirischen Gruppenpsychotherapieforschung, speziell derjenigen, die in psychodynamisch orientierten therapeutischen Kleingruppen realisiert worden ist. Dabei wird herausgearbeitet, dass die Behandlungseffekte in Gruppen mindestens so effektiv sind wie die in einzeltherapeutischen Settings. Weiterhin werden Ergebnisse indikativ-prognostischer Merkmale wie die von Prozessen während der Gruppenbehandlungen zusammengefasst diskutiert.

Einführung

Über die Wirksamkeit psychotherapeutischer Behandlungen im Gruppenformat existiert mittlerweile ein sehr umfangreicher Fundus empirischer Evidenz (Burlingame et al 2001; 2002; 2004). Es besteht keinerlei Unklarheit mehr darüber, dass Behandlungen in kleinen therapeutischen Gruppen effektiv und effizient sind. Auch besteht kein Dissens darüber, dass Gruppen eine mindestens vergleichbare Wirksamkeit haben wie einzelpsychotherapeutische Behandlungen (Fuhriman/ Burlingame 1994; Tschuschke 1999a; Burlingame et al 2004).

Die Frage ist lediglich, welche gruppenpsychotherapeutischen Konzepte (schultheoretische Behandlungsansätze) haben bei welchem Patienten-Klientel welche Wirkungen?

Differenzielle Wirksamkeit

Fast ausschließlich fanden empirische Untersuchungen, randomisiert-kontrollierte (RCT-Studien, Evidenz-Level I, auch als Effizienzstudien bezeichnet) bzw. Outcome-Studien (EBM-Level II, in klinischen Settings, auch als Effektivitätsstudien bezeichnet) mit kognitiv-behavioralen oder psychodynamischen Gruppentherapien statt. Einige wenige Studien weisen darüber hinaus auch die Effektivität bzw. Effizienz von klientenzentrierten Gruppenbehandlungen nach (Eckert/Biermann-Ratjen 1986; Elliott et al 2004). Weitere schulenspezifische Gruppenkonzepte wie etwa Psychodrama oder Gestaltgruppentherapie u. a. entbehren bislang leider einer ausreichenden empirischen Evidenz (Elliott et al 2004). Erst in jüngster Zeit wurde eine Studie zur Wirksamkeit psychodramatischer Gruppenbehandlung vorgelegt (Tschuschke/Anbeh 2008).

Einen sehr kleinen, aber feinen Kreis methodisch ausgezeichneter Studien zur Wirksamkeit spezifischer Gruppenbehandlungsansätze findet man im Bereich der Psychoonkologie (vgl. Tschuschke 2006). Hier haben sich verschiedene kognitiv-behaviorale (CBT) Ansätze und die so genannte Supportiv-Expressive Gruppentherapie (SEGT) nach Spiegel und Classen (2000) als sehr wirksame Behandlungskonzepte für Krebspatienten – sei es im Hinblick auf Lebensqualität oder sogar besseren Überlebenschancen – erwiesen (Spiegel et al 1989; 2007).

Psychodynamische Gruppenbehandlungen

Tabelle 1 gibt einen Überblick über bekannte Studien, in denen psychodynamische (analytische, tiefenpsychologische) Gruppenbehandlungen aufwändig untersucht wurden.

In diesen 17 Studien reicht das Spektrum erfolgreich behandelter Patienten von unterschiedlichen Neuroseformen, über psychosomatische und somatoforme Störungsbilder bis hin zu chronifizierten Persönlichkeitsstörungen. Die Effektstärken sind höher als die durchschnittlich in der Psychotherapieforschung berichteten (Lambert/Ogles 2004). Ein Großteil der Studien (10 von 17) gehört zu den so genannten Prozess-Ergebnis-Studien (s. u.), in denen Prozessmerkmale im Hinblick auf ihren Beitrag zum Therapieergebnis untersucht werden.

Wirksamkeitsforschung in der Gruppenpsychotherapie

	Autoren	EBM-Level	Patienten	Stichprobe/ Sitzungsanzahl	Art[1]	Effektstärke/ Ergebnisse
1	Budman et al 1989	II	gemischte Neurosen/ ambulant	n = 90 15 Sitzungen	P-O	Kohäsion ist mit Outcome korreliert
2	Piper et al 1992	II[7]	pathologische Trauerreaktion/ ambulant	n = 94 (52) 15 Sitzungen	P-O	**0.67** PMAP / PWORS[2]
3	Tschuschke 1993	II	gemischte Neurosen/ stationär	n = 16 > 80 Sitzungen	P-O	**1.67** Wirkfaktoren[3]
4	Strauß/Burgmeier-Lohse 1994	II	gemischte Neurosen/ stationär	n = 31 > 130 Sitzungen	P-O	**1.02** Wirkfaktoren[4]
5	Munroe-Blum/Marziali 1995	I	Borderline-Patienten/ ambulant	n = 66 30 Sitzungen	O	**0.89**
6	McCallum et al 1997	II	psychiatrische Patienten/ ambulant	n = 154 4 St/5 T/18W[5]	P-O	**1.03** PMAP / PWORS[2]
7	Seidler 1999	II	psychosomatische Patienten/ stationär	n = 76 36 Sitzungen	P-O	**?** strukturelle Reifung
8	Lorentzen 2000	II	gemischte Neurosen/ ambulant	n = 69 ca. 115 Sitzungen	O	**1.81**
9	Bateman/Fonagy 1999	I	Borderline-Patienten/partiell hospitalisiert	n = 19 (19) Ø 1.45 Jahre	O	**?** psychodyn. Therapie > Kontrollbedingung
10	Tschuschke/ Anbeh 2000		gemischte Neurosen/ ambulant	n = 297 Ø 14 Sitzungen	O	**0.20**
11	Kipnes et al 2002	II	pathologische Trauerreaktion/ ambulant	n = 154 12 Sitzungen	P-O	keine sign. Beziehung zw. Kohäsion u. Outcome
12	Wilberg et al 2002	II	Persönlichkeits-Störungen/ambulant	n = 187 ca. 140 Sitzungen	O	**1.40**
13	Watzke et al 2004	II	psychosomatische Patienten/ stationär	n = 171	P-O	signif. Prozess-Unterschiede zw. VT und PA[6]
14	Strauß/Kirchmann 2004	II	gemischte Neurosen/ ambulant	n = 153	O	**0.41**
15	Beutel et al 2006	II[8]	psychosomatische Patienten/ stationär	n = 144 (135)	P-O	Beziehungsfähigkeit sagt Behandlungs-Effekte voraus
16	Tschuschke/Anbeh 2007; 2008	II	gemischte Neurosen/ ambulant	n = 244 Ø 81 Sitzungen (2 Jahre)	O	**1.33**
17	Tschuschke et al 2007	II[7]	somatoforme Störungen/ ambulant	n = 54 20 Sitzungen	P-O	**1.19** Beziehungsfähigkeit sagt Behandlungs-Effekte voraus

Tab. 1: Psychodynamische Gruppenpsychotherapie-Studien

[1] Art der Studie: P-O: Prozess-Outcome-Studie, O: nur Outcome-Studie
[2] PMAP=Psychological-Mindedness-Assessment-Procedure, PWORS=Psychodynamic Work and Object Rating System
[3] verschiedene Wirkfaktoren hängen signifikant mit Outcome zusammen
[4] dito
[5] St=Stunden, T=Tage pro Woche, W=Wochen
[6] VT=verhaltenstherapeutische Gruppen, PA=psychoanalytische Gruppen
[7] Wartelisten-Kontrollgruppe
[8] Kontrollgruppe

Volker Tschuschke

Abbildung 1 zeigt für die 10 der 17 genannten Studien, für die die Zahl der Sitzungen und die Effektstärken-Berechnungen vorliegen, Zusammenhänge zwischen durchschnittlichen Effektstärken und applizierter Behandlungsdosis (Sitzungszahl). Es wird deutlich, dass eine höhere Behandlungsdosis deutlich mit größeren Effektstärken assoziiert ist. Längerfristige Behandlungen bewirken mehr bei chronisch gestörten Patienten und sind somit ökonomischer als kürzere Behandlungen, die höchstens den Drehtür-Effekt der Psychiatrie – langfristig gesehen – weiterhin unterhalten (vgl. Tschuschke/Anbeh 2008).

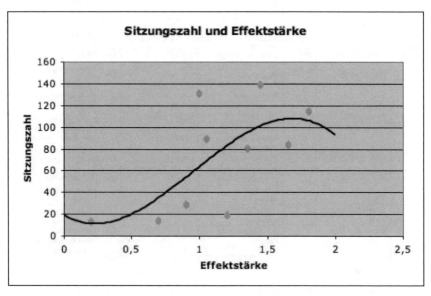

Abb. 1: Zusammenhang zwischen Sitzungsanzahl und Effektstärke (Kurvenanpassung polynomial 3. Ordnung; unter Verwendung aller 10 Studien in Tabelle 3, für die Effektstärken und Sitzungsanzahl angegeben wurde)

Prozessforschung

Prozess-Ergebnis-Zusammenhangsforschung hat bislang fast ausschließlich in psychodynamischen und interpersonellen Gruppentherapien stattgefunden (Tschuschke 1999b; MacKenzie et al 2002).

RCT-Studien sind in der Psychotherapie ein vollkommen untaugliches Mittel zum Nachweis der Wirksamkeit. Hierfür gibt es eine Fülle von

Gründen und Argumenten (vgl. Tschuschke 2005), die hier nicht ausreichend diskutiert werden können. Stattdessen benötigt die Psychotherapie akribische Prozess-Ergebnis-Forschung, die die prozessualen Merkmale zu identifizieren erlauben würden, die psychotherapeutische Veränderungen im Kern bewirken, seien es spezifische oder unspezifische Wirkfaktoren. Ungeklärt ist nach wie vor die Frage, ob es schul- bzw. konzeptspezifische Interventionstechniken gibt, die wünschbare und dauerhafte therapeutische Veränderungen bewirken, oder ob psychotherapeutische Veränderung auf unspezifischen z. B. Beziehungsfaktoren beruht bzw. inwieweit beides zutrifft.

Tabelle 1 zeigt, dass speziell in der psychodynamischen Gruppenpsychotherapie Prozessforschung stattgefunden hat. Die wenigen Studien, die es in einzelnen Forschungszentren gegeben hat, bestätigen durchaus psychodynamische Konzepte. Hervorzuheben sind insbesondere objektbeziehungstheoretische Grundannahmen, für die nachgewiesen werden konnte, dass bestimmte intrapsychische Repräsentanzen bzw. ihre Veränderungen eindeutig mit Therapieerfolg in Verbindung stehen (Piper et al 1992; Tschuschke et al 1992; Catina/Tschuschke 1993; MacKenzie/ Tschuschke 1993).

Der Großteil der Forschung im Prozess-Ergebnis-Studiendesign ist bezüglich der Wirkfaktoren erfolgt, wie sie bei Yalom sowie Bloch und Mitarbeitern operationalisiert worden sind (Yalom/Leszcz 2005; Bloch/ Crouch 1985; Crouch et al 1994). Es besteht mittlerweile gesichertes Wissen darüber, dass bestimmte Wirkfaktoren Voraussetzungen darstellen, so dass andere Wirkfaktoren ins Spiel kommen können. Damit sind bestimmte Wirkfaktoren unverzichtbar für therapeutische Veränderungen, wahrscheinlich ist eine Kaskade von aufeinander folgenden Wirkfaktoren notwendig: Z. B. eine ausreichend kohäsive Gruppe, damit Patienten das Risiko der Selbstöffnung eingehen können, was wiederum die Voraussetzung für den Erhalt von Feedback ist, das insbesondere dann therapeutisch hilfreich ist, wenn es diskrepant zum eigenen Selbstbild ist, aber ausgehalten und verarbeitet werden kann, was wiederum intrapsychische Veränderungen wie auch Verhaltensänderungen nach sich zieht und somit Therapieerfolg bewirkt (MacKenzie/Tschuschke 1993; Tschuschke 1993; Tschuschke et al 1994; 1996; Tschuschke/Dies 1997; Tschuschke 2001)

Volker Tschuschke

Die ausgiebig beforschten Wirkfaktoren scheinen allerdings eher unspezifische, für Gruppen typische – und damit gruppenspezifische – Wirkfaktoren zu sein (die in der Einzeltherapie nicht vorkommen), sie scheinen nicht für bestimmte therapeutische Konzepte spezifisch zu sein. Diesbezügliche Forschung steht noch aus.

Folgende Aufzählung gibt einen Überblick zu Forschungsergebnissen über indikativ-prognostische Merkmale sowie wesentliche Ergebnisse der Prozessforschung:

- zum Gruppenformat: je kürzer die Gruppen dauern desto besser sind geschlossene Gruppen
- Gruppenmotivation ist essenziell und zuvor abzuklären, nicht jeder Patient ist gruppengeeignet (bzw. nicht zu jedem Zeitpunkt)
- Gruppenzusammensetzung ist ein kritischer und zu wenig beachteter Aspekt: Je kürzer die Gruppen dauern desto homogener sollte eine Gruppe im Hinblick auf das psychische Funktionsniveau zusammengesetzt sein
- Gruppenleiter müssen zu Gruppenbeginn und in der Frühphase der Gruppe sehr aktiv sein
- Patienten bringen persönlichkeitsbedingte Eigenschaften mit, die über späteren Gruppenerfolg entscheiden (psychologische Sensibilität, Geschichte der Objektbeziehungen etc.)
- der Erfolg einer Gruppe entscheidet sich vor Gruppenbeginn und in den allerersten Sitzungen durch die Beachtung von indikativ-prognostischen Merkmalen sowie Gruppenvorbereitung, Gruppenzusammensetzung und Gruppenkontrakt
- Gruppenvorbereitung ist essenziell
- Gruppenkontrakt ist essenziell
- Gruppe-als-Ganzes technisch zu operationalisieren ist ein Kunstfehler
- Gruppen bringen je nach Gruppenphase unterschiedliche Wirkfaktoren ins Spiel, die voneinander abhängig sind: z. B. erst Kohäsion, dann Selbstöffnung, dann Feedback, dann Verhaltensänderungen und intrapsychische Umstrukturierungen
- internalisierte maladaptive Objektbeziehungsstrukturen lassen sich nach

gewisser Therapiestrecke dauerhaft in klinisch wünschbare Richtung verändern.

Fazit

Forschung in der Psychotherapie ist defizitär, weil sie bislang fast ausschließlich auf RCT-Studien beruht, die allerdings vollkommen fehlerbehaftet sind und in keiner Weise über die Wirksamkeit von Psychotherapie Auskunft geben könnten (vgl. Tschuschke 2005). Was benötigt wird, sind Prozess-Ergebnis-Studien im klinischen Bereich (Effektivitäts-Studien).

Das verfügbare Wissen in der Gruppenpsychotherapie allerdings reicht aus, um die Wirksamkeit professionell geführter psychotherapeutischer Gruppen konstatieren zu können (vgl. Tschuschke/Anbeh 2008). Auch ist sicher gestellt, dass therapeutische Kleingruppen spezifische Wirkfaktoren haben, die in einzeltherapeutischen Settings nicht gegeben sind. Somit sind über Wirkfaktoren von Einzeltherapien hinaus gruppenspezifische Wirkungen möglich, die den psychischen Störungsbildern angemessener sind bzw. die entsprechend nur oder am besten in Gruppen zu behandeln und zu beheben sind.

Behandlung in kleinen therapeutischen Gruppen ist mindestens so effektiv wie die in einzeltherapeutischen Settings (sogar eher noch effektiver, weil Patienten bei vergleichbarem Outcome meist weniger Sitzungen erhalten als in Einzelbehandlungen und weil Gruppenbehandlung wesentlich kostengünstiger ist). Mit Sicherheit aber ist Gruppenbehandlung die bessere Indikation als Einzelbehandlung, da praktisch alle psychischen Störungen durch fehlgeschlagene sozial-interaktive Beziehungserfahrungen entstanden und am ehesten in einem sozialen Mikrokosmos kurierbar sind.

Volker Tschuschke

Literatur

Bateman A W, Fonagy P (1999) Effectiveness of partial hospitalization in the treatment of borderline personality disorder: a randomized controlled trial. In: American Journal of Psychiatry 156, 1563–1569

Bloch S, Crouch E (1985) Therapeutic Factors in Group Psychotherapy. Oxford Universities Press, Oxford

Burlingame G M et al (2001) Zum aktuellen Stand der Gruppenpsychotherapieforschung: I. Allgemeine Effekte von Gruppenpsychotherapien und Effekte störungsspezifischer Gruppenbehandlungen. In: Gruppenpsychotherapie und Gruppendynamik 37, 299–318

Burlingame G M et al (2002) Zum aktuellen Stand der Gruppenpsychotherapieforschung: II. Effekte von Gruppenpsychotherapien als Bestandteil komplexer Behandlungsansätze. In: Gruppenpsychotherapie und Gruppendynamik 38, 5–32

Burlingame G M et al (2004) Small group treatment: Evidence for effectiveness and mechanisms of change. In: Lambert M J (Hg) Bergin and Garfield's Handbook of Psychotherapy and Behavior Change. John Wiley & Sons, New York, 647–696

Catina A, Tschuschke V (1993) A summary of empirical data from the investigation of two psychoanalytic groups by means of repertory grid technique. In: Group Analysis 26, 433–447

Crouch E et al (1994) Therapeutic factors: Interpersonal and intrapersonal mechanisms. In: Fuhriman A, Burlingame G M (Hgg) Handbook of Group Psychotherapy. An Empirical and Clinical Synthesis. John Wiley & Sons, New York, 269–315

Eckert J, Biermann-Ratjen E M (1986) Stationäre Gruppenpsychotherapie: Prozesse – Effekte – Vergleiche. Springer, Berlin

Elliott R et al (2004) Research on Experiential Psychotherapies. In: Lambert M J (Hg) Bergin and Garfield's Handbook of Psychotherapy and Behavior Change. John Wiley & Sons, New York, 493–539

Fuhriman A, Burlingame G M (1994) Group psychotherapy: research and practice. In: Fuhriman A, Burlingame G M (Hgg) Handbook of Group Psychotherapy. An Empirical and Clinical Synthesis. John Wiley & Sons, New York, 3–40

Lambert M J, Ogles B M (2004) The efficacy and effectiveness of psychotherapy. In: Lambert M J (Hg) Bergin and Garfield's Handbook of Psychotherapy and Behavior Change. John Wiley & Sons, New York, 139–193

MacKenzie K R, Tschuschke V (1993) Relatedness, group work, and outcome in long-term inpatient psychotherapy groups. In: Journal of Psychotherapy: Practice and Research 2, 147–156

MacKenzie K R (2002) Zum aktuallen Stand der Gruppenpsychotherapieforschung: III. Gruppenpsychotherapieprozessforschung. In: Gruppenpsychotherapie und Gruppendynamik 38, 111–131

Piper W et al (1992) Adaptation To Loss Through Short-Term Group Therapy. Guilford Press, New York

Seidler G H (1999) Stationäre Psychotherapie auf dem Prüfstand. Intersubjektivität und gesundheitliche Besserung. Huber, Bern

Spiegel D et al (1989) Effects of psychosocial treatment on survival of patients with metastatic breast cancer. In: The Lancet: 888–891

Spiegel D, Classen C (2000) Group Therapy For Cancer Patients. Basic Books, New York

Spiegel D et al (2007) Effects of Supportive-Expressive Group Therapy on survival of patients with metastatic breast cancer. In: Cancer 110, 1130–1138

Tschuschke V et al (1992) Wirkfaktoren in stationärer analytischer Gruppenpsychotherapie. In: Psychotherapie, Psychosomatik, Medizinische Psychologie 42, 91–10

Tschuschke V (1993) Wirkfaktoren stationärer Gruppenpsychotherapie. Prozess-Outcome-Relationen. Vandenhoeck & Ruprecht, Göttingen

Tschuschke V, Dies R R (1997) The contribution of feedback to outcome in long-term group psychotherapy. In: Group 21, 3–15

Tschuschke V (1999a) Gruppentherapie versus Einzeltherapie: Gleich wirksam? In: Gruppenpsychotherapie und Gruppendynamik 35, 257–274

Tschuschke V (1999b) Empirische Studien mit verhaltenstherapeutischen und psychoanalytischen Gruppenpsychotherapie-Behandlungen. Ein Literatur-Überblick. In: Praxis Klinische Verhaltensmedizin und Rehabilitation 48, 11–17

Tschuschke V (2001) Wirkfaktoren der Gruppenpsychotherapie. In: Tschuschke (Hg) Praxis der Gruppenpsychotherapie. Thieme, Stuttgart, 140–147

Tschuschke V (2003) Kurzgruppenpsychotherapie. Theorie und Praxis. Springer, Wien

Tschuschke V (2005) Psychotherapie in Zeiten von Evidence-Based Medicine. Fehlentwicklungen und Korrekturvorschläge. In: Psychotherapeutenjournal 4, 104–113

Tschuschke V (2006) Psychoonkologie. Psychologische Aspekte der Entstehung und Bewältigung von Krebs. Schattauer-Verlag, Stuttgart

Tschuschke V, Anbeh T (2007). Evaluation of Long-Term Analytic Outpatient Group Therapies. In: Group Analysis 40, 160–179

Tschuschke V et al (2007) Ambulante psychodynamische Kurzgruppenpsychotherapie bei Patienten mit somatoformen Störungen. In: Zeitschrift für Psychiatrie, Psychologie und Psychotherapie 55, 87–95

Tschuschke V, Anbeh T (2008) Ambulante Gruppenpsychotherapie. Schattauer, Stuttgart

Yalom I D, Leszcz M (2005) The Theory and Practice of Group Psychotherapy. Basic Books, New York

Heilsame Prozesse in der Psychotherapie

Klaus-Reinhard Schulte

Zusammenfassung

Der Frage nach der Wirksamkeit von Psychotherapie wird unter dem Fokus nachgegangen, welche psychischen Prozesse sich als heilsam erweisen und eine Bewegung des Individuums hin zu einem Mehr an psychischer Gesundheit ermöglichen. Es wird von der Annahme ausgegangen, dass PsychotherapeutInnen solche Prozesse nicht in einem technischen Sinn installieren können, jedoch Personen, die sich auf den Weg machen möchten, kompetent begleiten und beraten können. Eine unsystematische Zusammenstellung gesundheitsfördernder psychischer Prozesse wird aus Yaloms existenzieller Psychotherapie, Antonovskys Salutogenese und Steve de Shazers lösungsfokussierter Therapie destilliert. Anschließend werden Folgerungen für die Gestaltung der therapeutischen Beziehung besprochen.

Einleitung

Wenn wir der Frage nach der Wirksamkeit von Psychotherapie nachgehen, werden wir mit Denkweisen konfrontiert, die einem naturwissenschaftlich geprägten Weltbild entsprechen. Dieses steht in der philosophischen Tradition des Determinismus. „Die Frage, ob jedes physikalische Ereignis *eindeutig* durch eine Menge von Ursachen vorherbestimmt ist, ob also das Universum als ganzes deterministisch ist, ist eine wichtige Frage in der Physik" (Wikipedia 2008). In den Sozialwissenschaften wird Kausalität folgendermaßen definiert:

- Die Variation der abhängigen Variablen ist systematisch abhängig von der Variation der unabhängigen Variablen.

- Die Ursache findet vor dem Effekt statt.

- Die angenommene Ursache ist die einzig plausible Erklärung für den Effekt.

Die Frage psychotherapeutischer Wirksamkeit lässt sich methodisch in dieser Art von Systematik nicht beantworten. Zunächst ist es nicht beweisbar, dass menschliches Verhalten überhaupt deterministisch beschrieben werden kann. Es handelt sich um ein Konzept, dem das

Postulat des freien Willens entgegen steht. Ferner lassen sich die abhängigen und unabhängigen Variablen nicht eindeutig bestimmen und schon gar nicht objektiv messen. Fragebögen, Beobachtungen usw., die zur Erhebung dieser Variablen eingesetzt werden, können nicht nachweisen, dass es sich um die relevanten Variablen handelt. Ferner ist die angenommene Ursache Psychotherapie mitnichten die einzig plausible Erklärung für den Effekt Besserung des Symptoms. Sonst könnten wir auch sagen, die Aktivitäten eines Fußballtrainers sind die einzige Ursache für ein bestimmtes Spielergebnis. Vor diesem Hintergrund müssen wir PsychotherapeutInnen die Frage nach der Wirksamkeit von Psychotherapie immer wieder enttäuschend beantworten. KlientInnen möchten wissen, wie viele Stunden sie investieren müssen oder ob wir ein Verschwinden ihrer Symptome garantieren können. In unseren Antworten versuchen wir Motivation und Hoffnung zu unterstützen, genau genommen garantieren wir aber nichts, außer unsere Zeit, unser Wissen und unsere Person zur Verfügung zu stellen. Meine Herangehensweise an die Frage nach der Wirksamkeit von Psychotherapie setzt an der Grundfrage an: Welche seelischen Prozesse, Erfahrungen, Erkenntnisse, Beziehungen braucht es, um seelisch ausgeglichen und psychisch gesund zu sein? Wenn wir die Frage so stellen, leuchtet sofort ein, dass es kein Werkzeug geben kann, das bestimmte psychische Prozesse bei einem anderen Menschen initiieren kann. Dem stehen Persönlichkeit, Ressourcen und Entscheidungsfreiheit des Einzelnen entgegen. Eine der Grundlagen unserer Arbeit ist die Annahme der Entscheidungsfreiheit des Menschen. Diese Überzeugung lässt sich objektiv so wenig beweisen wie der Determinismus. Pointiert ließe sich sagen: Die Annahme des freien Willens führt zur Psychotherapie als Weg zur seelischen Gesundung, die Annahme des Determinismus führt zur medikamentös orientierten Psychiatrie. In der Praxis jedoch gehen Psychotherapie und Psychiatrie immer wieder sehr produktive Verbindungen im Sinne des Patienten ein. Psychotherapie versteht sich in diesem Sinn als Unterstützung für die Entwicklung heilsamer Prozesse. Sie kann sie aber weder sicherstellen noch in mechanistischer Weise hervorrufen. Dieser Gedanke führt Yalom zu der Aussage, er möchte keine therapeutische Methode auf KlientInnen anwenden, sondern gemeinsam mit den KlientInnen die für sie passende Methode entwickeln (Yalom 2002, 47ff).

Meine Zusammenstellung von heilsamen Prozessen bezieht sich (bzw. wurde daraus abgeleitet) auf Yaloms existenzielle Psychotherapie, Antonovskys Salutogenese und de Shazers lösungsfokussierte Therapie. Daran anschließend wende ich mich der Frage zu, welche Aussagen wir über eine therapeutische Beziehung treffen können, die Prozesse dieser Art wahrscheinlich macht. „Dann wäre die Frage, welche Qualitäten und technischen Fertigkeiten des Therapeuten, erwarteten schwierigen Beziehungsmustern des Patienten adäquat zu begegnen und sie konstruktiv zu wenden, die einzig richtige" (Hain 2001, 25). Die folgenden Ausführungen ermöglichen die Bildung konkreter Hypothesen, welche persönlichen Prozesse KlientInnen dabei unterstützen könnten, einen Leidenszustand zu überwinden. Die Beschreibung dieser Prozesse verstehe ich als schulenunabhängig. Im Vordergrund stehen existenzielle, allgemein menschliche Themen. Psychodynamische Inhalte, die von den einzelnen Therapieschulen in unterschiedliche Begriffe gefasst werden, treten in den Hintergrund.

Yaloms grundlegende Themen

Mit seinem existenziellen Ansatz beabsichtigt Yalom keine neue Theorie der Psychotherapie, sondern ein „[...] Paradigma, ein psychologisches Konstrukt [...], das dem Kliniker ein Erklärungssystem anbietet, ein System, das es ihm oder ihr erlaubt, einer großen Serie klinischer Daten Sinn zu geben und eine systematischere Strategie der Psychotherapie zu formulieren" (Yalom 2000, 39). Es handelt sich um ein dynamisches Konzept. Während in der Psychoanalyse die Konzeptualisierung des Triebes Motor der Psychodynamik ist, ist es bei Yalom die Bewusstheit der letzten Angelegenheiten, die eine Dynamik von Angst und Abwehrmechanismen in Gang setzt. Sind in der Psychoanalyse erste Ursachen in den frühen Erfahrungen der Kindheit begründet, liegen sie bei Yalom in der gegenwärtigen Verarbeitung der existenziellen Themen Tod, Freiheit, Isolation und Sinnlosigkeit. Es ist vermutlich ungewohnt, über heilsame Prozesse ohne Hinweis auf die Symptome, bei denen sie wirksam sind, zu sprechen. Die Themen Tod, Freiheit, Isolation und Sinnlosigkeit können an der Wurzel aller Probleme liegen, die im Dienste ihrer Abwehr stehen. Wir sind also von Geburt an mit diesen Themen konfrontiert. Unsere konkrete Lebenserfahrung bestimmt, auf welche Weise diese Konfrontation stattfindet und welche Muster bzw. Abwehrmechanismen wir entwickeln, um sie zu bearbeiten. In dieser Sicht ist jedes Symptom ein kreativer Lösungsansatz. In der Therapie entwickeln wir weitere Lösungsansätze, die den Anforderungen der Realität und einem Leben in Beziehungen besser angepasst sind. Auf welche Weise TherapeutInnen dabei hilfreich sein können, soll in einem späteren Abschnitt erarbeitet werden.

Tod als zentrales Thema der Existenz

Dazu stellt Yalom (2000, 42) vier Postulate auf:

1. Todesfurcht ist dauernd am Rande des Bewusstseins präsent und wirksam.

2. Schon im frühen Alter ist das Kind mit dem Thema beschäftigt. Die Entwicklungsaufgabe ist Umgang mit der Angst vor Vernichtung.

3. Zur Bewältigung der Ängste entwickeln wir Abwehrmechanismen, die die Charakterstruktur formen. Nicht angepasste Abwehr führt zu klinischen Syndromen.

4. Eine heilsame psychotherapeutische Strategie fußt auf der Bewusstheit des Todes. Zur Bewältigung der Todesangst bzw. der von ihr ausgehenden Symptome beschreibt Yalom folgende heilsame Prozesse der Bewusstmachung:

Ein befriedigendes Leben entwerfen und gestalten

„Todesangst ist umgekehrt proportional zur Lebensbefriedigung" (Yalom 2000, 248). Es ist ein häufiges Muster, dass wir unsere Zeit mit Aktivitäten füllen, um das Bewusstsein unserer Endlichkeit zu verdrängen. Der heilsame Prozess besteht in der Untersuchung der Frage: Was muss in meinem Leben geschehen, was möchte ich erleben, um in Frieden sterben zu können?

Todes-Desensibilisierung

Das Prinzip besteht darin, sich in einer geschützten Situation, mit den persönlichen Todesängsten zu konfrontieren. Die Klientin kommt dadurch immer wieder mit der eigenen Furcht in Kontakt und lernt, diese als Teil des Lebens zu akzeptieren und ihr Ausmaß zu reduzieren. Dabei kann es hilfreich sein, die Todesangst zu analysieren: Was macht eigentlich Angst? Der Schmerz, das Unbekannte, die Hilflosigkeit? Die Konfrontation mit den Themen macht Handlungs- und Entscheidungsspielräume bewusst und verringert damit die Furcht (ebd. 252ff).

Freiheit als zentrales Thema der Existenz

Yalom klammert die philosophische Diskussion über die Freiheit des Willens und die Determiniertheit der Existenz aus und postuliert die Annahme individueller Freiheit als der Gesundheit förderlich. „Verantwortungsvermeidung ist der geistigen Gesundheit nicht zuträglich; und Verantwortungsübernahme führt in der Therapie zu therapeutischem Erfolg" (ebd. 311). Welche Prozesse unterstützen die Übernahme von Verantwortung?

Kontakt zu den Gefühlen, zum Wünschen und Wollen

Wer seine Freiheit nützt und Verantwortung übernimmt, gelangt zum Wollen: Welche persönliche Welt will ich mir erschaffen? Wollen verweist auf Wünschen, das wiederum eng mit Fühlen gekoppelt ist. Heilsam sind Prozesse, die das (Körper-)Gefühl und das Gefühl in zwischenmenschlichen Beziehungen stärken, dadurch entsteht Erdung und Sicherheit über adäquate Entscheidungen. In diesem Prozess ist es zentral, die ursprünglich abgewehrten Gefühle wieder zu erleben und den Sinn der Abwehr zu verstehen.

Verantwortung für Ambivalenzen

Manchmal zerstören Menschen in einer Situation das, was sie sich in einer früheren geschaffen haben. Yalom (ebd. 371) bringt das Beispiel einer Frau, die trotz einer glücklichen Beziehung eine weitere anfängt. Ist sie mit einem der beiden Männer zusammen, hat sie Sehnsucht nach einem Leben mit dem jeweils anderen. Der heilsame Prozess führt von der sequenziellen zur simultanen Ambivalenz. Es gilt zu akzeptieren, dass jede Entscheidung für etwas auch eine gegen etwas anderes ist und dass für die jeweils getroffene Wahl Verantwortung zu übernehmen ist.

Klaus-Reinhard Schulte

Von der Außen- zur Selbststeuerung

Dadurch entsteht möglicherweise ein Raum, in dem wir uns auf unsere ureigensten Wünsche besinnen und beginnen, dementsprechende Entscheidungen zu treffen (ebd. 327f). Viele (Sach-)Zwänge entpuppen sich bei kritischer Betrachtung als Abwehr von Verantwortung. Häufig muss das außengesteuerte Leben erst in eine Krise geraten, damit bewusst wird, was wirklich wichtig ist. Diese Chance eröffnet sich bei Trennungen, Verlust des Arbeitsplatzes, Tod der Eltern etc.

Die Unvermeidbarkeit von Entscheidungen

Man kann nicht nicht entscheiden. Die Gestaltung dieses Erkenntnisprozesses ist in vielen Fällen zentraler Angelpunkt der Therapie. Ein Weg ist, KlientInnen zur Entwicklung alternativer Handlungs- und Erlebensoptionen anzuregen.

Wirkungsvolle Einsichten

In einer tragfähigen therapeutischen Beziehung können KlientInnen Einsichten in Gestaltungsmöglichkeiten gewinnen, die das Wollen befreien. Yalom (ebd. 404ff) formuliert einige wirkungsvolle Einsichten: „Nur ich kann die Welt verändern, die ich geschaffen habe." „Veränderung ist nicht gefährlich." „Um das zu bekommen, was ich wirklich möchte, muss ich mich verändern." „Ich bin mächtig, ich habe die Kraft zur Veränderung."

Schuld anerkennen und vergeben

Wenn wir Willensfreiheit annehmen, müssen wir wohl zunächst lernen, unser Verhalten in Gegenwart und Vergangenheit anzuerkennen und uns gegebenenfalls auch vergeben. Wir können uns ferner klar machen, wofür wir legitimerweise Verantwortung übernehmen und wofür nicht. Und wir können aus unseren schuldhaften Irrwegen konstruktive Lehren ziehen. Dieser Ansatz erweist sich auch als fruchtbar in der Überwindung der Opferhaltung den Eltern gegenüber. Ihnen zu vergeben, macht es oft erst möglich, die erfahrene Unterstützung im inneren Erleben in vollem Ausmaß wirksam werden zu lassen.

Isolation als zentrales Thema der Existenz

Existenzielle Isolation ist eine menschliche Grunderfahrung. Sie kulminiert im Sterben, einem Weg, den wir alle allein gehen müssen. Die Angst vor dem Gefühl von Isolation und Leere motiviert Abhängigkeits- und Verschmelzungswünsche, während der Drang nach Autonomie und Wachstum zur Auseinandersetzung mit der existenziellen Leere motiviert. Psychische Abwehrdynamiken verstärken Isolation, indem sie uns von Aspekten des Selbst abschneiden (Verdrängung, Dissoziation) und Beziehungsaufnahme in Akzeptanz zu Mitmenschen verhindern, indem sie zu Funktionen unserer Bedürfnisse und Machtinteressen reduziert werden – was letztlich in weitere Einsamkeit führt. „Die tragische Ironie besteht darin, dass diejenigen, die des Trostes und der Freude einer authentischen Beziehung so verzweifelt bedürfen, genau diejenigen sind, die am wenigsten in der Lage sind, solch eine Beziehung herzustellen" (ebd. 465f). Prozesse gelingender Selbstbeziehung und Beziehung führen zur Akzeptanz der existenziellen Isolation. Orientierung für die Beziehungsgestaltung gibt der Begriff der „bedürfnisfreien Liebe" (ebd. 431ff).

Yalom bezieht sich auf Buber und beschreibt das Paradigma der Ich-Du-Beziehung (im Unterschied zur ebenfalls wichtigen Ich-Es-Beziehung), der Liebe zum Sein des anderen Menschen (Maslow) und der Liebe als Haltung (Fromm).

„Die Liebe räumt unser Getrenntsein nicht weg [...] Die Liebe ist die beste Art, uns dem Schmerz der Getrenntheit zu stellen" (ebd. 439). Liebe als Haltung basiert auf einer vollständigen Akzeptanz des Anderen. Jemand mit einer defizitorientierten Haltung wird sich verarmt und geschwächt fühlen, wenn er („immer nur") gibt. Liebe als Haltung umfasst ein Gefühl und ein Wissen des inneren Reichtums, aus dessen Überfluss wir geben können, ohne etwas zu verlieren. Denn diese Haltung nährt und bereichert uns, obwohl wir geben.

Der Reichtum zwischenmenschlicher Begegnung

Die Therapiesituation eröffnet die Möglichkeit, sich versuchsweise in einem geschützten Rahmen auf einen anderen Menschen einzulassen. In dieser Situation entstehen Mitgefühl, Vertrauen, Berührung. Die therapeutische

Haltung, eine Haltung bedingungsloser Liebe der Klientin und dem Klienten gegenüber, ist Grundlage der Intervention. Authentischer Kontakt bereichert und verändert. Das Sammeln von Erfahrungen der Begegnung in der Therapie ermöglicht schließlich ihre Gestaltung auch außerhalb.

Die bewusste Konfrontation mit Isolation

Im Lauf der Therapie kann es einen großen Schritt vorwärts bedeuten, wenn ein Klient einmal einige Zeit nur mit sich allein verbringt, das Gefühl der Isolation bewusst erlebt und verarbeitet. Erst die Fähigkeit allein zu sein, ermöglicht erfüllende dialogische Beziehungen im Sinne Bubers. „Diejenigen, die sich der Einsamkeit stellen und sie erforschen können, sind in der Lage zu lernen, sich in reifer, liebevoller Weise auf andere zu beziehen; aber nur diejenigen, die sich bereits auf andere beziehen können und ein Quäntchen reifen Wachstums erreicht haben, sind imstande, die Isolation zu ertragen" (ebd. 472). Die Gruppentherapie ist der ideale Rahmen, um selbstlose Beziehung, die von echtem Interesse am Anderen getragen ist, zu üben.

Die Erfahrung einer liebevollen Beziehung, die eigene Qualitäten zur Entfaltung bringt

Das selbstlose Bemühen der Therapeutin um die Klientin ermöglicht dieser Wünsche, Wollen und spezifische Qualitäten zur Entfaltung zu bringen. Die Art der hilfreichen Kontaktgestaltung durch die Therapeutin wird im nächsten Kapitel beschrieben.

Sinnlosigkeit als zentrales Thema der Existenz

Yalom identifiziert Gefühle von Sinnlosigkeit als wesentliches Symptom, das Menschen Therapie aufsuchen lässt. In Anlehnung an Paradigmen der (existenzialistischen) Philosophie und Frankls Logotherapie zieht er den Schluss, dass wir etwas außerhalb unserer Person Liegendes brauchen, um unser Leben als sinnvoll zu erleben. Das können andere Menschen sein (Altruismus), Ideen (Religionen, Ideologien), der Genuss des Lebens an sich in seinen mannigfachen Formen, Selbsttranszendenz durch kreativen Ausdruck, aber auch eine Haltung, die dem Schicksal ein höheres Ziel zuschreibt (z. B. die Entwicklung der Person, der Gesellschaft usw.). Mit

Frankl stellt sich Yalom gegen eine Sichtweise, die das Streben nach Sinn lediglich für ein Triebderivat ansieht. Ein Trieb verweist auf Homöostase des Organismus, ein sinnerfülltes Leben verweist über die eigene Person und ihre Bedürfnisse hinaus. „Ich wäre nicht bereit, nur für meine Abwehrmechanismen zu leben und noch weniger geneigt [...] für meine Reaktionsbildungen zu sterben" (Frankl nach Yalom 2000, 525). Und weiters: „Das Freudsche Lustprinzip ist das Leitprinzip des kleinen Kindes, das Adlersche Machtprinzip das des Adoleszenten und der Wille zum Sinn ist das leitende Prinzip des reifen Erwachsenen" (ebd. 524). „Das Dilemma des modernen Menschen besteht darin, dass ihm vom Instinkt nicht gesagt wird, was er tun muss, und auch nicht mehr von der Tradition, was er tun soll, noch weiß er, was er tun will" (ebd. 530). Wie gestalten sich therapeutische Prozesse zur Bearbeitung von Gefühlen der Sinnlosigkeit? Die folgenden Ausführungen geben Anhaltspunkte.

Das Streben nach Sinn von anderen Fragen trennen

Antworten auf die Frage nach dem Sinn erklären zunächst ungeordnete Erfahrungen und geben Orientierung, indem aus Sinnantworten unmittelbar Wertantworten werden: Wie sollen wir leben? Was ist die Richtschnur meines und unseres Handelns? Was kann ich somit von anderen erwarten? Diese Sinnfragen werden oft von Ängsten vor Tod, Einsamkeit, Freiheit etc. überlagert: Was hat das alles für einen Sinn, wenn ich ohnehin sterbe? Was hat mein Leben für einen Sinn, wenn ich allein bin? Wie kann ich wissen, was für mich der richtige Sinn ist? Die „Entmischung" (ebd. 553ff) macht die Sinnfrage kleiner und damit handhabbarer. So ist die Klage über die Sinnlosigkeit des Lebens zunächst einmal nicht zu akzeptieren, sondern zu hinterfragen. Häufig werden dann andere Ängste deutlich, die zunächst bearbeitet werden können, z. B. gravierende Familienprobleme, Krankheit, Angst vor dem Tod usw.

Sinngebende Aktivitäten identifizieren und wertschätzen

KlientInnen gehen häufig sinnstiftenden Aktivitäten nach, deren Charakter als Abwehrmuster so augenscheinlich ist, dass ihr über die Person hinaus weisender Aspekt auch von TherapeutInnen übersehen wird. Yalom schildert den Fall eines sozial isolierten Computerbastlers. Erst die Würdigung dieser Aktivität als kreativen Ausdruck eröffnete ihm einen Prozess hin zu vertiefter Kontaktaufnahme innerhalb und außerhalb der Therapie. Bei einem meiner Klienten, der mit seiner Spielsucht als zu bekämpfendes Symptom in Therapie kam und die meiste Zeit mit Online-Spielen verbrachte, kam die Therapie erst dann voran, als uns beiden klar wurde, welch wichtige persönliche und soziale Werte er in diesem Spiel ausdrückte.

Dereflexion – den Blick nach außen statt nach innen richten

In diesem Prozess wendet der Klient den Blick weg vom Symptom und untersucht nicht weiter seine Ursachen. Stattdessen konzentriert er sich auf seine gesunden Anteile und sucht Wege, diese sinnvoll und erfüllend auszudrücken. Hier stellt sich eine Verbindung zur lösungsfokussierten Strategie de Shazers her, dessen Grundgedanke es ist, dass die Untersuchung der Ursachen eines Problems nicht zu seiner Lösung führe. Stattdessen sollte an der Erreichung eines gewünschten Zustandes gearbeitet werden. In seinem Modell ist z. B. die Erforschung der Ursachen von Armut viel unproduktiver als die Erforschung von Wegen hin zu mehr Reichtum.

Erfahrungen neu deuten

Als sinnlos erlebtes Leiden kann einen Sinn erhalten, wenn es neu gedeutet wird. Ebenso können frühere positive Erfahrungen als etwas gedeutet werden, das einem niemand mehr wegnehmen kann. Prozesse der sinnstiftenden Neubeschreibung kommen dem Bedürfnis nach einer sinnvollen Ordnung unserer Erfahrungen entgegen. Welche Deutungen für jemanden stimmig sind, lässt sich nie rational entscheiden, sondern wird immer durch ein stimmiges Gefühl erkannt.

Engagement – der mächtigste Prozess der Sinnfrage

Sinn lässt sich nicht rational erschließen, da es keinen objektiven Sinn gibt. Bei der Frage der Isolation geht Yalom den Weg der bewussten Konfrontation, denn existenzielle Isolation ist eine objektive Gegebenheit (jeder stirbt allein). Sinnlosigkeit hingegen ist eine Frage der Perspektive. Aus galaktischer Perspektive erscheinen wir trivial als eine unter unzähligen Lebensformen, die entsteht und vergeht. Wenn wir die Perspektive wechseln und in den Fluss des Lebens eintauchen, erscheint uns hingegen die galaktische Perspektive

Heilsame Prozesse in der Psychotherapie

gekünstelt und allenfalls dafür relevant, uns selbst mit einer Portion Humor zu begegnen. Dieses Eintauchen in den Fluss des Lebens nennt Yalom Engagement (ebd. 563ff). Der Wunsch danach liegt in jedem Menschen. Die (Lebens-)Kunst besteht darin, zu entdecken, was uns zu Engagement lockt. Engagement gewinnen wir nicht durch rationale Überlegung. Es entsteht durch das sinnliche Eintauchen in sinn- bzw. freudvoll erlebte Situationen. „Engagement widerlegt die tödlichen Fragen, die sich aus der galaktischen Perspektive stellen, nicht auf logische Weise, aber es bewirkt, dass diese Fragen nicht zählen" (ebd. 567).

Das Konzept der Salutogenese

In den 1970er Jahren begann sich der israelische Medizinsoziologe Aaron Antonovsky mit der Frage zu beschäftigen, warum sich manche Menschen auf der positiven Seite des Gesundheits-Krankheitskontinuums befinden. Hintergrund der Fragestellung ist die Erkenntnis, dass alle Menschen biographisch mit Stressoren konfrontiert sind, die zu einer krankheitswertigen Entwicklung führen können. Warum gelingt es dennoch einem hohen Prozentsatz einigermaßen gesund zu bleiben? Als besonders drastisches Beispiel führt er Untersuchungen an, die etwa 30% der Überlebenden von Konzentrationslagern eine gute psychische Gesundheit zuerkennen. „Den absolut unvorstellbaren Horror des Lagers durchgestanden zu haben, anschließend jahrelang eine deplazierte Person gewesen zu sein und sich dann ein neues Leben in einem Land neu aufgebaut zu haben, das drei Kriege erlebte [...] und dennoch in einem angemessenen Gesundheitszustand zu sein! Dies war für mich die dramatische Erfahrung" (Antonovsky 1997, 15). In der Folge entwickelte er das Konzept des Sense of Coherence (SOC), des Kohärenzgefühls. „Das SOC (Kohärenzgefühl) ist eine globale Orientierung, die ausdrückt, in welchem Ausmaß man ein durchdringendes, andauerndes und dennoch dynamisches Gefühl des Vertrauens hat, dass 1. die Stimuli, die sich im Verlauf des Lebens aus der inneren und äußeren Umgebung ergeben, strukturiert, vorhersehbar und erklärbar sind, dass 2. einem die Ressourcen zur Verfügung stehen, um den Anforderungen, die diese Stimuli stellen, zu begegnen und dass 3. diese Anforderungen Herausforderungen sind, die Anstrengung und Engagement lohnen" (ebd. 36).

Das Ausmaß des Kohärenzgefühls wird durch die konkrete Lebenserfahrung beeinflusst. Es ist die Grundlage dafür, wie gut jemand mit Krisen fertig wird, d. h. in welchem Ausmaß er innere Ressourcen zur Verfügung hat, unerwartete, chaotische Situationen aktiv zu gestalten und zu strukturieren. Antonovsky macht wenig Hoffnung, dass sich das Kohärenzgefühl in der Psychotherapie nachhaltig verändern kann. Es handelt sich um tiefgreifende Überzeugungen über die Beschaffenheit der Welt. Wenn jemand in einer chaotischen, schmerzvollen Kindheit aufgewachsen ist, braucht es ein hohes Maß an ausgleichend positiven Lebenserfahrungen, um ähnliche Ressourcen aufzubauen, wie er sie in einer glücklicheren Kindheit entwickelt hätte. Der Wert des SOC-Konzepts für die Psychotherapie scheint mir darin zu liegen, dass es die konkrete Lebenssituation betont. Therapie wirkt nicht nur innerlich, indem sie zu neuen Sicht- und Erlebnisweisen führt, sondern die Therapieerfahrung wird erst dann nachhaltig wirksam, wenn konkrete, unter Umständen weitreichende Entscheidungen zur Lebensgestaltung getroffen werden. Im Sinne Antonovskys lassen sich folgende heilsame Prozesse beschreiben:

Ordnen der inneren Impulse und Gefühle sowie der äußeren Stimuli

In einer chaotisch erlebten inneren und äußeren Welt stellt das Ordnen den ersten Schritt hin zur aktiven Gestaltung dar. Es geht darum, die eigenen Impulse und Gefühle zu benennen und in einem Konzept der Selbstbeschreibung in einen als sinnvoll erlebten Zusammenhang zu bringen. Dazu liefern z. B. psychoanalytisch orientierte Konzepte ein reichhaltiges Repertoire zur Deutung subjektiver Erlebenswelten. In dem Ausmaß wie die Innenwelt verständlich wird, kann mehr Verantwortung für die Gestaltung der Außenwelt übernommen werden.

Ressourcen entdecken

Ein niedriges Kohärenzgefühl ist meist mit einer weitgehenden Unbewusstheit über die eigenen Ressourcen verbunden. Daher gilt es Ressourcen zu entdecken, weniger sie zu entwickeln. Je passiver der Zugang zum Leben und je opferbereiter jemand ist, desto mehr ignoriert er möglicherweise seine Gestaltungsmöglichkeiten. Die Wahlfreiheit unser aller Lebensgestaltung wird gesellschaftlich determiniert und jedes Symptom lässt sich von einer gesellschaftlichen Dynamik herleiten. Dennoch bedeutet es einen heilsamen Prozess, Ressourcen zu entdecken, ohne zu bereitwillig eine Opferrolle (an den Verhältnissen) zu akzeptieren. Das ist der klassische emanzipatorische Aspekt von Psychotherapie. Der Prozess der Entdeckung von Ressourcen gelingt umso besser, je mehr es gelingt, über das bewusste Sammeln praktischer Erfahrungen grundlegende Konzepte über das Funktionieren der Welt zu verändern.

- In einer Gruppentherapie können neue Begegnungsarten ausprobiert und überprüft werden.

- Die Entwicklung von Aufgaben und Experimenten in der Therapie, die im praktischen Leben ausprobiert werden können, erweisen sich als hilfreich und überzeugend. Die einfachsten Aufgaben sind Beobachtungsaufgaben und Symptomverschreibungen.

- Ein anderer Weg ist das Neubewerten der Vergangenheit: Welche Ressourcen habe ich von meinen chaotischen, häufig vernachlässigenden Eltern mitbekommen? War neben dem Schmerz auch Liebe spürbar? Was hat mir geholfen, die schlimmen Erfahrungen zu überstehen? Was habe ich daraus gelernt? Welche Auswirkungen sollen diese Erfahrungen auf mein Leben haben?

Engagement entwickeln innerhalb der Grenzen der eigenen Einfluss-möglichkeiten

In dem Ausmaß, wie die Welt geordnet und von mir beeinflussbar erlebt wird, entsteht in aller Regel auch Engagement. Voraussetzung dafür ist, sich die Grenzen des beeinflussbaren Bereichs klar zu machen. Beispielsweise macht es wenig Sinn, seine Befindlichkeit im Job davon abhängig zu machen, dass der Chef kündigt. Vermutlich gibt es realistischere und leichter zu beeinflussende Faktoren. Engagement entsteht, wenn Fragestellungen als bedeutsam erlebt werden. Das ist letztlich eine gefühlsmäßige Entscheidung, ähnlich der Frage von Sinn und Engagement oder der Entwurf eines befriedigenden Lebens bei Yalom.

Lösungsfokussierung nach Berg und de Shazer

Die Solution Focused Therapy wurde am Brief Family Therapy Center von Steve de Shazer und Insoo Kim Berg entwickelt und umfangreich publiziert. Ich beziehe mich auf de Shazer (2008) und Berg (1992). Häufig reagieren wir auf ein Leiden oder ein Problem so, dass wir uns intensiv damit beschäftigen. Meist erreichen wir damit nichts anderes als eine Perpetuierung des Problems. Ein bekanntes Beispiel ist die Angst vor der Angst, unter der viele Menschen zusätzlich zu ihren Panikattacken leiden. Berg und de Shazer haben diesen Prozessen das Konzept der Lösungsfokussierung entgegen gesetzt. Es ist nichts anderes als ein Konzept zur Steuerung der Aufmerksamkeit und somit der Hypnotherapie zuzuordnen (de Shazer war Schüler Milton Ericksons). Heilsame Prozesse gestalten sich ähnlich wie bei Antonovsky.

Das Symptom handhabbar machen

Folgt das Auftreten des Symptoms einem festen Rhythmus? Tritt es zufällig auf? Ist es an Bedingungen geknüpft? Gibt es Ausnahmen? Vielleicht waren die Bedingungen einmal gegeben und das Symptom trat nicht auf? Wie bin ich am besten mit dem Symptom fertig geworden? Was hätte ich gerne an Stelle des Symptoms? Wann habe ich diesen Zustand schon erreicht? Was muss ich tun, um das zu wiederholen?

Einen Lösungsraum eröffnen

Durch eine geeignete Trance-Induktion (berühmt und häufig missverstanden ist die „Wunderfrage") begibt sich der Klient in die gewünschte Erlebenswelt. Diese zeichnet sich nicht nur durch das Verschwinden des Symptoms aus, sondern vorrangig durch die alternativen Erlebnisse und Erlebensweisen. Diese Welt wird in all ihren Aspekten ausgemalt. Ursprünglich wurde die „Wunderfrage" in folgender Formulierung veröffentlicht: „Angenommen, es würde eines Nachts, während sie schlafen, ein Wunder geschehen und ihr Problem wäre gelöst. Wie würden Sie das merken? Was wäre anders? Wie wird ihr Ehemann davon erfahren, ohne dass sie ein Wort darüber zu ihm sagen?" (de Shazer 2008, 24). Der Effekt ist ein Sprung in ein neues Erleben. Anschließend sind Prozesse der Umsetzung gefragt. Z. B. kann man eine Stunde am Tag so tun, als sei das Wunder schon passiert.

Heilsame Prozesse auf einen Blick

An dieser Stelle werden die bereits zitierten heilsamen Prozesse noch einmal zur Diskussion gestellt, zunächst ohne sie in eine geordnete Darstellung zu bringen:

- Ein befriedigendes Leben entwerfen und gestalten,
- Todes-Desensibilisierung,
- Kontakt zu den Gefühlen aufnehmen, zum Wünschen und Wollen,
- Verantwortung für Ambivalenzen übernehmen,
- von der Außen- zur Selbststeuerung gelangen,
- die Unvermeidbarkeit von Entscheidungen akzeptieren,
- wirkungsvolle Einsichten gewinnen,
- Schuld anerkennen und vergeben,
- den Reichtum zwischenmenschlicher Begegnung erfahren,
- sich bewusst mit der Isolation konfrontieren,
- eine liebevolle Beziehung erfahren und vor diesem Hintergrund die eigenen Qualitäten zur Entfaltung bringen,
- Dereflexion – den Blick nach außen statt nach innen richten,
- eine Erfahrung neu deuten,
- Engagement innerhalb der Grenzen der eigenen Einflussmöglichkeiten entwickeln,
- Ordnen der inneren Impulse und Gefühle sowie der äußeren Stimuli,
- Ressourcen entdecken,
- das Symptom handhabbar machen,
- einen Lösungsraum eröffnen.

Therapie als Unterstützung heilsamer Prozesse

Wenn wir mit Blick auf Psychotherapie die naturwissenschaftliche Bedeutung des Begriffes Wirkung als nicht anwendbar erkennen, können wir auch nicht von Techniken sprechen, die in einem funktionalistischen Sinn einen definierten Effekt haben. Der Fokus der Betrachtung von Wirksamkeit richtet sich daher auf die Qualität der Interaktion, auf Prinzipien der Beziehungs- und Prozessgestaltung.

Die therapeutische Beziehung

„Beziehung heilt" ist Yaloms Kurzformel für gelingende Psychotherapie (Yalom 2000, 465ff). Bemerkenswert und sehr erhellend erscheint mir seine Sicht auf die unmittelbare Begegnung von Mensch zu Mensch, obwohl er den Wert der Übertragungsbeziehung und die Meriten ihrer Deutung nicht leugnet. Natürlich ist es keine Begegnung im herkömmlichen Verständnis – schließlich erbringt der Therapeut eine Leistung für eine zahlende Kundin. Die Therapeutin in ihrer Funktion begegnet dem Klienten mit bedingungslosem Interesse, das in dieser Form (zunächst) nicht erwidert wird. Für beide steht der Klient mit ihrem Anliegen im Mittelpunkt. Die Therapeutin befindet sich in einer inneren Pendelbewegung zwischen dem Kontakt zum Klienten und dem Kontakt zu sich selbst. In dieser Art von Beziehung kann der Klient erleben, wie er in all seinen Aspekten akzeptiert wird. Wenn das gelingt, kann ein Zuwachs an Selbstakzeptanz und die Erfahrung des Reichtums zwischenmenschlicher Begegnung möglich werden. Für diese Art der Liebe schlägt Yalom die Begriffe Agape oder Caritas vor. Im idealtypischen Verlauf wird diese Form von Beziehung durch ein gewisses Maß an Selbstoffenbarung des Therapeuten immer symmetrischer, und die Auflösung von Idealisierungen kann erleichtert werden. Ausmaß, Art und Themen sollten jedoch von den Entwicklungs-Erfordernissen der Klientin bestimmt sein und nicht von den Kontaktbedürfnissen des Therapeuten. Wie lässt sich das Heilmittel therapeutische Beziehung näher beschreiben, welche Aspekte können wir benennen? Peter Hain legt ein interessantes Werk qualitativer Psychotherapieforschung vor, in dem er das „Geheimnis therapeutischer Wirkung" untersucht (Hain 2001). Zu diesem Zweck unterzieht er erfahrene und bekannte PsychotherapeutInnen (Lempp, Kleinhauz, Mrochen, Farelly, Erika Fromm, Strupp, Gendlin, Watzlawick, Stierlin, Madanes) einem halbstrukturierten Interview und leitet daraus die folgenden Prozesse als wirkungsvoll und entwicklungsfördernd ab:

Empathie entwickeln

Dieser Begriff erinnert unmittelbar an Yaloms bedingungslose Liebe. Es geht darum, sich in die Welt der KlientInnen einzufühlen, ihre Sprache zu sprechen und das Unausgesprochene zu erahnen. Dies ist kein passiver Prozess der bloßen Angleichung. „Für alle befragten Therapeuten ist es unabdingbar, und für den therapeutischen Erfolg von zentraler Bedeutung, die innere Welt ihrer Klienten aktiv zu erkunden, ob sie es subjektiv nun mehr als 'Einfühlen' oder 'Eindenken', als 'Eindringen' oder auch als kurzes, 'stellvertretendes Erleben' eines anderen Menschen charakterisieren" (Hain 2001, 139). Wie ich mich als PsychotherapeutIn für eine aktive, engagiert-empathische Haltung einer KlientIn gegenüber motivieren kann, ist unabdingbar mit meinem persönlichen Zugang, meinen persönlichen Möglichkeiten verbunden. Lasse ich mich von der Kreativität des Symptoms faszinieren? Entdecke ich die liebenswerten Seiten? Wird mir bewusst, wie ich unter ähnlichen Umständen in eine ganz ähnliche Situation hätte kommen können?

Intensität und Engagement entwickeln

Die Therapeutin macht sich den Veränderungswunsch der Klientin zu eigen und verfolgt ihn mit „Leidenschaft [...] (und) Hingabe", mit „[...] wirklicher Sorge und ernsthafter Verpflichtung" (ebd. 141). Diese Haltung ist zunächst ein „[...] einseitiges Beziehungsangebot, eine aktive Einladung [...] führt aber schnell zu einer Interaktion, die auch den Therapeuten 'emotional nährt' [...] und ihn vor Burnout bewahrt" (ebd. 141). Diese engagierte Haltung vor dem Hintergrund einer empathischen Beziehung stärkt das Engagement der Klientin zu produktiver Arbeit und ihre Bereitschaft an die Möglichkeit des Gelingens zu glauben. Wie passt diese Haltung zum Paradigma der Abstinenz? Das einseitige Beziehungsangebot sollte bewusst erstellt werden. Dabei liegt es in der Verantwortung des Therapeuten, sich nicht zu überfordern. Wenn der Funke nicht überspringt, ist der beharrende Teil des Klienten zu respektieren und zu untersuchen. Doch sollte die Beziehung so beschaffen sein, dass der Therapeut keinen größeren Veränderungswunsch hat als der Klient.

Veränderungsabsicht transparent machen

KlientInnnen schreiben uns Autorität und Veränderungskompetenz zu, und es ist im Sinne der Aufgabe diese Zuschreibungen auch zu nutzen. KlientInnen kommen zwar mit eigenen Veränderungsabsichten in Therapie, doch ist es wenig hilfreich und wird wohl meist auch als wenig engagiert wahrgenommen, wenn sich die Therapeutin von der Klientenabsicht distanziert, etwa in der Art: „Das ist ihr Weg, ich begleite sie nur".

Daher ist es hilfreich, wenn TherapeutInnen aussprechen, welche Veränderungsschritte sie vor Augen haben und „[...] mit der Intervention einen erklärenden Beipackzettel mitliefern" (ebd. 164f). Hinderliche Idealisierungen sollten so bearbeitet werden, dass sie das Anliegen des Klienten unterstützen.

Humor

„Mit Humor gleitest du (durch unlösbare Situationen) wie ein heißes Messer durch die Butter" (Farrelly nach Hain 2001, 153). Humor erleichtert das Leben und die Therapie in nicht zu überschätzender Weise. Seine einzige Bedingung ist eine empathische, wertschätzende Grundhaltung. Schweres wird leichter durch distanzschaffenden Humor, Übertreibungen führen zu Erkenntnissen, Emotionen werden befreit und fließen wieder, erleichtern so das Einnehmen neuer Perspektiven.

Glaubwürdigkeit vermitteln

Therapeutische Vorgangsweisen, persönlicher Stil und sogar die Anwendung spezifischer Interventionstechniken sollten die tiefsten Überzeugungen der Therapeutin ausdrücken. Therapie ist keine Applikation von Techniken, sondern wir arbeiten mit unserer Person, unseren Überzeugungen und den Methoden, an deren Wirksamkeit wir selbst glauben. „Meine Gesprächspartner wirkten als Persönlichkeiten, die letztendlich die eigene Person im Rahmen ihrer Lebenserfahrungen und ihres Weltbildes zum therapeutischen Instrumentarium entwickelt haben" (ebd. 157).

Aktive Führungsarbeit und strukturelle Manipulation

„Manipulation bedeutet kunstvoll handhaben" (ebd. 158). Die meisten TherapeutInnen lehnen Manipulation ab und manipulieren doch, wie man im Sinne Watzlawicks nicht nicht kommunizieren kann. Die Therapeutin strukturiert die Situation und wählt Interventionen aus und ist darüber hinaus permanent mit der Erwartung konfrontiert, genau so zu handeln. Alle von Hain interviewten Personen bejahen Manipulation innerhalb klar definierter Grenzen, so erachtet beispielsweise Madanes grundsätzlich die Persönlichkeitsstruktur der KlientInnen als vorgegebenen Rahmen innerhalb dessen Veränderungen anzustreben sind (ebd. 159). Fromm sieht „[...] ihre ‚manipulativ-strategischen' Techniken klar auf die Struktur ihrer Vorgehensweise begrenzt und nicht auf den Inhalt (Anliegen des Klienten) angewendet" (ebd. 160). Stierlin verweist auf das hypnotherapeutische Verständnis, das in kurzer Zeit Motivation und Ressourcen optimal nutzen möchte und viel in Gang bringen kann (ebd. 161). „Es herrscht Einigkeit über den aktiv führenden Therapeuten" (ebd. 162), der sich von ethischen Grundsätzen leiten lässt. Es sollte immer um den Vorteil der Klientin gehen. „Manipulation darf nicht den Inhalt des Erlebten, die persönliche Zielsetzung oder die Persönlichkeit des Klienten betreffen" (ebd. 162) Voraussetzung ist, dass sich der Therapeut der manipulativen Strategien bewusst ist und diese vor dem Hintergrund wertschätzender Akzeptanz gegenüber dem Klienten und dem eigenen Wertesystem reflektiert.

Überlegungen zur Prozessgestaltung

Auf Basis der beschriebenen Haltungen und Leitlinien zur Beziehungs-gestaltung lassen sich nützliche Interventionen beschreiben, die geeignet sind, den Prozess im Sinne des Klienten voranzutreiben. Für die Gestaltung therapeutischer Interventionen ist es nützlich, sich die jeweilige Zielsetzung zu vergegenwärtigen. Diese kann in folgende thematische Gruppen gefasst werden:

Veränderungsabsicht

Je klarer die Absicht ist, mit der die therapeutische Arbeit unternommen wird, desto fokussierter werden KlientInnen ihren Weg gehen. Diese Klarheit spiegelt sich in der Haltung zur Therapie und der formulierten Zielsetzung. In vielen Fällen ist das Formulieren einer positiven Absicht zu Beginn der Therapie nicht möglich. Mit dem Fortschreiten des Prozesses wird sich die Zielsetzung häufig verändern.

Wahrnehmung und Kontakt zu eigenen Gefühlen und Impulsen

Eine herabgesetzte Selbstwahrnehmung bis hin zu chronisch dissoziierten Zuständen dient häufig dem Selbstschutz vor Überflutung mit Angst, Trauer und Aggression. Die Unterstützung bei der Wahrnehmung von Gefühlen und ihrer Einordnung hilft KlientInnen ein ausgedehnteres Selbstverständnis bis hin zu einer nützlichen, d. h. heilsamen Beschreibung der eigenen Geschichte zu gewinnen und Veränderungsabsichten klar werden zu lassen.

Gewinnung von Erkenntnissen, Reflexion

Nahezu alle KlientInnen haben schon lange vor Therapiebeginn ein Konzept der Selbsterklärung entwickelt. Dieses Konzept spiegelt persönliche Erlebens- und Verhaltensmuster ebenso wie Werte und Loyalitäten. Diese Annahmen können reflektiert und neu gewonnene Erkenntnisse aus der vertieften Selbstwahrnehmung können integriert werden. Ressourcenorientierte Beschreibung der Vergangenheit, Deutungen und Reframings unterstützen bei der Weiterentwicklung von Selbstsicht, die wiederum das emotionale Erleben beeinflusst.

Handlung, Interaktion

Das Ausprobieren neuer Handlungen und Interaktionen in Einzel- oder Gruppentherapie sind häufige Einstiegsszenarien in die persönliche Veränderung. Nachhaltig gefestigt werden neue Muster des Erlebens und Verhaltens im realen Leben. Die Arbeit mit Aufgaben und Experimenten ermöglicht es KlientInnen, Veränderungen im unmittelbaren Lebensraum zu erfahren.

Besonderheiten der Gruppenpsychotherapie

Beziehung heilt – das ist die kürzest mögliche Zusammenfassung des bisher Gesagten über heilsame Prozesse. Daraus folgen grundlegende Prinzipien für die Gestaltung der therapeutischen Situation. „Man kann sagen, dass das Selbst aus gespiegelten Urteilen besteht" (Yalom 2007, 45). In der Einzeltherapie erleben KlientInnen ihre Beziehungsmuster einer Person gegenüber, die im Idealfall das Prinzip der Agape oder Caritas lebt. In der Gruppentherapie sind wir mit mehreren Beziehungen zu Personen in einer ähnlichen Lage konfrontiert. Ist die Gruppe gut geleitet, verstärken sich die vorhandenen heilsamen Prozesse der Teilnehmenden wechselseitig (nicht die destruktiven), und wir lernen die Gestaltung aufrichtiger, wertschätzender Beziehungen. Über das Teilen der Leidenserfahrungen und das Erleben wertschätzender Hinweise kommt es zum „korrigierenden emotionalen Erlebnis in der Gruppentherapie" (Yalom 2007, 54). Der zentrale Unterschied zur Einzeltherapie ist das reichhaltigere Beziehungsmaterial der Gruppe. Die Sichtweisen und Problemlagen der Einzelnen werden umfassender bereichert und komplettiert, als es im Einzel-Setting möglich wäre. Die dichtere Dynamik der Gruppe in der Vielfalt der direkten Kommunikation verstärkt den Effekt und damit die Intensität des Erlebens. Ferner entsteht in der Gruppe ein Mikrokosmos bedeutsamer sozialer Beziehungen. Muster, wie wir sie aus Familie und sozialem Umfeld kennen, wiederholen sich, werden reflektierbar und können experimentell verändert werden. „Der Therapeut sieht nicht nur das Verhalten, sondern außerdem die Ereignisse, die es hervorrufen, und manchmal – was noch wichtiger ist – ist er sich auch darüber im Klaren, welche Reaktionen der Klient von den anderen Gruppenmitgliedern erwartet und welche sie tatsächlich zeigen. Die Interaktion der Gruppe ist so vielgestaltig, dass dysfunktionale Transaktionszyklen der einzelnen Mitglieder viele Male wiederholt werden und die Gruppenmitglieder immer wieder die Möglichkeit erhalten, über das Geschehen zu reflektieren und es zu verstehen" (Yalom 2007, 68). Nur in der Gruppe ist es schließlich möglich, die eigene Kompetenz andere zu unterstützen, zu erfahren und zu reflektieren. Dadurch wird es leichter, Veränderungskompetenz als jedem Individuum zugehörig zu erleben. Die Idealisierung der Therapeutin oder des Therapeuten kann leichter zurück genommen werden.

Resumee

Es lag mir daran, die grundlegenden heilsamen Prozesse zur Erlangung psychischer Gesundheit zusammenzutragen und diese in Beziehung zu relevanten Aspekten therapeutischer Arbeit zu setzen. Heilsame Prozesse sind keine Reparaturanleitungen, sondern fördern den offenen, wertschätzenden und liebevollen Kontakt zwischen uns und zu uns selbst. So entsteht Engagement für das Leben, das sogar dazu befähigen kann, schließlich sein Gegenteil, den Tod, zu akzeptieren und vielleicht sogar zu schätzen. Eine Weiterentwicklung könnte darin bestehen, die beschriebenen Prozesse zueinander in Beziehung zu setzen und zu synthetisieren. Die Beschreibung der therapeutischen Prozesse ließe sich durch eine Kategorisierung der bekannten

Interventionstypen (Techniken im engeren Sinne) vervollständigen. Ferner ließen sich Schlussfolgerungen für die psychotherapeutische Ausbildung bzw. die Anforderungen an die Persönlichkeit von PsychotherapeutInnen ableiten. In eine solche Metatheorie ließen sich in weiterer Folge die therapeutischen Schulen einordnen und in ihren Besonderheiten würdigen.

Literatur

Antonovsky A (1997) Salutogenese. Zur Entmystifizierung der Gesundheit. dgvt, Tübingen

De Shazer S (2008) Der Dreh: Überraschende Wendungen und Lösungen in der Kurzzeittherapie. Carl-Auer-Systeme, Heidelberg

Hain P (2001) Das Geheimnis therapeutischer Wirkung. Carl-Auer-Systeme, Heidelberg

Kim Berg I (1992) Working with the Problem Drinker: A Solution Focused Approach. Norton & Co, New York

Wikipedia (2008) Kausalität. In: Wikipedia, Die freie Enzyklopädie, Bearbeitungsstand: 12. November 2008, 06:25 UTC. URL: http://de.wikipedia.org/w/index.php?title=Kaus alit%C3%A4t&oldid=52898846 (Datum des Abrufs: 22. November 2008)

Yalom I D (2000) Existenzielle Psychotherapie. Edition humanistische Psychologe, Köln

Yalom I D (2002) Der Panamahut oder was einen guten Therapeuten ausmacht. btb, München

Yalom I D (2007) Theorie und Praxis der Gruppenpsychotherapie. Klett-Cotta, Stuttgart

Gruppenpsychotherapie mit geistig behinderten Menschen
Körperbezogene Interventionen zur Herstellung der Arbeitsbasis

Leo Käfer

> *Nichts genügt dem*
> *welchem genug zuwenig ist*
> *Epikur*

Zusammenfassung

Nach Ausführungen zu Diagnositik, Ätiologie und Entwicklungsvoraussetzungen bei geistiger Behinderung wird ein Einblick in die
Lebenswelt von geistig behinderten Menschen gegeben, um fassbar zu
machen, welche Formen der therapeutischen Beziehungsgestaltung helfen
können, die Teilhabe an einem möglichst normalen Leben zu unterstützen.
Es werden sowohl aktuelle Theorien der Intelligenzminderung als auch
die, für unsere Methode historisch interessante, Dynamische Theorie des
Schwachsinns von Kurt Lewin vorgestellt. Es wird auf die Besonderheiten
der Gruppenpsychotherapie mit dieser Klientel eingegangen, und anhand
des Mikado Modells wird ein Lernzyklus aus der Therapiegruppe mit den
dazugehörigen prozessförderlichen Interventionen aufgezeigt. Methodisch
wird eine Vorgangsweise beschrieben, die mittels körperbezogener
Interventionen geeignet ist, Angstspannung in einer Gruppe von
Menschen, die frühe Kontaktentbehrungen erlebt haben, zu reduzieren,
sodass eine Arbeitsbasis gesammelter Aufmerksamkeit entstehen kann, die
psychotherapeutisches Arbeiten ermöglicht.

Geistige Behinderung – welche Diagnosen sind das?

Die Begriffe im gesamten psychiatrisch-diagnostischen Bereich befinden
sich in einem ständigen Wandel, der auch Abbild sozialgeschichtlicher,
gesellschaftlicher und kultureller Entwicklungen ist (Häßler/Häßler 2005,
115). Die bewusste historische Auseinandersetzung mit der normierenden
Macht und den mörderischen Konsequenzen der Psychiatrie der NS-Zeit ist
in der Arbeit mit psychisch erkrankten und geistig behinderten Menschen
von besonderer Relevanz. „Die psychiatrische Diagnostik stand während

der NS-Zeit keinesfalls im Dienste der Hilfestellung für den einzelnen Patienten; sie diente vielmehr im Hinblick auf eine postulierte Gesundheit des ‚Volksganzen' der Unterscheidung zwischen ‚aufwandswürdigen' und nicht ‚aufwandswürdigen' Menschen" (Kronberger/Berger 2007, 336).

Der heute in der psychotherapeutischen Praxis z. B. im Rahmen der Kassenabrechnung verwendete ICD 10 geht in seiner Entwicklung auf Emil Kraepelin zurück. Dieser führt für geistige Behinderung 1915 den Begriff Oligophrenie (Schwachsinn) ein. Er spricht von allgemeinen psychischen Entwicklungshemmungen, die er nach Schweregraden in Debilität, Imbezillität und Idiotie einteilt. Er schreibt: „Die äußerst buntgescheckte Gruppe von Krankheitsformen weist nur ein einziges gemeinsames Merkmal auf, die frühzeitige Störung der allgemeinen seelischen Entwicklung, die natürlich regelmäßig durch krankhafte Beeinträchtigungen ihrer körperlichen Grundlagen bedingt wird" (Kraepelin zit. nach Häßler 2005, 57). Die heute in Verwendung befindeliche ICD 10 Klassifikation der WHO hat Kraepelins Bezeichnungen noch als dazugehörige Begriffe beibehalten. Nach ICD 10 handelt es sich bei der geistigen Behinderung um die Diagnosen der Intelligenzminderung F70–F79. Remschmidt et al definieren: „Eine Intelligenzminderung ist eine sich in der Entwicklung manifestierende, stehen gebliebene oder unvollständige Entwicklung der geistigen Fähigkeiten, mit besonderer Beeinträchtigung von Fertigkeiten, die zum Intelligenzniveau beitragen, wie z. B. Kognition, Sprache, motorische oder soziale Fertigkeiten. Eine Intelligenzminderung kann allein oder zusammen mit einer anderen psychischen oder körperlichen Störung auftreten. Intelligenzgeminderte Personen können an allen psychiatrischen Störungen erkranken, in dieser Population ist die Prävalenzrate für eine andere psychische Störung mindestens 3 bis 4 mal so hoch wie in der Allgemeinbevölkerung. Außerdem besteht für intelligenzgeminderte Personen ein größeres Risiko ausgenutzt sowie körperlich oder sexuell missbraucht zu werden. Das Anpassungsverhalten ist stets beeinträchtigt, eine solche Anpassungsstörung muss aber bei Personen mit leichter Intelligenzminderung in geschützter Umgebung mit Unterstützungsmöglichkeiten (Behindertenwohnheim oder Werkstätte) nicht auffallen" (2001, 304f).

Der ICD 10 erlaubt die Angabe von Verhaltensauffälligkeiten als Zusatzangabe. Eine genauere Differenzierung der Art und Weise der auftretenden Verhaltensschwierigkeiten und Anpassungsprobleme leistet er allerdings nicht. Hierzu gibt es in der psychologischen Testliteratur einige Instrumente. Sarimski (2003a) beschreibt die Testliteratur für geistig behinderte Menschen ausführlich. Sowohl in der psychiatrischen Diagnostik als auch in der psychologischen Testliteratur gibt es Bestrebungen, von störungsspezifischen Beschreibungen Abstand zu nehmen. Die ICF (2001), die internationale Klassifikation der Funktionsfähigkeit, Behinderung und Gesundheit der WHO dient als länder- und fächerübergreifende Sprache zur Beschreibung des funktionalen Gesundheitszustandes, der Behinderung, der sozialen Beeinträchtigung und der relevanten Umgebungsfaktoren einer Person. Sie stellt die Möglichkeiten eines behinderten Menschen in den Vordergrund. Es geht um Aktivitäten (Activities = Umsetzung einer Aufgabe oder Aktion) und Partizipation (Participation = Einbindung in eine Lebenssituation) und deren Begrenzung bei der Durchführung. Besonderes Augenmerk wird dabei auf die Erfassung von Umweltfaktoren gelegt. Eine weitreichende praktische Erprobung des ICF steht noch aus (vgl. Neuhäuser/ Steinhausen 2003, 10ff und Berger 2004).

Die psychometrische Erfassung eines Intelligenzgrades reicht zur Erfassung des Phänomens der geistigen Behinderung bei weitem nicht aus. Die Medizin kennt annährend 500 körperliche Zustände, die mit einer geistigen Behinderung einhergehen können. Fachärztliche Betreuung, Begleitung und medikamentöse Therapie sind wesentlich. Im Rahmen einer differenzierten Diagnostik ist es wichtig, den organmedizinischen Status zu erheben und zwischen Hospitalisierungsformen, Intelligenzminderung aufgrund eines angeborenen oder erworbenen Defekts und Demenz als sekundärer Intelligenzminderung zu differenzieren. Viele geistig behinderte Menschen leiden unter Mehrfachbehinderungen. Bei Personen, die schwer geistig behindert sind, spielen biologische Faktoren (Genmutationen, Chromosomenanomalien, exogene Läsionen) eine viel größere Rolle als bei den leicht oder leichter behinderten Menschen (Neuhäuser/Steinhausen, 2003). Bei der Gruppe von Menschen mit leichter Intelligenzminderung zeigen sich starke Wechselwirkungen mit soziokulturellen Faktoren. Viele gehören der Unterschicht an und haben ein sozial benachteiligtes Umfeld erlebt. „Rutter et al (1970) haben in dieser Gruppe gehäuft Abwesenheit der Mutter, Arbeitslosigkeit des Vaters, eine große Geschwisterzahl und

Leo Käfer

Pflegeverhältnisse gefunden" (Sinason 2000, 18). Die Zahl der durch Organschäden und Geburtstraumata behinderten Menschen ist kleiner und wird wenig durch soziale Schichtzugehörigkeit beeinflusst (Neuhäuser/ Steinhausen 2003, 28). Die in diesem Artikel beschriebenen KlientInnen sind überwiegend leicht bis mittelgradig geistig behindert, haben überdies psychiatrische Diagnosen und meist auch einen oder wiederkehrende stationäre Aufenhalte im Laufe ihrer Geschichte erlebt.

Für die Praxis der dynamischen Gruppenpsychotherapie ist neben der ICD 10 Diagnose eine psychodynamische und interaktionelle Prozessdiagnostik entscheidend, die sich am interaktionellen Austausch zwischen Therapeut und Klient orientiert und das Beziehungsgeschehen zum Arbeitsinhalt hat. Dabei wird die störungsspezifische Sicht durch ein ganzheitliches Menschenbild ergänzt. Der Mensch steht nach diesem Bild in einer ständigen Wechselwirkung zwischen Systemen, wobei die Gruppen, in denen er lebt und sich bewegt, mehr sind als die Summe ihrer Einzelteile. Krankheit wird dabei als soziales Rollenverhalten verstanden, das veränderbar ist. Durch Organisation eines therapeutischen Gruppensettings entsteht eine Dynamik, in der sich Ganzheit und Bewegung vor dem Hintergrund von Werten organisch entwickeln können (vgl. Majce-Egger 1999, 294 und Schindler et al 1993, 5). Rehabilitation als Wiederherstellung der Arbeitsfähigkeit ist in Bezug auf geistig und mehrfachbehinderte Menschen eine unzureichende Zielvorstellung. Es geht darum, die möglichst ungehinderte Teilhabe am Leben zu ermöglichen (Berger 2002, 333ff).

Die folgenden Ausführungen von Bürgin/Rost (1997, 1139ff) sollen ein Verständis für den Entwicklungshintergrund des behinderten Kindes liefern und die im Kontakt auftretenden Gefühlsreaktionen verstehbarer machen. Wir müssen in unserem Fall neben den körperlichen auch die kognitiven und sprachlichen Beeinträchtigung mitdenken.

Entwicklungsvoraussetzungen des behinderten (chronisch kranken) Kindes

Es erlebt sich selbst anders als die anderen Kinder, nimmt eine Sonderstellung ein und wird zu einer besonderen seelischen Arbeit genötigt, für die das gesunde Kind viele Jahre bis zur Pubertät und bis zum Abschluss der

Adoleszenz Zeit hat. Unter dem Druck der Krankheit (Behinderung) muss es sich oft verfrüht mit den grundlegenden Phänomenen der menschlichen Existenz auseinandersetzen. Es bildet so bewusste und unbewusste Phantasien über seine Einschränkungen und die möglichen Ursachen aus. Krankheit wird oft als ein Geschehen erlebt, das durch einen äußeren Aggressor auferlegt wird. Im Normalfall hat ein Kind genügend lange Zeit, seine Vorstellungen über Krankheit, über Fragen Leben und Tod betreffend auszugestalten. Erst in der Adoleszenz (mit 14 bis 16 Jahren) hat es seine Vorstellungen soweit entwickelt, dass sie denjenigen gleichen, die Erwachsene in seinem Kulturkreis aufweisen. Das chronisch kranke Kind ist genötigt, diesen Prozess viel rascher zu vollziehen, ihn gleichsam im Eilzugstempo zu durchlaufen. Gelingt ihm dies mit Hilfe seiner Eltern, kommt es zu einer Art innerer Frühreife.

Zu den Besonderheiten, die chronisch kranken Kindern auferlegt sind, gehört aber gleichzeitig eine längere Zeit der Abhängigkeit als bei gesunden Kindern. In der Adoleszenz muss es sich in der Regel aus weitaus engeren Bindungen lösen. Der Ablösungsprozess wird somit für alle Beteiligten komplizierter. Chronisch kranke Jugendliche müssen sich ihre Eigenverantwortlichkeit meist hart erkämpfen. Als weitere Belastung kommt ein zumeist fluktuierender Gesundheitszustand hinzu, welcher das Selbstwertgefühl wiederkehrenden Schwankungen und Einbrüchen unterwirft. Es ist auf diese Weise viel schwieriger eine innere Konstanz des Selbsterlebens aufzubauen. Verweigerung, Verleugnung, aggressives Verhalten, Regressionen, Reaktionsbildungen und Überkompensationen legen als häufig erkennbare Abwehraktivitäten Zeugnis von den entsprechenden Belastungen ab. Die Beeinträchtigungen lösen oft auch heftige Aufwallungen negativer Gefühle aus (z. B. Angst, Wut, Ärger, Hass). Da diese auf niemanden zu richten sind und ihnen gleichsam eine Art Schicksalsungerechtigkeit zugrunde liegt, also kein Anspruch auf eine gegen eine Person gerichtete Rache besteht, werden sie leicht gegen das Selbst gewendet und manifestieren sich als Selbsthass. Auch das erschütterte Vertrauen in die Verlässlichkeit des eigenen Körpers erschwert den Aufbau einer zuverlässigen Selbstrepräsentanz. Leicht entstehen Desorientierung, Konfusion, Resignation und Depression, dann aber auch wieder Erholung und Hoffnung. Diese Wechselhaftigkeit des Allgemeinzustandes macht

Leo Käfer

die Entwicklung einer hohen Flexibilität und Elastizität im Psychischen notwendig, die bei geistiger Behinderung allerdings nicht entsprechend gegeben, sondern durch die jeweiligen Bedingungen der Behinderung eingeschränkt sind.

Versuchen wir uns dem Phänomen der geistigen Behinderung mit Sinason (2000, 26ff) psychoanalytisch zu nähern, ergeben sich bei der Betrachtung der geistigen Behinderung als Abwehrform folgende Zugangsmöglichkeiten: Als primäre Behinderung bezeichnet sie die Auswirkungen, die sich aus der organisch vorliegenden Einschränkung ergeben. Als sekundäre Behinderung bezeichnet sie alle jene Phänomene, die im Dienste der Abwehr die primäre Einschränkung verschärfen oder verschlimmern. Sie unterscheidet leichte sekundäre Behinderung, bei der der Betreffende seine Behinderung unbewusst übertreibt, damit die Umgebung weiterhin mit ihm zufrieden ist, und opportunistische Behinderung, wo es zusätzlich zur Behinderung zu einer mit der Behinderung verbundenen Fehlentwicklung der Persönlichkeit kommt, in der alle inneren Störungen miteinander verschmelzen und die Behinderung zur Abwehr von schwer traumatischen Ereignissen, wie z.b. sexuellem Missbrauch ausgestaltet wird. Als Ordnungskriterien der therapeutischen Wahrnehmung sind diese Unterscheidungen sehr hilfreich.

Rahmenbedingungen und Interventionsmöglichkeiten in der psychotherapeutischen Arbeit

Unter Berücksichtigung der Schwierigkeiten in der realitätsgerechten Auseinandersetzung mit der Umwelt (Ich-Schwäche) und den kognitiven und körperlichen Einschränkungen ist es oft für beide Interaktionspartner gut, zu Beginn einer Therapie davon auszugehen, dass KlientInnen – ähnlich wie in der Kinderpsychotherapie – nicht aus eigener Entscheidung die Therapie aufsuchen. Auffälligkeiten und Anpassungsprobleme werden meist vom Umfeld im Elternhaus, Wohnhaus oder Werkstätte als Belastung empfunden. Betreuer, Eltern und Anghörige sind es dann, die einen Therapiewunsch formulieren. Die Zielvereinbarungen sind auch sinnvollerweise mit diesen Personen zu besprechen. Am besten mit dem/der KlientIn gemeinsam, damit diese auch mitreden, miterleben, mitgestalten und selbst bestimmen können, soweit das möglich ist. Die Finanzierung einer Therapie ist immer vom Sachwalter oder vom Erziehungsberechtigten

152

zu bewilligen. Geschieht dies nicht, und BetreuerInnen suchen um Therapie an, ohne vorherige Abklärung des Finanziellen, kann das schon zu Beginn zu einem Scheitern der Therapie führen. Für die Arbeit mit nicht mobilen PatientInnen müssen Lösungen gefunden werden, die ein relativ ungestörtes Arbeiten ermöglichen (z. B. Hausbesuche, Fahrten- und Begleitdienste).

Die folgenden Ausführungen zeigen Interventionsrichtungen und Haltungen auf, die aus meiner Erfahrung den besonderen Bedürfnissen geistig behinderter Menschen an eine Psychotherapie gerecht werden:

Deeskalation

Symmetrische Eskalationen sind zu vermeiden: Das heißt, affektive Zustände, die in den Bereich der Machtausübung, Destruktion, Gewalt, Selbstschädigung, Sachbeschädigung und/oder Verletzung und Kränkung führen, im Vorfeld zu erkennen und deren Auftreten zu unterbinden oder nur dosiert zu ermöglichen, sodass eine durch die Beziehung gesicherte Bearbeitung möglich ist. Um Halt, Schutz und Stütze zu geben, ist es hilfreich, bei sich zu bleiben und den Kontakt mit dem Boden und den eigenen Empfindungen zu wahren. Wesentlich dabei ist auch die Fähigkeit, sich therapeutisch zu distanzieren, da die Übertragungsgefühle oft sehr heftig sein können. Im Kontakt selbst und nachträglich hilft ausführliche Auseinandersetzung mit den eigenen Gegenübertragungsreaktionen z. B. in Inter- und Supervision.

Handlungsbezogenheit

Interventionen bleiben auf einer handlungsbezognenen Ebene, die sich am Alltag der Menschen orientiert. Konkrete Handlungen aus den Lebenssituationen, kleine und kleinste Kontakterlebnisse mit der Umgebung werden thematisiert: Wie wasche ich meine Wäsche? Wie kaufe ich mir ein? Wie ist das mit deinem Betreuer gestern gewesen, was habt ihr getan? Wie geht's dir beim Fahren in der Straßenbahn? Die grundlegenden Fragen: „Wie kann ich etwas bewusst erkennen und wie kann ich handeln und die eigenen Möglichkeiten dabei erweitern?" sind wichtige Leitlinien für KlientInnen und TherapeutInnen gleichermaßen. Die therapeutische Haltung dabei soll Entwicklung ermöglichen und Handlungs- und Lebensmöglichkeiten eröffnen.

Leo Käfer

Antwort statt Deutung

In der Interaktion dem Prinzip Antwort und nicht dem Prinzip Deutung folgen (Heigl-Evers 2002, 55ff), heißt im Kontakt bewusst und dosiert auf das Gegenüber adäquat zu reagieren und nicht die Fähigkeit des Integrierens und Verstehens von Deutungen voraus zu setzen, sondern viel Zeit auf die Klärung von Lebenssituationen, Empfindungen, Gefühlen und deren Integration zu verwenden, um erspürend zu erkennen: Wie kann ich tun, was ich möchte? Das authentische therapeutische Antworten ermöglicht Kontakt-, Beziehungs- und Lernerfahrung.

Sinnesorientiertheit

Alles, was hilft, die Sinne zu öffnen, zu erweitern und zu entwickeln, ist willkommen: Körperübungen, Atmen, Schauen, Hören, Riechen, Schmecken, Tasten. Das Einüben, Erkennen und Erspüren von Unterschieden auf sinnlicher Ebene fördert Körperschema, Sebstbewusstheit, Ganzheitsempfinden und den kognitiv-intellektuellen Bereich. Aus der Säuglingsforschung ist bekannt, dass Sinnlichkeit in Beziehung zum anderen Menschen ein direktes Bindeglied zum Interessse an der Welt darstellt.

Rhythmus

Die rhythmischen und zeitlichen Phänomene im Kontakt sind bedeutsam, weil der geistig behinderte Mensch in seiner Entwicklung verzögert ist und für Wahrnehmung, Informationsverarbeitung und Selbstausdruck mehr Zeit braucht. Direkter Einbezug von Rhythmen durch Bewegung, Klaschten und eventuell Musizieren ist hilfreich. Musiktherapie ist ein gutes Angebot in Kooperation mit der Psychotherapie.

Kontaktqualität

Viele Praktiker, die in diesem Bereich tätig sind, weisen darauf hin, dass der tragende Wirkfaktor in der psychotherapeutischen Arbeit mit behinderten Menschen der Kontakt selbst ist (Pörtner 2003, 177ff). Manchmal ist es wichtig, einfach Kontakt anzubieten, jene Kontaktqualitäten, die sich mit: warm, weich, angenehm, locker, flüssig, durchlässig und tragfähig beschreiben lassen. Es geht um eine wohltuende, liebevoll nährende Qualität des Kontakts. Die Erfahrung, dass es möglich ist, sich mitzuteilen und etwas Sinnerfülltes und Sinnvolles im Gegenüber zu bewirken, hebt reale und erlebte Isolation auf. Feuser schreibt dazu: „Wenn ein Mensch aufgrund hochgradiger interner oder externer Isolation ohne quantitativ und qualitativ ausreichende Austauschprozesse bleibt, muss er die entstehende informelle und soziale Deprivation kompensieren, seine intrasystemische Eigenzeit durch Rückgriff auf eigene (rhythmisch strukturierte) Tätigkeiten generieren, dadurch dass er sich selbst zum Objekt des Austausches macht, schaukelt, sich schlägt, schreit um sich zu hören. Dies führt zu dissoziativen psychischen Zuständen und zur Veränderung des Körperselbstbildes (Isolationskonzept)" (Feuser 2004, 10f). Die Erweiterung der Kontaktmöglichkeiten der KlientIn sollte immer wieder ein vorrangiges Ziel sein.

Weg der kleinen Schritte

Therapeutische Arbeit mit geistig behinderten Menschen verlangt die Bereitschaft, sich mit PatientInnen auf einen langen gemeinsamen Weg einzulassen. Dies geschieht in Abhängigkeit zu den – meist mit dem Umfeld formulierten – Therapiezielen. Unrealistische Therapieziele führen zu beiderseitigen Enttäuschungen. Ergebnisse und Ziele liegen oft in einem Bereich der kleinsten Fortschritte. Das erfordert Geduld und ein Messen der Ergebnisse mit der Goldwaage.

Förderung der Kräfte zur Selbstorganisation

Alle Maßnahmen, die Selbstständigkeit, Selbstorganisationskräfte und Autonomie des behinderten Menschen stärken, sind ins Zentrum der therapeutischen Aufmerksamkeit zu rücken. Im Rahmen von Vernetzungsgesprächen werden diese Maßnahmen immer wieder gemeinsam erörtert. Ohne den Einbezug des betreuenden Umfelds durch regelmäßige Gespräche mit BetreuerInnen und Eltern ist eine Psychotherapie mit geistig behinderten Menschen schwer möglich. BetreuerInnen und Eltern übernehmen in vielen Bereichen eine Hilfs-Ich Funktion im alltäglichen Leben. Mit BetreuerInnen hat sich die Form eines kollegialen Austausches im Rahmen der Therapie, die die Beziehungsgestaltung zum betreuten Klienten in den Vordergrund stellt, als nützlich erwiesen. Hier fließen wechselseitige Wünsche und Bedürfnisse und die Förderungssituation aus der Konstellation Betreuer – Klient – Organisation in den Austausch ein. Diese Gespräche haben nicht den Rang und das Setting einer Supervision. BeteuerIn, KlientIn und TherapeutIn sind im gleichen Raum anwesend und reden miteinander. Auf diese Weise kann im therapeutischen Raum ein direkter und realistischer Kontakt zur Lebensrealität der KlientInnen gewährleistet werden. Das Erarbeiten einer gemeinsamen Perspektive, der an der Betreuung des behinderten Menschen Beteiligten, ist von entscheidender Bedeutung für den positiven Ausgang der Therapie und aller anderen rehabilitativen Maßnahmen (Berger 2002, 332ff).

Interdisziplinäre Zusammenarbeit

Die Begleitung des therapeutischen Prozesses im Austausch mit entsprechenden FachärztInnen ist unerlässlich, da ihnen die medizinische und medikamentöse Therapieplanung obliegt. Der Austausch ist nicht selbstverständlich und nicht immer leicht, aber sinnvoll für eine fruchtbringende Kooperation. Ohne die Abklärung medizinischer Voraussetzungen können schwere therapeutische Fehler passieren.

Elternarbeit

Die Elternarbeit verlangt einen Zugang, der die Eltern stützt und ihre Reaktionsmöglichkeiten erweitern hilft, ohne dass sie sich von Ihren Kindern „therapeutisch" distanzieren, sondern ihre Aufgaben und Rollen als Eltern erkennen und wahrnehmen.

Eltern sollten durch regelmäßig stattfindende Gespräche in Einzel- oder Gruppenform in die Therapie miteinbezogen werden. Die Belastungen der Familien mit behinderten Kindern sind oft immens. Unterstützung und Entlastung ist hier anzubieten und mit zu organisieren. Die Phase der Ablösung von der Stammfamilie beim Übergang in eine andere Lebensform außerhalb der Familie ist von besonderer Bedeutung in diesem Arbeitsfeld. Das gegenseitige Loslassen wird durch forciertes Tun nur erschwert oder gar verhindert. Geeignete Unterstützung bei der Entflechtung eng verwobener schicksalshafter Verhältnisse bietet meist bessere Entwicklungschancen für alle Beteiligten. Die Familie ist jenes soziale System, das die künftigen Lebensmöglichkeiten behinderter Menschen entscheidend beeinflusst, auch dann, wenn ein direkter Kontakt zu Familienangehörigen nicht möglich oder nicht erwünscht ist, was bei jenen PatientInnen, die längere Zeit in Institutionen untergebracht waren, immer wieder vorkommt. Aus meiner Erfahrung hat sich jedoch jede Form von Zwangskontakt mit Anghörigen als ungünstig erwiesen.

Die Lebenswelt geistig behinderter Menschen

Integration und Normalisierung sind Leitkonzepte in der Behindertenarbeit. Integration bedeutet Wiederherstellung oder Erlangung der Teilhabe an möglichst allen Lebensbereichen, sodass das Leben mit geistiger Behinderung soweit als möglich an ein normales Dasein heranreicht. Im Folgenden möchte ich versuchen, die Lebenswelt geistig behinderter Menschen exemplarisch anhand der Bereiche Wohnen, Arbeit und Freizeit, Freundschaft und Sexualität darzustellen. Da die von mir begleiteten KlientInnen Jugendliche und Erwachsene sind, werde ich auf die Bereiche, die für die Arbeit mit Kindern spezifisch sind (z. B. Frühförderung, Kindergarten und Schule) hier nicht eingehen.

Wohnen

Die Reintegration behinderter Menschen nach psychiatrischer Langzeithospitalisation in gemeinwesenintegrierte Wohn- und Lebensformen wurde ab Ende der 1980er Jahre in Angriff genommen. Im Jahr 1996 lebten nach einer Studie der ARGE Wohnplätze unter der Leitung von Ernst Berger (Berger et al 2003) noch etwa 150 behinderte Menschen fehlplatziert in psychiatrischen Krankenhausstationen in Wien, für die ab 1997 Wohnplätze geschaffen wurden. Die letzte Phase der Ausgliederung aus psychiatrischen Institutionen betraf die Gruppe psychiatrisch und somatisch schwer behinderter Menschen und wurde schließlich 1997 gestartet und 2001 erfolgreich abgeschlossen. Auch in anderen europäischen Ländern wurden einschlägige Projekte etwa im selben Zeitraum realisiert. Durch die Ausgliederung wurde die Lebensqualität für die behinderten Menschen erheblich verbessert. In den Wohngemeinschaften ist die Zugänglichkeit zu lebensrelevanten Bereichen (Freizeitgestaltung, Mobilität im öffentlichen Raum etc.) in hohem Ausmaß gegeben und ein Mehr an Privatsphäre gewährleistet. Zum Erschließen von Freizeitaktivitäten außerhalb der Wohngemeinschaft braucht es besondere Anregung durch sozialpädagogisch geschulte BetreuerInnen. Diese haben in der Regel auch eine höhere Einschätzung der Lernbereitschaft ihrer Klientel. Die Frage nach der Lernfähigkeit der KlientInnen hat sich als markanter Untersuchungs-Parameter erwiesen: So schließen laut Berger et al BetreuerInnen von Wohngemeinschaften weitere Lernfähigkeit nur in etwa 10% aus, während in 90% Lernfähigkeit zugeschrieben wird. Von den KrankenhausmitarbeiterInnen wird Lernfähigkeit hingegen bei fast 40% der KlientInnen ausgeschlossen. Im Rahmen von Übersiedlungen zeigt der psychopathologische Befund deutliche Veränderungen. Es kommt in den meisten Fällen zu einer Intensivierung der Psychopathologie (Irritationsphase) auf die in den folgenden Monaten eine Stabilisierung auf Ausgangsniveau (Stabilisierungsphase) folgt. Diese Phasen von Veränderung und Ablösung betreffen vor allem die Gruppe von jugendlichen KlientInnen mit Behinderung und Verhaltensauffälligkeiten (dual diagnosis), die sich durch das Älterwerden aus ihren Herkunftsfamilien bzw. Betreuungsinstitutionen für behinderte Jugendliche lösen müssen, und verlangen von Seiten der Psychotherapie besonders stützende Vorgangsweisen. Für diese Gruppe besteht ein kontinuierlicher Bedarf an betreuten Wohnangeboten und entsprechenden strukturellen Interventionen, die deren Entstehen fördern.

Arbeit

Das Arbeitsleben vollzieht sich im Rahmen von Behinderteneinrichtungen, meist als Beschäftigungstherapie, und ist gering entlohnt. Menschen, die ohne Unterstützung eines Rollstuhls nicht mobil sind oder schwere Verhaltens- und Orientierungsprobleme haben, werden mit Fahrtendiensten morgens in die Werkstätten gebracht und nachmittags abgeholt. Da diese Dienste meist überlastet sind, dauern die Fahrten oft Stunden und stellen eine ziemliche physische und psychische Belastung für die KlientInnen dar.

Je nach Behinderungsgrad der betreuten Klientel sind die Anforderungen in den verschiedenen Werkstätten unterschiedlich. Das reicht von Angeboten basaler Förderpädagoik bei schwerst behinderten Menschen über Beschäftigungstherapie bis hin zu Projekten, wo durchaus kreative handwerkliche Tätigkeiten durchgeführt werden und z. B. Waren für den

Verkauf in eigenen Läden produziert werden. In den Berichten meiner PatientInnen kommt es aber auch immer wieder vor, dass in Werkstätten, die einfache Industriearbeiten durchführen, keine Arbeit vorhanden ist, weil es an Zulieferfirmen fehlt.

Die Integration in den ersten Arbeitsmarkt ist bei den von mir betreueten PatientInnen die Ausnahme. Erwerbsarbeit, die den eigenen Lebensunterhalt sichern kann, ist selten und doch soll Arbeit auch dazu beitragen, den Statuswechsel von Leitstungsbezieher zu Beitragszahler zu ermöglichen. Der soziale und rehabilitative Charakter von Arbeit steht im Vordergrund und sollte besser durch den Begriff der sinnerfüllten Tätigkeit, die eine den persönlichen Fähigkeiten entsprechende Teilhabe am Leben ermöglicht, ersetzt werden.

Im psychotherapeutischen Prozess nimmt der Themenbereich Arbeit einen zentralen Raum ein, einige Aspekte möchte ich hier aufgreifen.

Planvolles Handeln und Interaktion

Generelle Schwierigkeiten zum planvollen, gezielten Handeln erfordern ein schrittweises Hinführen zu den Tätigkeiten und ein oftmaliges Wiederholen und Üben. Dazu kommen Probleme mit der Kommunikation und sozialen Interaktion – Schwierigkeiten, Sprache zur Vermittlung des Eigenen zu verwenden.

Aufbau und Erhaltung einer Tagesstruktur

Tagesstrukturen einzuhalten und einer geregelten Tätigkeit nachzugehen, erfordert komplexe physische und psychische Fähigkeiten, die erst gelernt werden müssen. Die Fähigkeit, zeitliche Vereinbarungen einhalten zu können, ist dabei ein guter Indikator.

Selbststrukturierungsfähigkeiten und Selbstorganisation

Eine Arbeit selbst einteilen und verrichten zu können, ist ein zentrales selbstwertstärkendes Element. Diese basalen Übungs- und Lernaufgaben brauchen sehr viel Zeit und Geduld und setzen einen oft intensiven Einzelkontakt voraus, damit sie auf einem leistbaren Funktionsniveau erlernt werden können.

Leo Käfer

Auseinandersetzung mit der Behinderung

Im Vergleich zu den Möglichkeiten der sogenannten Normalen, insbesonders im Hinblick auf Geschwister und Familienangehörige, müssen sich geistig Behinderte schmerzhaft mit den eigenen Leistungsgrenzen konfrontieren. Letztlich auch mit der Tatsache, dass der Lebensunterhalt nicht aus der eigenen Arbeit bestritten werden kann.

Die Bearbeitung der belastenden Themen des Nicht-Könnens und Scheiterns sind zentrale Elemente der Psychotherapie, um das Anerkennen eigener Möglichkeiten und Fähigkeiten und das Erlernen von Sozial- und Handlungskompetenz erst zu ermöglichen. Das bedeutet auch für die TherapeutIn sich permanent mit eigenen Möglichkeiten und Grenzen sowie mit dem Umgang eigenen Unvermögens auseinander zu setzen. Oft besteht eine unüberbrückbare Differenz zwischen Wunschvorstellugen und Phantasien und der lebbaren Realität, und es kommt zu einem ständigen Wechel zwischen Über- und Unterforderung im Arbeitsleben.

Freizeit

Von Wohn- und Werkstätteneinrichtungen werden in regelmäßigen Abständen Urlaubsaktionen druchgeführt, den Klienten steht es frei daran teilzunehmen. Die Betreuerin eines schwerst behinderten Klienten berichtet, dass dieser sich auf Urlaub vollkommen anderes verhält als zu Hause: Er ist offen und frei, geht herum, schaut sich Blumen und Gräser an und sitzt ganz selig in der Wiese. Zuhause zieht er sich zurück, greift seine Mitbewohner aggressiv an, sitzt schaukelnd in einer Ecke.

Einer meiner Klienten ist Mitglied in einem Schwimmverband für behinderte Menschen. Der Sport ist für ihn ein wichtiger Ausgleich, es hat etwas Identitätstiftendes, sich in der Rolle des Sportlers zu begreifen. Immer wieder erzählt er mir aus seinem Training, von den Gerätschaften zur Messung der Zeit, von der Beobachtung des korrekten Verhaltens der Schwimmer im Verein. An den Special Olympics hat er verletzungsbedingt nicht teilnehmen können. Zielorientierung, Konkurrenz und Kooperation können in diesen Gesprächen bearbeitet werden.

Eine meiner Klientinnen, die seit frühester Kindheit unter einer spastischen Parese leidet und gern singt, wurde durch Vermittlung einer Betreuerin der Behindertenwerkstätte die Teilnahme an einer Gesangsrunde in einem Nachbarschaftszentrum ermöglicht, wo sie gut aufgenommen wurde und mit Freude mitsingt. Im Sinne der Integration geht es um ein Hinführen zur Teilnahme an Freizeitaktivitäten mit nicht behinderten Menschen zur Erweiterung der sozialen Erfahrungen und des Erlebnishorizonts.

Freundschaft, Sexualität, Intimität

Für zeitgemäße sozialpädagogische/sozialtherapeutische Behandlungkonzepte scheint es mir unerlässlich in Bezug auf Freundschaft und Sexualität und das Recht auf Intimität eindeutige Werthaltungen zu vertreten und auch vorzuleben.

Die Pflege von Freundschaften erfordert die Fähigkeit, Kontakt herstellen und halten zu können und etwas Gemeinsames zu entwickeln. Gleichgesinnte Freunde zu finden, ist für den geistig behinderten Menschen nicht immer leicht. Oft richten sich Beziehungswünsche leichter an BetreuerInnen.

Sogar bis in die jüngere Geschichte war es durchaus üblich, geistig Behinderte zu sterilisieren. Heute ist Sterilisation bei nicht gegebener Einsichts- und damit Einwilligungsfähigkeit höchst umstritten (vgl. Neuhäuser/ Steinhausen 2003). In den Wohngemeinschaften wird es immer wieder möglich und ist im Sinne einer möglichst an der Normalität angepassten Lebensgestaltung auch erwünscht, dass BewohnerInnen partnerschaftliche Intimität und sexuelle Beziehungen leben können.

Exzessive sexuelle Auffälligkeiten sind im Allgemeinen nicht als gesteigerte Triebhaftigkeit zu werten, sondern eher als Ausdruck von Ablösungsproblemen, von Problemen der Isolation oder eines geringen Selbstwertgefühls. Dranghaftes Masturbieren kann in diesem Kontext auch als eine Form der Autostimulation verstanden werden.

Die soziale Interaktion in der peer group ist durch die Bedingungen der Behinderung erschwert. Damit zwischenmenschliche Kommunikation in Gruppen mit behinderten Menschen entstehen kann, bedarf es besonderer Förderung und Angebote sozialpädagogisch orientierter Gruppenaktivitäten und Gruppenpsychotherapie. Hausparlamente, die in den Wohngemeinschaften und Werkstätten stattfinden, bieten Rahmen und Lernfeld für das Einbringen von Lebensgestaltungs- und Freizeitwünschen.

Leo Käfer

Gruppenpsychotherapie mit geistig behinderten Menschen

Theoretische Ansätze zu kognitiven und sozialen Grundlagen der Interaktion

In der therapeutischen Gruppe finden wir in der Regel die Spiegelung der gesellschaftlichen Situation. Die isolatorischen Bedingungen, unter denen behinderte Menschen in der Gesellschaft leben, finden ihren Ausdruck auch im Gruppengeschehen und können dort bearbeitet werden. Ein Kernproblem besteht darin, stärker auf die Hilfe und Unterstützung durch andere angewiesen zu sein. Der Entwicklungsprozess der Gruppe zeigt sich unter anderem an einer Verlängerung der Abhängigkeit zum Leiter und an einer über lange Strecken sternförmigen Kommunikationsstruktur. Eine der herausforderndsten Tätigkeiten zur Stärkung der Autonomie der TeilnehmerInnen besteht für mich als Gruppenleiter darin, diese Abhängigkeitswünsche ständig und planmäßig durch Verweis auf die Gruppe zu bearbeiten. So kann allmählich deutlicher werden, dass im Schutzraum der Gruppe auch miteinander gehandelt, gesprochen und gelebt werden kann. Im gemächlichen Tempo verzögerter Bewegung gelingt es allmählich, eine untereinander vernetzte Kommunikation zu etablieren, die gegenseitige Unterstützung möglich macht. Durch regelmäßigen kollegialen Austausch mit den BetreuerInnen soll sicher gestellt werden, dass Gelerntes teilweise in den Alltag von Wohngemeinschaft und Werkstätte transferiert wird.

Hervorzuheben ist die häufig zu beobachtende Schwierigkeit, eine Lebenssitatuion, die innerlich bewegt, geordnet darzustellen. Diese Fähigkeit zur Darstellung persönlicher Anliegen, muss vielfach erst übend erarbeitet werden. Dies geschieht im Zuge minutiöser Kleinarbeit über viele Wiederholungen, in deren Verlauf sich vorerst stark isolierte Einzelteile langsam zu einem Erlebnisganzen fügen. Andererseits werden Erlebnisse, die starke affektive Besetzung haben, mit geringerer Variationsbreite als beim nicht behinderten Menschen ständig wiederholt. Ungeduldiges Intervenieren wirkt hier oft verstörend. Die Berücksichtigung von sprachlichen und kognitiven Problemen, die einen schwerwiegenden Einfluss auf die Fähigkeit zur sozialen Interaktion haben, ist entscheidend. Sarimski (2003b, 51) eröffnet Perspektiven zur psychologischen Theorie der Intelligenzminderung.

Zum Gelingen sozialer Integration braucht es ein Verständnis der Schwierigkeiten, die ein Kind, Jugendlicher oder Erwachsener bei der Aneignung sozialer, kognitiver, sprachlicher Kompetenzen hat. Brauchbare Konzepte zur Beschreibung kognitiver Prozesse für die Erklärung von Entwicklungsverläufen und Dissoziationen zwischen Fähigkeitsbereichen lassen sich wie folgt darlegen:

Das symbolische Rollenspiel ist beim geistig Behinderten erschwert, weil die Abstimmung der Aufmerksamkeit, die Fähigkeit zur Nachahmung eines Modells und die Handlungsplanung erschwert sind. Wenn gerichtete Aufmerksamkeit vorhanden ist, gegenstandsbezogene und soziale Informationen miteinander verbunden werden können und eine Initiative zur Kommunikation durch Gesten und Blicke erfolgt, so sind die Voraussetzungen für eine weiterhin günstige Sprachentwicklung gegeben. Sätze können nur gebildet werden, wenn sprachliche Information sequentiell verarbeitet wird. Satzbilder werden nicht erworben, weil die Merkfähigkeit begrenzt ist. Schwierigkeiten der Gesprächsführung (pragmatische Defizite) lassen sich als Teilaspekt allgemeiner Defizite in der exekutiven Funktion interpretieren, die es erschweren, auf Fragen einzugehen, Mitteilungen so zu formulieren, dass der Zuhörer alle Informationen erhält, auf die er zum Verständnis angewiesen ist, und Missverständnisse durch Nachfragen oder klärende Ergänzungen aufgelöst werden können. Für gelingende soziale Interaktion mit Gleichaltrigen braucht man die Fähigkeit zum Erfassen sozial relevanter Hinweise, eine angemesse Situationsbewertung, das Wissen um Strategien zur Abstimmung von Zielen und Lösung von Konflikten sowie die Antizipation von Konsequenzen des eignenen Handelns. Schwierigkeiten der Aufmerksamkeitssteuerung, Speicherung und Selbstregulation bei der Problemlösung erschweren den Erwerb solcher sozialer Kompetenzen. Untersuchungen mit bildgebenden Verfahren zeigen, dass bei manchen biologisch determinierten Syndromen bestimmte Hirnareale in ihrer Entwicklung stärker beeinträchtigt sind als andere. Die Zusammenhänge zwischen genetischer Disposition, veränderter Hinreifung und kognitiver Beeinträchtigung sind nicht schlüssig nachvollziehbar und bleiben daher sehr fragwürdig, sollen aber als Forschungstendenz hier genannt sein. Geistige Behinderung ist keine homogene Entwicklungsretardierung aller kognitiven Fähigkeiten. Diese sind personenbezogen genau festzustellen, um daraus individuelle Handlungsmöglichkeiten zu entwickeln. „Frühe psychologische Ansätze hoben einzelne Defizite hervor z. B. eine besondere Rigidität der Verarbeitungsprozesse (Lewin, Kounin), eine Reizspurschwäche (Ellis) oder fehlende sprachliche Mediation von Erfahrungen (Luria), die nicht klar voneinander abzugrenzen waren und dem Gesamtbild des Verhaltens von Menschen mit Behinderung nicht gerecht werden. Weiterführende Theoriebildungen sind dagegen bemüht die einzelnen Befunde in ein Modell hierarchischer Komponenten der Informationsverarbeitung zu integrieren" (Sarimski 2003b, 46f).

Kurt Lewin und seine „Dynamische Theorie des Schwachsinnigen"

Lewin formulierte 1933 erstmals seine „Dynamische Theorie des Schwachsinnigen", die in der Folge von Kounin (1941) weiterentwickelt wurde und unter der Bezeichnung Rigiditätstheorie in die fachliche Diskussion zur Erklärung von Intelligenzminderung Eingang gefunden hat und eine der ersten und einflussreichsten psychologischen Theorien der geistigen Retardierung darstellt.

Zu dieser Zeit war „Schwachsinn" nach Kraepelin noch der gängige Begriff. Lewin schreibt: „Die wichtigste dynamische Differenz zwischen einem schwachsinnigen und einem normalen Kind mit gleichem Differenzierungsgrad besteht in einer größeren Starrheit, der geringeren Fähigkeit zur dynamischen Umordnung im psychischen System des ersteren" (Lewin 1982, 210). Kurt Lewin definiert den Lebensraum als eine Wechselbeziehung zwischen Person und Umwelt. Das Verhalten einer Person ist immer eine Funktion des Lebensraumes. „Es ist heute Allgemeingut, dass der Schwachsinn keine isolierte Krankheit des Intellekts ist, sondern die Gesamtperson betrifft" (Lewin 1982, 225). Im Kontext einer allgemeinen theoretischen Erklärung der Intelligenzminderung ist Lewins Theorie heute überholt. Da Lewin aber als wesentlicher Theoretiker der Dynamischen Gruppenpsychotherapie gilt, sei sie hier ausführlich dargestellt.

Der intellektuelle Akt besteht beim Normalen wie beim geistig Behinderten in einer Umstrukturierung der Ganzheitsverhältnisse im Feld. Es kommt im Rahmen des Erkenntnisprozesses zum inneren Aufbau und Umbau von Erlebnissen, Inhalten und Gefühlen, die in ihrem Zusammenhang umstrukturiert werden, sodass wir zu einem Aha-Erlebnis gelangen. Die Natur dieser Umstrukturierung ist beim nicht Behinderten und beim geistig Behinderten gleich. Der wesentliche Unterschied besteht darin, dass der behinderte Mensch anschaulicher und konketer denkt als der nicht behinderte. Er ist also besser ihn auf einer konkreten Handlungsebene abzuholen und zu fördern. Es geht immer wieder um konkretes Einüben und Erlernen von Alltagshandlungen. Lewin erklärt die Schwierigkeiten auf intellektuellem Gebiet durch die Strukturierung des innerseelischen Systems. Unterschiede zwischen Personen werden durch den Differenzierungsgrad, die Materialeigenschaft, den Spannungsgrad und die persönliche inhaltliche Bedeutung des seelischen Systems beschrieben. Die Lebensperspektive, die ein Mensch in verschiedenen Bereichen entwickelt, kann durch diese Unterschiede erfasst werden. Ein 40jähriger sieht seinen Arbeitsbereich differenzierter als ein 4jähriges Kind seine Kindergartenumgebung. Das Kind wird jedoch seelisch weicher und flexibler reagieren als der 40jährige und seine inneren Spannungen auf anderen Wegen verarbeiten. Persönliche Wertigkeiten, innere Haltungen und Einstellungen des Erlebens unterscheiden sich ebenfalls in Abhängigkeit von den Vorerfahrungen und der Lebensumgebung. Für den geistig behinderten Menschen findet Lewin folgende Ableitungen: Er untersuchte Aspekte des Willens und der Bedürfnisse experimentell an 6–12jährigen Kindern aus „Hilfsschulen" mit den Diagnosen „Debilität" und „Imbezillität". Das entspricht in heutiger Diktion der Allgemeinen Sonderschule und den Diagnosen F 70 (leichte Intelligenzminderung, einem IQ von 50–69 und einem Entwicklungsalter beim Erwachsenen von 9–12 Jahren) und F 71 (mittelgradige Intelligenzminderung, einem IQ von 35–49 und einem Entwicklungsalter beim Erwachsenen von 6–9 Jahren). Zusammenfassend kam er in seinen Untersuchungen zu folgenden Ergebnissen: Das seelische System des geistig behinderten Menschen ist insgesamt starrer und unbeweglicher als das des nicht behinderten Menschen. Bei geistiger Behinderung ist das Entwicklungstempo langsamer, Differenzierungen werden langsamer ausgebildet, wahrgenommen und erlernt. Ein wesentliches Merkmal besteht in der Starrheit der Willensziele. Diese Starrheit ist ein Ausdruck der Hilflosigkeit bei der Orientierung in einer gegeben Situation (Lewin 1982, 239 ff). Einzelne Lebenssituationen sind in hohem Grade gegeneinander abgeschlossene Gestalten, sodass sich der geistig behinderte Mensch entweder in der einen oder in der anderen Situation befindet und das Verfügbar-Machen mehrerer sich überlagernder Situationen schwierig ist. Praktisch heißt das, dass eine Person, mit der ich vor 30 Minuten in der Gruppe gearbeitet habe, mich auf der Straße nicht wieder erkennt, einfach weil der Situationswechsel nicht gelingt. Aus dieser Schwierigkeit, Situationen zu wechseln oder innerlich zu strukturieren, entsteht oft Hilflosigkeit, Angst und Verwirrung. Besonders in Konflikten müssen zwei Lebenssituationen, vergegenwärtigt und voneinader getrennt, bis zu einer Entscheidung in Schwebe gehalten werden. Da dies für geistig behinderte Menschen schwierig ist, leiden sie unter Konfliktsituationen besonders und es kommt zu starken affektiven Reaktionen oder deren Unterdrückung (Lewin 1982, 225ff).

Isolationskonzept und Bindungstheorie

Zigler (1963) stellte fest, dass rigides Verhalten nicht die Folge einer zum Schwachsinn gehörenden Rigidität ist, sondern die Folge der isolatorischen Lebensbedingungen dieser Menschen. Jantzen, der Begründer der kulturhistorischen Behindertenpädagogik und -therapie, formulierte 1979 sein für die Arbeit mit geistig Behinderten relevantes Isolationskonzept. Er beschreibt Isolation – die Störung der Austauschprozesse des Individuums mit seiner Umwelt – als Kernproblem der psychopathologischen Symptombildung. Die Umkehrung dieses Vorganges bedeutet Überwindung von Isolation und ist die Voraussetzung der Reduktion psychopathologischer Symptome (Jantzen 1979, 1987). Durch die Einschränkung der Möglichkeiten des Austausches entsteht Isolation. Wenn sich die Entwicklung eines Menschen unter isolierenden Bedingungen vollzieht, so sind seine Aneignungsprozesse beeinträchtigt und die Abbilder in seiner Wahrnehmung sind inadäquat. Diese Wahrnehmungseinschränkungen führen zu Konflikten, negativen Emotionen etc. und halten auf diese Weise isolierende Bedingungen aufrecht. Geistige Behinderung ist per se keine psychische Erkrankung, kann aber mit einer solchen einhergehen. Als isolatorische Bedingungen können einerseits die Zersörung organischer Strukturen und andererseits Deprivation, d. h. mangelde Ausbildung von Strukturen durch einen Mangel an Übung betrachtet werden (Berger 2004). Den Aspekt sozialer Isolation beleuchtet Bowlby in seiner psychonalytisch orientierten Bindungstheorie.

Bindung bezeichnet jenen Zustand, in dem ein Individuum mit einem anderen emotional verbunden ist. Bowlby befasste sich mit den Folgen sozialer Deprivation, die durch frühe Kontaktentbehrungserfahrungen (Mutterentbehrung) enstehen können. Stern und Dornes, auf die in dieser Arbeit im Rahmen der Interaktionsanalyse des Gruppenprozesses Bezug genommen wird, konnten aus der direkten Beobachtung der Interaktion zwischen Mutter und Säugling ein neues Bild der frühen Kontakterfahrungen gewinnen. Erkenntnisse der Säuglingsforschung erneuerten das Menschenbild der Psychoanalyse. Der Säugling ist demnach von Anfang an kontakt- und interaktionsfähig und in regem affektiven Austausch mit seinen Bezugspersonen und Lernprozessen seiner Umwelt. Nur bei massiven und immer wiederkehrenden Störungen dieser Interaktionsabläufe entstehen unsichere und pathologische Bindungsformen, die psychische Erkrankungen begünstigen und Isolation aufrechterhalten.

Theoretische Verweise zum Einsatz körperbezogener Interventionen

„Ein Mensch mit geistiger Behinderung hat eine spezifische Beziehung zu seinem Körper, der oft von Geburt an Subjekt intensiver Fürsorge und Therapie war und nicht selten das Niemandsland zwischen Leben und Tod kennen gelernt hat. Das geistig behinderte Individuum wird hauptsächlich über seine Identifikation mit dem Körper gesehen. Zwischen seinem Köper-Selbst und seinem geistigen symbolischen Selbst gibt es wenig Raum. Er wird etwa mit Trisomie 21, mit Herzproblemen oder Spastik identifiziert" (Morelle 1997, 76). Ein körpertherapeutischer Ansatz eignet sich gut, hier einen bewussten Zugang zur Lebensgeschichte sowohl auf verbaler als auch auf nonverbaler Ebene zu eröffnen, um Entwicklung anzuregen und zu ermöglichen.

Die im folgenden Fallbeispiel beschriebene körperbezogene Intervention half der Gruppe, soweit Orientierung im Hier und Jetzt zu erlangen, dass ein Austausch zwischen Personen stattfinden konnte. Jedes Mal wenn der Verlust der Orientierung und die Gefühle von Verwirrung, Angst und Hilflosigkeit überhand nahmen, war dieses Vorgehen hilfreich. Vom Körperempfinden her aufgebaute Konzentration stellt eine gute Möglichkeit dar, zu gesammelter Aufmerksamkeit zu finden, auf deren Basis Austausch möglich werden kann. Für die anleitende Person ist es dabei diagnostisch und methodisch entscheidend, auf die Qualität eigener Empfindungen zu achten. Den Zeitraum, in dem die Konzentration in der Gruppe gehalten werden kann und ein Austausch zwischen Personen möglich ist, nenne ich die Arbeitsbasis. Die weiteren Ausführungen sollen Hilfestellung für die Arbeit mit Gruppen behinderter Menschen und Orientierung in Situationen geben, die durch hohe Angstspannung und die damit verbundene Tendenz zum Abreißen des Kontakts gekennzeichnet sind.

Fallbeispiel aus einem Gruppenprozess

Ich werde im folgenden Praxis und Theorie im Wechselspiel darstellen und ein Werkzeug für die Gruppenarbeit mit behinderten Menschen anbieten. In der Tradition der Dynamischen Gruppenpsychotherapie werden Gruppenprozesse vor dem Hintergrund eines Gruppenmodells reflektiert (vgl. Majce-Egger 1999, 250f). Das systemisch orientierte Mikado Modell (Milowiz/Käfer 1989) eignet sich in diesem Fall gut als theoretisches Hintergrundmodell, da es die Etablierung neuer Verhaltensweisen im Ablauf eines Gruppenprozesses beschreibt, dadurch den Einsatz zielgerichteter Interventionen ermöglicht, die die Basis für soziale Lernerfahrungen durch die Kräfte der Gruppe fördern.

Der Ablauf der Phasen ist spiralförmig vorstellbar:

Phase 1: Unzufriedenheit – Stagnation
Phase 2: Experimentieren mit neuen Verhaltensweisen
Phase 3: Einführung eines neuen Verhaltens
Phase 4: Generalisierung und Euphorie

Eingangssituation in der Gruppe, Analyse der IST-Situation

Klientel und Setting

Ich habe in den letzten Jahren meist in Kooperation mit Kolleginnen mehrere Gruppen geleitet, deren Klientel zum Großteil in Behindertenorganisationen gelebt und gearbeitet hat.

Die meisten PatientInnen waren mit einer psychiatrischen Diagnose und der Diagnose Intelligenzminderung befundet worden. Insgesamt waren es etwa 50 Personen im Alter von 17 bis 55 Jahren, die an diesen Gruppen teilnahmen.

Eine unserer Eingangsvoraussetzungen war, dass die PatientInnen aktiv sprachfähig sein sollten. Bei der beschriebenen Gruppe handelte es sich um eine Kleingruppe bestehend aus sieben Personen. Die Sitzungen der Gruppe fanden 14tägig statt. Zum Zeitpunkt dieses Berichts hat die Gruppe ein halbes Jahr miteinander gearbeitet. Die im Folgenden beschriebene Prozess-Sequenz ist eine Rekonstruktion aus dem Gedächtnis (zur Erläuterung des Gruppenprozesses sind Kommentare kursiv eingefügt).

Der Gruppenprozess

A (w) ist heute nicht in der Gruppe.
Meist kämpft diese Teilnehmerin mit der Phantasie, dass sie böse angeschaut und von uns nicht gemocht wird.

Th (m): „A ist heute nicht bei uns. Sie nimmt an den Special Olympics teil."
Keine Reaktion aus der Gruppe.

B (m) ist ruhig und zurückhaltend nach innen orientiert und blickt zur Therapeutin.
Ich nehme B wie beschrieben wahr, weder ich noch meine Kollegin reagieren verbal auf ihn.

C (w) in körperlicher Hochspannung mit einer Selbstverletzung befasst.
Diese Verletzung zog sie sich zu, als ihr Freund und Lebensgefährte die gemeinsame Wohnung verließ, um sich von ihr abzugrenzen.

D (w) orientiert sich mit ihren Blicken am Therapeutenpaar.
Ich habe die Vermutung, dass es ihr darum geht, unsere Beziehung zu beschützen und dass sie uns in der Übertragung als Elternfiguren wahrnimmt.

E (m) ist zurückhaltend, er dämmert vor sich hin.
Diesen Dämmerzustand hat er schon öfter als Abenteuerschlaf bezeichnet. Wir haben die Vermutung, dass es sich dabei um oral getönte Sexualphantasien handelt.

F (m) bricht in einem gewaltigen und wirren Wortschwall heraus. Er redet davon, was er alles kann.
Seine Sprache ist inhaltlich verwaschen. Es ist nur schwer zu verstehen, was er meint. Eine hohe Angstspannung, die auch ich spüre, findet in seinen Worten ungerichteten Ausdruck. Die Gruppe reagiert nicht, übergeht ihn.

Th (w): „Ich bekomme Angst, wenn du so mit uns sprichst."
Durch das Offenbaren eigenen Gefühls bringt sich die Therapeutin ein,
verdeutlicht die affektive Qualität der Situation und benennt ihre eigene
Unsicherheit. Akzeptanz der Situation wirkt als unterstützende, prozessfördernde
Intervention.

Mikadomodell, Phase 1: Unzufriedenheit –Stagnation
Th (m) ich atme bewusst und hörbar.
Angstspannung und Fragmentierung sind in dieser Situation deutlich spürbar.
Ich versuche durch bewusste Atmung in dieser wachsam da zu bleiben. Innerlich
bin ich bei Klientin C, die sich eine Verletzung zugefügt hat, und habe die
Phantasie, dass eine ebensolche Angst in der Auseinandersetzung zwischen ihr
und ihrem Freund immer wieder zum Kontaktabbruch geführt hat, spreche
das jedoch nicht aus, da deutende Interventionen meist nicht angenommen
werden können. Wie ich auf sie jetzt reagieren könnte, fällt mir nicht ein. Ich
bin blockiert. Ich lasse an dieser Stelle im Blick auf die Gruppe als Gesamtes
ein inneres Bild entstehen, um mich an die Gefühlstönung dieser menschlichen
Wetterlandschaft anzunähern:

Es taucht eine moderne Großstadt mit Wolkenkratzern auf. Der Himmel ist
voll heißem Smog, schwarz und bewölkt. Regen und Gewitter bleiben in der
Spannung der dunklen Wolken verborgen undeutlich hängen. Das Erspüren
der atmosphärischen Qualität einer Situation ist, wie Stern gezeigt hat, in der
frühen Säuglingsentwicklung von wesentlicher Bedeutung (Stern 1990, 1992).
Frühe Störungen der Kontaktatmosphäre zwischen Mutter und Kind bilden
sich im atmosphärischen der Gruppe immer wieder ab. Sie bleiben in einem
vorbewussten körperlichen Bereich, wo Sprachliches noch nicht entwickelt war.
Das auftauchende innere Bild wird von mir als eine Spiegelung der emotionalen
Qualität in der Gruppe aufgefasst. Im Sinne einer Affektabstimmung, eines
Affektattunements teile ich den momentanen emotionalen Zustand ohne ihn
exakt zu immitieren (vgl. Stern 1992, 203f). Er wird in Form dieses Bildes
für mich innerlich beschreibbar. Ich teile dieses innere Bild hier nicht mit.
Es geht um Verlassen-Werden, um Sexualität und um Angst, um emotionale
Fragmente, die im Raum Angstspannung erzeugen, und nicht verbalisierbar
sind. Ich interveniere nicht und bleibe mit der in mir entstandenen Angst
einfach möglichst wach da und dann:

D (w): „Ich will jetzt wieder turnen!"
D kennt meine körperbezognenen Interventionen zur Reduktion der Angstspannug und fordert sie an dieser Stelle ein.
Th (m) ich stehe auf und folge damit dem Wunsch von D und bitte die anderen auch aufzustehen.

Mikadomodell, Phase 2: Experimentieren mit neuen Verhaltensweisen.
Hier ist es möglich zu steuern, indem man einfach tut oder vorschlägt, was getan werden soll. Letztlich kommen alle im Kreis zum Stehen.
D (w) hebt beide Arme über den Kopf und geht in eine Streckung.
Th (w) stimmt nachahmend in die Bewegung ein.
Die Intervention folgt der Regel: Bewusst aufgreifen, was da ist.
Th (m) auch ich gehe hier in die Streckung und vertiefe dabei meine Atmung.
Ich bleibe gleichzeitig mit der Aufmerksamkeit bei meinen Fußsohlen und dem Kontakt mit dem Boden.
Das Therapeutenpaar und alle TeilnehmerInnen sind in Bewegung.
Es entstehen mehrere Bewegungsformen in der Gruppe. Diese werden in einem Wechsel von Führen und Folgen achtsam von uns gespiegelt. Auf diesem Weg – durch das Erspüren in der Bewegung – lernen wir einander kennen.
Die Teilnehmer führen verschiedene Bewegungen vor.

Mikadomodell, Phase 3: Einführung eines neuen Verhaltens.

Die Gruppe experimentiert mit den Bewegungsformen.
Inhalt und Vorgang ist eingeführt. Es findet gegenseitige Bestätigung durch das jeweilige Immitieren der Übungen des anderen statt.

Mikadomodell, Phase 4: Generalisierung und Euphorie.

Die folgende Sequenz veranschaulicht, wie durch die körpertherapeutische Intervention Angstspannung in der Gruppe reduziert werden konnte und eine Arbeitsbasis geschaffen wurde:

F (m) ist jetzt abwartend. Er berichtet im späteren Verlauf der Sitzung, emotional sehr bewegt, doch geordnet über eine tätliche Auseinandersetzung mit seinem Vater.

Der Klient hat sich sichtlich beruhigt und kann seinen Impuls, sofort herauszuplatzen aufschieben Es wird möglich, dass er in verständlicher Weise über sein Erlebnis mit dem Vater spricht.

B (m) weiterhin ruhig. Er berichtet ein wenig später über seine Tätigkeit in der Werkstätte, wo er mit dem Verpacken von Bohrmaschinen befasst ist. *Auch hier findet eine Selbstdarstellung statt, die vorher nicht möglich war.*

Phase1: Unsicherheit – Stagnation – Abwarten

C (w) wendet sich der Therapeutin zu und beginnt über ein Erlebnis mit Ihrem Freund zu sprechen: Am Sonntag war ich dann mit dem...
Hier wird der Ansatz zu einer neuen Verhaltensweise – direkt mit der Therapeutin Kontakt aufzunehmen – sichtbar (vorher wurde ungezielt in die Gruppe hineingesprochen).

Phase 2: Experimentieren mit neuen Verhaltensweisen

D (w): „Ich will auch einen Freund. Meine Mutter ist schon 70. Ich schlaf bei ihr im Bett. Sie hat nur eine kleine Wohnung. Ich muss Pulver nehmen, weil ich so unruhig bin und ich fürcht mich vor dem Spital."

Sie unterbricht C, ist in Konkurrenz zu ihr. Sie ist vom Ausdruck her klar und kann sich vermitteln, tut dies aber nicht an eine Person gerichtet. Das Verhalten des direkten Ansprechens hat sich nicht durchgesetzt. Die Teilnehmerin greift auf das In-die-Gruppe-Hineinsprechen zurück.

E (m) schaut D (w) direkt in die Augen, spricht sie aber nicht an.

Phase 2: Experimentieren mit neuen Verhaltensweisen

Th (m): „Wir können uns jetzt gegenseitig anschauen und dann direkt ansprechen."
Eine Rückmeldung von Beobachtungen.

Phase 3: Einführung eines neuen Verhaltens

Th (w) nimmt den unterbrochenen Dialog mit D(w) wieder auf.
Das Gruppenthema – Unterbrechung des Kontakts und seine Wiederherstellung – mündet in einen Dialog. Mein inneres Bild an dieser Stelle: Ein heißer Sommertag auf einer Landpartie. Schon anstrengend dieses zuviel an Hitze. Ein wenig miteinander sprechen das geht schon.

Überprüfung der Ziele durch die beobachtbare Wirkung

Unmittelbar nach der körperbezogenen Intervention ist Beruhigung eingetreten. Die Kontaktspanne kann länger gehalten werden. Auf der körperlichen, nonverbalen Ebene wird die Möglichkeit zum Augenkontakt ausprobiert. Erleben kann geordnet berichtet werden. Ein Dialog zwischen Teilnehmerin und Therapeutin kann beginnen. Der Austausch bleibt hier noch auf die Therapeutin fixiert. In meinem inneren Bild ist ein atmosphärischer Wechsel feststellbar. Viele Prozesse, die hier beschrieben wurden, sind letztlich aufgegangen.

Schluss

„Wenn es in einem kollektiven Prozess der Reflexion der biografischen Bedingungen gelingt, die Lebensgeschichte nachzuzeichnen und traumatisierende Ereignisse, Ausschließungsprozesse, Verlusterlebnisse der Erinnerung zugänglich zu machen, kann auf diese Weise ein Beitrag zur Konstituierung von Ich-Identität geleistet werden" (Berger 2007, 12). Ich hoffe mit dieser Arbeit einen kleinen bewussten Beitrag für ein zufriedenes gemeinsames Leben geleistet zu haben und danke herzlich allen, die mir dabei geholfen haben.

Literatur

Berger E (2002) Ist Rehabilitation ein planbarer Prozess? In: Feuser G, Berger E (Hgg) Erkennen und Handeln. Pro Business, Berlin, 332–347

Berger E (2003) Ausgliederung behinderter Menschen aus psychiatrischen Insitutionen. Das Wiener Deinstitutionalisierungsprojekt. Evaluationsstudie. Endbericht. http://www.univie.ac.at/kjnp-rehab-integra/projekt/deinstitutionalisierung_kurzfassung.htm (Datum des Abrufs: 18.08.08)

Berger E (2004) Lernmöglichkeiten und Autonomienentwicklung bei Menschen mit Beeinträchtigungen, Rothschild'sches Neurologisches Zentrum Rosenhügel und Medizinische Universität Wien. http://www.assista.org/files/Berger.pps (Datum des Abrufs: 18.08.08)

Berger E (2007) Psychotherapie für Menschen mit intellektueller Behinderung. In: Medizin für Menschen mit geistiger oder mehrfacher Behinderung 4, 10–16.

Bürgin D, Rost B (1997) Krankheiten in Kindheit und Jugend. In: Uexküll Th v, Adler R (Hgg) Psychosomatische Medizin. Urban und Schwarzenberg, München, 1131–1161

Dornes M (1993) Der kompetente Säugling. Fischer, Frankfurt

Feuser G (2004) Integration – eine conditio sine qua non humaner menschlicher Existenz. Abschlussvortrag anlässlich des 35. Sonderpädagogischen Wochenendes 12.–14.3.2004 in Dorum. http://www.feuser.uni.bremen.de/texte (Datum des Abrufs: 18.08.08)

Lewin K (1982) Regression, Retrogression und Entwicklung. In: Weinert E, Grundlach H (Hgg) Lewin Werkausgabe Bd 6. Psychologie der Entwicklung und Erziehung. Hans Huber, Bern, 293–337

Lewin K (1982) Eine dynamische Theorie des Schwachsinnigen. In: Weinert E, Grundlach H (Hgg) Lewin Werkausgabe Bd 6. Psychologie der Entwicklung und Erziehung. Hans Huber, Bern, 225–266

Häßler G, Häßler F (2005) Geistig Behinderte im Spiegel der Zeit. Thieme, Stuttgart

Heigl-Evers A, Ott J (Hgg) (2002) Die psychoanalytisch interaktionelle Methode. Theorie und Praxis. Vandenhoeck & Ruprecht, Göttingen

Jantzen W (1979) Grundriss einer allgemeinen Psychopathologie und Psychotherapie. Pahl-Rugenstein, Köln

Jantzen W (1987) Allgemeine Behindertenpädagogik, Bd 1. Beltz, Weinheim

Kounin J (1941) Experimental studies of rigidity. The measurement of rigidity in normal and feeble minded persons. In: Character and Personality, 251–272

Kronberger M L, Berger E (2007) Krankengeschichten und Diagnosen. In: Berger E (Hgg) Verfolgte Kindheit – Kinder und Jugendliche als Opfer der NS-Sozialverwaltung. Böhlau, Wien, 335–346

Majce-Egger M (1999) Methodik der Dynamischen Gruppenpsychotherapie. In: Majce-Egger M (Hg) Gruppentherapie und Gruppendynamik – Dynamische Gruppenpsychotherapie. Facultas Universitätsverlag, Wien, 237–254

Milowiz W, Käfer L (1989) Das Mikado Prozessmodell für Gruppen. In: Gruppenpsychotherapie und Gruppendynamik, Bd 25/2. Vandenhoek und Ruprecht, Göttingen, 127–140

Morelle C (1997) Selbstverletzung: Körper und geistige Behinderung. In Heinemann E, De Groef J (Hgg) Psychoanalyse und geistige Behinderung. Matthias Grünewald Verlag, Mainz, 74–81

Neuhäuser G, Steinhausen H C (Hgg) (2003) Geistige Behinderung. Grundlagen, Klinische Syndrome, Behandlung und Rehabilitation. Kohlhammer, Stuttgart

Pörtner M (2003): Brücken bauen, Menschen mit geistiger Behinderung verstehen und begleiten. Klett Cotta, Stuttgart

Remschmidt H et al (Hgg) (2001) Multiaxiales Klassifikationsschema ICD 10. Huber, Bern

Sarimski K (2003a) Psychologische Diagnostik. In: Neuhäuser G Steinhausen H C (Hgg) Geistige Behinderung. Grundlagen, Klinische Syndrome, Behandlung und Rehabilitation. Kohlhammer, Stuttgart, 55–70

Sarimski K (2003b): Psychologische Theorien geistiger Behinderung. In: Neuhäuser G Steinhausen H C (Hgg) Geistige Behinderung. Grundlagen, Klinische Syndrome, Behandlung und Rehabilitation. Kohlhammer, Stuttgart, 42–54

Schindler R et al (1993) Dokumentation der Methode Dynamische Gruppenpsychotherapie. Eigenverlag, Wien

Sinason V (2000) Geistige Behinderung und die Grundlagen menschlichen Seins. Beiträge zur Integration. Luchterhand, Berlin

Stern D (1990) Tagebuch eines Babys. Piper, München

Stern D (1992) Die Lebenserfahrung des Säuglings. Klett Cotta, Stuttgart

Zigler E (1963) Rigidity and social reinforcement effects in the performance of institutionalized and non institutionalized normal and retared childeren. In: Journal of Personality 31, 258–269

Psychotische Konflikte in der Gruppe
Psychodynamische Gruppenpsychotherapie

Heiner Bartuska

Zusammenfassung

Anhand einer in vieler Hinsicht typischen Gruppensitzung im psychiatrisch-stationären Setting werden Interaktionsweisen und Kommunikationsformen psychotischer PatientInnen und die Gruppendynamik, die sich aufgrund der Störungsbilder und des stationären Rahmens entwickelt, dargestellt und vor dem Hintergrund objektbeziehungstheoretischer Positionen und psychodynamischer Gruppen-Theorien reflektiert. Es werden methodisch-technische Überlegungen angeboten, sowie exemplarisch konkrete Interventionen und hilfreiche therapeutische Haltungen vorgestellt.

Rahmenbedingungen

An der Rehabilitationsstation einer psychiatrischen Abteilung eines Wiener Krankenhauses wird vom Autor seit fast 30 Jahren Gruppentherapie mit psychotischen PatientInnen durchgeführt. Die Gruppe findet zweimal pro Woche Montag und Donnerstag vormittags statt, sie dauert 90 Minuten und ist fixer Bestandteil des therapeutischen Konzepts und des Wochenplans an der Station.

Die Gruppe wird offen geführt, das heißt, dass PatientInnen je nach Verweildauer an der Station (zwei bis zwölf Wochen) in die laufende Gruppe kommen. In manchen Fällen kommen PatientInnen nach der stationären Aufnahme zur Nachbetreuung weiter in die Gruppentherapie. Parallel dazu wird von einem Kollegen eine Gruppe für PatientInnen mit Depressions- und Suchtproblematik angeboten. Die PatientInnen werden von den Therapeuten je nach Indikation persönlich in die jeweilige Gruppe eingeladen. Indikationsfaktor ist dabei das unterschiedliche psychosoziale Verständnisniveau (vgl. Tschuschke 2007). Die Indikation zur jeweiligen Gruppentherapie wird mit den stationsführenden OberärztInnen besprochen und auch von diesen verordnet. PatientInnen, die auch in der Arbeitstherapie mitarbeiten, werden für die Gruppenzeiten entschuldigt, dabei wird ihnen die Zeit als Arbeitszeit angerechnet. Das Stationskonzept sieht zusätzlich eine Großgruppe, genannt Hausparlament (Bartuska 1983), vor, zu der alle PatientInnen und alle MitarbeiterInnen der Station eingeladen sind, um über den Wochenablauf und das Zusammenleben auf der Station zu sprechen. Dabei können sowohl organisatorische Belange als auch die Beziehungen der Menschen an der Station zur Sprache kommen. Außerdem wird von den beiden Therapeuten – ebenfalls fixer Bestandteil des Stationskonzepts – Einzelpsychotherapie angeboten.

Alle PatientInnen stehen unter der Wirkung von Depot-Neuroleptika, zum Teil kombiniert mit verschiedenen Tranquilizern und/oder Antidepressiva. Grundsätzlich werden alle PatientInnen mit Psychosen (Ausnahme Spontanremissionen) in die Gruppentherapie aufgenommen, wenn diese die minimale Belastbarkeit aufweisen, 15 bis 20 Minuten sitzen bleiben zu können. Von PsychiaterInnen und Pflegepersonal wird in vielen Fällen den PatientInnen eine Mitarbeit an der Gruppenpsychotherapie nicht zugetraut. Der Einschätzung der Therapeuten, dass ihnen dies durchaus zugetraut werden könne, wird allerdings auch nicht widersprochen.

Ein schwieriger Beginn

Das folgende Sitzungsprotokoll beschreibt die erste Sitzung im September nach dem Urlaub des Therapeuten. Es nehmen zwölf PatientInnen teil, davon sind zehn nach ICD 10 als schizoaffektive Störung (F 25) der verschiedenen Untergruppen, ein Patient als subakuter Verwirrtheitszustand (F23) und eine Patientin als psychogene Psychose mit paranoider Symptomatik (F20.0) diagnostiziert. Das Alter der TeilnehmerInnen streut von 28 bis 82 Jahren. Drei PatientInnen haben schon vorher etwa vier Monate regelmäßig an der Gruppe teilgenommen, vier haben eher sporadisch teilgenommen, fünf PatientInnen sind das erste Mal dabei.

14 Personen drängen in den kleinen Raum, der sonst als Raucher-Tagraum zur freien Verfügung steht. Es ist sehr unruhig, alle suchen Sessel und einen Platz. Therapeut (Th) und Co-Therapeutin (Co-Th) sind dabei behilflich und holen noch zusätzliche Sessel.

Als alle endlich sitzen, klagt Fr. A: „Es sind viel zu viele Menschen hier, da kann man ja gar nicht sprechen."

Th: bestätigt, dass viele neue Gruppenmitglieder zum ersten Mal hier sind und therapeutische Hilfe benötigen. „Ich glaube schon, dass es möglich ist, miteinander zu sprechen, allerdings ist es auch schwieriger, wenn mehr Menschen beteiligt sind." Th stellt sich vor und benennt Ziele der Gruppe wie Integration von Persönlichkeitsanteilen, oder zu lernen, sein Leben besser in den Griff zu bekommen. „Wie wir hier arbeiten? Es gibt nur zwei Dinge, die ich nicht erlaube: körperliche Gewalt wie z. B. Kratzen, Beißen, Zuschlagen und Geschlechtsverkehr zwischen Gruppenteilnehmern; sonst gibt es nur die Einladung zu sagen, was Ihnen einfällt."

Kurzes Schweigen.

Co-Th: stellt sich vor.

Th: fragt, ob die Teilnehmer sich vielleicht vorstellen möchten. „Dann würde das Sprechen schon etwas leichter fallen, wenn man weiß, wie man den anderen ansprechen kann."

Fr. A: sagt, sie sei schon monatelang in der Gruppe und sie sei erstaunt, dass sie es so lange ausgehalten habe. Am Anfang hat sie gedacht, sie halte es nur 20 Minuten aus, sei dann aber doch ein bis eineinhalb Stunden geblieben. Die Gruppe hat ihr sogar geholfen, das Lulumachen sei verschwunden. Sie braucht jetzt keine Windel mehr tragen. Sie ärgert sich so über ihre Mutter, die ihr das Geld einteilt, sodass sie keines mehr zur Verfügung hat.

Hr. Dr. B: stellt sich – akustisch undeutlich – als Neurologe, Psychiater und Theologe vor. Es gehe ihm gut, die Gruppe solle nur weitermachen.

Hr. C: Er wisse nicht, warum er hier in der Gruppe sei, im Spital ist er nur deswegen, weil seine Mutter ihn hergeschickt hat.

Fr. A: erkundigt sich gleich, ob er mit seiner Mutter auch so Schwierigkeiten hätte, wie sie, ob er auch bei ihr wohne.

Hr. C: Ja, er wohne wieder bei seiner Mutter, und er muss das machen, was die Mutter sagt.

Fr. A: „Oje, dem geht es wie mir."

Hr. D: Er hätte bei Freud gelesen, dass in der Analyse die Übertragungsliebe das Wesentliche sei. „Aber das geht doch hier nicht, das gibt es doch gar nicht."

Th: „Sie haben Angst, die Menschen hier kennen zu lernen und eventuell zu mögen, weil es zu Schwierigkeiten und Konflikten führen könnte."

Hr. D: lacht und sagt: „Ja, das kann stimmen."

Fr. E: Es sei doch nett hier bei so vielen netten Menschen, sie fühle sich so wohl. Sie wollte zuerst zwar nicht in die Gruppe kommen, aber jetzt ist es gut so.

Hr. F: spielt mit Spielkarten, die er mitgebracht hat. Sie fallen immer wieder unter den Tisch, er kraxelt unter dem Tisch herum, sammelt sie zum Teil wieder ein, mischt sie, die Karten fallen wieder unter den Tisch.

Fr. E: fragt ihn, wie er denn heiße.

Hr. F: „Franz" und lacht sie an. Er wisse nicht, wozu er hier sei, es gehe im eh gut.

Th: „Wir können hier über unsere Wünsche und Probleme sprechen."

Hr. F: sagt, er habe kein Problem und zündet sich fahrig eine Zigarette an, das Feuerzeug fällt ebenfalls unter den Tisch.

Fr. E: fragt Hrn. F, ob er eine Zigarette für sie habe.

Hr. F: gibt ihr eine und versucht ihr Feuer zu geben, was mehrmals misslingt.

Fr. E: nimmt das Feuerzeug und gibt sich selbst Feuer. Sie sagt, sie habe keine Zigaretten, und außerdem brauche man nicht soviel rauchen.

Fr. G: stellt sich vor und sagt, sie sei gerne dabei, da sie gerne mit Menschen spreche, meistens aber zuhöre.

Hr. H: der neben ihr sitzt, wird angeschaut. Er sagt, er heiße Kurt und ist schon ewig am Steinhof. „Das sind Lichtjahre."

Fr. A: fragt ihn, ob er die ganze Zeit hier war.

Hr. H: „Nein, zuerst am 4er, dann 6er, dann am 24er und jetzt hier." Er sei auch im Wohnheim gewesen, aber das ist nicht gegangen, dort hielte man es nicht aus.

Fr. I: wird von Fr. A gefragt, wie sie heiße. Sie schreckt aus einem Dösen auf und murmelt: „Was ist?"

Co-Th: wiederholt die Frage.

Fr. I: nennt ihren Namen, lächelt ein wenig und sinkt wieder im Sessel zusammen.

Fr. A: fragt auch Fr. J, wie sie heiße.

Hr. D: mischt sich grantig ein: „Die gehört gar nicht hierher, weil sie nicht hört, die ist taubstumm."

Fr. J: nestelt an ihrem Namensband herum und bemerkt nicht, dass über sie gesprochen wird.

Fr. A: versucht sich bei Fr. J Aufmerksamkeit zu verschaffen und fragt sie überdeutlich, wie sie heiße.

Fr. J: gibt keine Antwort, blickt wild um sich, die langen schwarzen Locken herumwerfend.

Th: „Sie kann teilnehmen wie alle anderen und kann vielleicht doch etwas sagen, wenn sie will."

Fr. I: nachdem sie nochmals von Hrn. D aufgefordert wird, zu sagen, wie sie heiße, antwortet mit leiser Stimme, den Kopf seitlich nach vorne geneigt: „Gertrude."

Fr. A: „Oje, Sie gefallen mir gar nicht." Als sie noch aggressiv gewesen war und laut herumgestritten hatte, habe sie ihr viel besser gefallen, jetzt sei sie wieder krank geworden. So etwas sei ihr vor mehreren Jahren auch passiert, da sei es auch immer wieder viel schlechter geworden. Sie sei damals mit ihrer Mutter zum Psychiater gegangen und habe auf dem Weg besprochen, dass sie dem Psychiater auf gar keinen Fall davon etwas sagen dürften, dass sie Selbstmordgedanken habe, und so hätte sie es auch gemacht. „Und stellen Sie sich vor, der war so gut, der Dr. S, der hat mich gesund gemacht, obwohl ich ihm nichts davon gesagt habe."

Fr. E: erbittet eine weitere Zigarette von Fr L.

Fr. L: gibt ihr eine, bemerkt jedoch, dass alle hier schnorren.

Fr. E: sagt, sie habe kein Geld bei sich und könne sich daher keine Zigaretten kaufen. Sie wolle eh nicht soviel rauchen.

Th: fragt nach, ob sie hier überhaupt kein Geld habe.

Fr. E: fängt an zu weinen und verneint. Ihr Nachbar hätte versprochen, vorigen Montag zu kommen und ihr Geld zu bringen, sie warte schon so lange, aber er sei nicht gekommen. Die Oberärztin hätte versprochen, ihn anzurufen, aber das sei auch nicht geschehen. Sie wolle ohnehin mit der Frau Oberarzt sprechen und fragen, ob sie nicht anrufen könne, aber diese hätte so wenig Zeit.

Th: „Und selbst anrufen geht nicht?"

Fr. E: „Nein, ich habe die Nummer nicht."

Co-Th: meint, die stünde ja sicher im Telefonbuch, weiter unten auf der Straße oder auf Pavillon 24 gebe es ein Telefonhüttl.

Fr. E (weinerlich): „Ich kann nicht telefonieren, weil ich kein Geld habe und außerdem bin ich nicht angezogen. Ich laufe hier nur mit Leggins, Leiberl und Schlapfen herum." Sie müsse längst nach Hause, um sich Gewand zum Wechseln zu holen, aber dazu brauche sie wieder ihren Nachbarn, der die Schlüssel für die Wohnung und das Geld hätte. Sie weint und sagt, sie sei schon ganz verzweifelt.

Hr. D: fragt, ob sie der Frau Oberarzt bei der Morgenrunde gesagt hätte, dass sie einen Ausgang brauche und die Bitte hätte, dass die Frau Oberarzt anrufe.

Fr. E (überrascht): Nein, das hätte sie nicht gesagt, sie habe nur gesagt, dass es ihr so gut gehe.

Th: „Es ist oft schwierig, wenn man so abhängig ist, es geht viel schneller, wenn man Dinge selbst macht. Wir können hier in der Gruppe auch daran arbeiten, etwas selbstständiger zu werden."

Hr. D: meint, das Pflegepersonal lasse Patienten am Nachmittag, wenn nicht soviel los sei, manchmal mit dem Diensttelefon telefonieren, dann kostet es nichts.

Fr. E: wirft ein, sie habe die Telefonnummer nicht.

Hr. D: „Die steht sicher in der Krankengeschichte und eine Schwester kann da sicher nachschauen."

Hr. F: „Es ist alles sinnlos, was soll ich da überhaupt? Ich wandere jetzt nach

Amerika aus, weil es mir da nicht gefällt." Er will aufstehen und die Gruppe verlassen.

Co-Th: fragt, was er denn brauche.

Hr. F (schon halb im Gehen): sagt, er brauche eine Wohnung. Er habe zwar eine im Wildganshof, aber da ließen sie ihn nicht hin. Er wolle nur eine Wohnung, sonst brauche er nichts, er wolle seine Stereoanlage wieder haben und aufstellen. Die Musik sei so super, er könne den ganzen Tag Musik hören, er spiele sie immer auf voller Lautstärke, den ganzen Tag.

Fr. A: „Das habe ich auch gemacht, da haben sich die Nachbarn so aufgeregt, dass meine Mutter es mir verboten hat. Meine Mutter wohnt auf 17 und ich auf 15. Das ist eine neue Wohnung, früher habe ich auf 16 gewohnt, die war aber zu klein, das war nur ein Raum."

Hr. F: verlässt den Raum.

Hr. Dr. B: murmelt etwas, das sei verständlich, das hielte der halt nicht aus, man müsse die Menschen verstehen und ihnen alles verzeihen. Er habe eine Stiftung, eine Ambrosiusstiftung.

Fr. E: fragt Hrn. H, wieso er schon so lange da sei.

Hr. H: berichtet sehr ausführlich von seinen Psychiatrieaufenthalten. „Ich war dazwischen auch in Holland mit Sordinol und Truxal, stellen Sie sich das vor, bei Luki, Fini, Wimpi, Hetti!" Sogar mit dem Auto sei er einmal nach Holland gefahren, aber da sei es ihm so schlecht gegangen. Hier sei es besser, in ein Wohnheim wolle er nicht mehr.

Hr. Dr. B: „Ich will Ihnen etwas zeigen." Er packt seine Brieftasche aus und zeigt zunächst nur dem Th und dann auch den anderen einige religiöse Bilder und Unterlagen. „Das ist er." Er spricht so, dass er kaum zu verstehen ist.

Herr D: ruft, er solle den Mund halten. Das religiöse Geschwafel mache ihn ganz krank. Es sei eine Gemeinheit, dass er so über andere Menschen spreche, er hätte kein Recht, andere zu verurteilen und als Idioten zu beschimpfen.

Hr. Dr. B: verwehrt sich scharf und bestimmt. Er habe das nicht gesagt, das sei eine Halluzination, das steht schon im Psychiatrielehrbuch, das habe er selbst unterrichtet an der Universität.

Hr. D: beschuldigt Hrn. Dr. B zu lügen, er hätte genau verstanden, dass er Idiot gesagt habe, so etwas sagt man nicht in einer Gruppe, er soll gefälligst aus der Gruppe verschwinden, so verlogene Leute brauchen wir hier nicht.

Th: „Wenn jemand zu mir sagt, ich sei ein Idiot, dann glaube ich, dass dieser sehr ärgerliche Gefühle hat. Es ist auch Sinn der Gruppe, über Gefühle sprechen zu können."

Hr. D: wendet sich an den Th und sagt: „Idiot sagt man nicht zu einem Patienten!"

Th: „Ich glaube, dass Menschen, die schimpfen, ihren Ärger ausdrücken, und das habe ich nicht nur erlaubt, sondern auch noch dazu aufgefordert. Es ist also meine Schuld, wenn hier jemand schimpft. Zu meinem Bedauern muss ich allerdings sagen, dass ich es nicht gehört habe."

Einige andere sagen auch, sie hätten es nicht gehört, da in dem Moment mehrere gesprochen hätten. Wer hätte denn so etwas gesagt? Was sei denn überhaupt gesagt worden?

Hr. D: „Ich habe gehört, dass einer Idiot gesagt hat, aber jetzt bin ich nicht mehr so sicher."

Th: „Es ist sicher schwierig für die Gruppe, wenn ärgerliche oder aggressive Gefühle ausgedrückt werden. Ich meine, dass die Gruppe davor Angst hat, dass Gefühle sehr plötzlich hervorbrechen könnten."

Fr. A: Ja, das vertrage sie auch nicht, wenn ihr Stiefvater mit ihr schreit, auch ihre Mutter schimpfe immer wieder mit ihr, wenn sie soviel Geld ausgegeben habe. Sie habe in fünf Tagen Tausende ausgegeben und ihre Mutter gebe ihr kein Geld mehr, dabei gehöre das Geld von der Pension doch ihr.

Hr. C: „Mir geht es genauso, immer gibt mir die Mutter kein Geld und wenn ich dann streite, muss ich wieder ins Spital."

Fr. J: springt auf und rezitiert lautstark und sehr dramatisch die Hexenszene aus Macbeth in englischer Sprache. Sie monologisiert weiter in englischer Sprache und reagiert nicht auf Kommentare anderer, die sie zu unterbrechen versuchen.

Th. nach einer Weile in der ersten Atempause: „Ich verstehe viel besser Deutsch als Englisch, und wie geht es den anderen damit?"

Fr. A: Sie könne sehr gut Englisch, da sie ein Jahr im Iran gelebt hat und dort nur Englisch gesprochen wurde.

Fr. J: blickt zum ersten Mal in die Runde und schaut die anderen an. Einige sagen, sie könnten nicht Englisch, aber Fr. A könne ja dolmetschen.

Fr. J: sagt laut und deutlich, sie könne auch gut Deutsch, sie habe sehr gut Englisch gelernt und kenne viele Theaterstücke auf Englisch.

Th: „Ich meine, dass wir jetzt in der Gruppe noch viele Ängste und Schwierigkeiten miteinander haben, da wir uns zum Teil ja gerade erst kennen gelernt haben, wir können am Montag um 10.00 Uhr wieder versuchen, miteinander zu sprechen."

Annäherung an das Geschehen in der Gruppe

Für das Verstehen von psychotischen Themen eignen sich aus Sicht des Autors Elemente der Objektbeziehungstheorie nach Melanie Klein und Wilfred Bion, die den projektiv-identifikatorischen Umgang mit dem Objekt und die spezifisch unreifen Abwehrmechanismen wie Spaltung, Verleugnung und Omnipotenz herausarbeiten. Darüber hinaus bietet Bion (1992, 20f) mit seiner Theorie des Denkens ein Konzept, das sowohl als Grundlage für das Verstehen psychotischer Prozesse als auch als Interventionshintergrund dient. Er beschreibt die denk- und fühlbaren Alpha-Elemente der Psyche als über den Prozess des Containings verarbeitete Beta-Elemente. Beta-Elemente sind zunächst unangenehme körperliche, psychisch nicht differenzierbare Phänomene (wie z. B. Körperspannungen). Bion (1992, 18) beschreibt die Fähigkeit des träumerischen Erfassens der psychischen Regungen des Kleinkindes durch die Mutter als Reverie. Diese Fähigkeit, die für das Containing unerlässlich ist, führt beim Säugling dazu, dass Beta-Elemente vorstellbar und mit der Entwicklungszeit auch verbalisierbar werden. Beta-Elemente werden vom Säugling in die Mutter (Container) projiziert, von der Mutter aufgenommen (intuitiv verstanden), benannt, dem Säugling verarbeitet zur Verfügung gestellt und von diesem introjiziert. Diese Funktion des Containings – Umwandlung von Beta- in Alpha-Elemente – ist für Bion von zentraler Bedeutung für die Entwicklung der Psyche. Alles was bei diesem Prozess, aufgrund von Ängsten, Krankheit, Überlastung, Ideologie, Bildungsmangel und Schwäche der wichtigsten

Erziehungspersonen nicht gelingt, bleibt für den Säugling, das Kind, den Jugendlichen, den Erwachsenen nur körperlich vorhanden sowie vorstellungsmäßig und verbal nicht bloß unverständlich, sondern schlicht psychisch nicht vorhanden.

Sofern im psychotischen Denken einzelne Elemente schon vorgestellt und benannt werden können, werden sie noch verdinglicht als materielle Qualität von psychodynamischen Verhältnissen erlebt. So als ob Interaktionsqualitäten wie Neugier oder Neid die gleiche Qualität hätten wie materielle Objekte und daher genauso unmöglich bzw. schwer zu verändern wären wie Materie. Spontan also gar nicht. „Beta-Elemente sind nicht für Traumgedanken verwendbar, wohl aber für projektive Identifikation. Sie beeinflussen die Tendenz zum Ausagieren. Sie sind Objekte, die ausgestoßen werden oder für eine Art des Denkens gebraucht werden können, das von der Manipulation dessen abhängt, was als Ding-an-sich empfunden wird, als ob eine solche Manipulation Wort oder Ideen ersetzen könnte" (Bion 1992, 53). Der Terminus projektive Identifikation stammt ursprünglich von Melanie Klein: „In diesen verschiedenen Phantasien nimmt das Ich durch Projektion von einem äußeren Objekt – vor allem der Mutter – Besitz und macht es zu einem Ausläufer des Selbst. Das Objekt wird damit in einem gewissen Grade ein Repräsentant des Ichs, und diese Prozesse sind nach meiner Ansicht die Grundlage für Identifikation durch Projektion oder ‚projektive Identifikation'. Identifikation durch Introjektion und Identifikation durch Projektion scheinen komplementäre Prozesse zu sein" (Klein 1997, 197).

Bion vermutet, „[...] dass projektive Identifikation eine frühe Form dessen ist, was später Denkfähigkeit genannt wird" (1992, 85). Die Entwicklung und Ausformung psychischer Entitäten erfolgt damit vornehmlich in Austausch- und Wechselwirkungsprozessen mit dem eigenen Körper und der Umwelt nach gestaltgebenden und konstruktivistischen Prinzipien. Die Innenwelt ist nach dieser Auffassung episodisch, narrativ und szenisch gestaltet.

Damit ist ein Modell beschrieben, das sowohl die psychiatrische als auch die psychodynamische Sichtweise auf psychotische Prozesse vereint.

In der beschriebenen Gruppensitzung übernimmt Fr. A das Artikulieren von Überforderung und Ohnmachtsgefühlen, die Unmöglichkeit hier miteinander eine Gruppe aufzubauen. „Es sind viel zu viele Menschen hier, da kann man ja gar nicht sprechen", bedeutet, man muss sofort abbrechen und wieder gehen. Die Übersetzung des Therapeuten, dass es zwar schwierig, jedoch möglich ist, gemeinsam zu arbeiten, entspannt etwas. Mit der relativierenden Bestätigung aktiviert und entwickelt gerade Fr. A zunehmend ihre kommunikativen Ressourcen. Sie stellt sich mit ihrer bisher erfolgreichen Gruppenerfahrung vor und kann diese zur Kontaktaufnahme mit anderen GruppenteilnehmerInnen nützen. Die Erklärung der Gruppenarbeitsweise und der Vorschlag, das Vorstellen fortzusetzen, bindet Überforderung und Angst und gibt der Gruppe eine Strukturhilfe im Sinne von Bions Containment. Das „Vorstellungsspiel" wird von der Gruppe weitergeführt und durch die kommunikativen Kompetenzen von einzelnen Gruppenerfahrenen wie z. B. Fr. A gestalten sich Sequenzen von Bezugnahme zu ähnlichen Themen (z. B. Abhängigkeit von der Mutter, kein Geld), Interesse und Nachfragen bei Erzählungen aus der Lebens- und Krankengeschichte. So werden z. B. die Äußerungen von Fr. I im Zusammenhang von extremer Schüchternheit und aggressivem Herumstreiten von Fr. A spontan feedbackartig kommentiert, und sie erinnert sich, ähnliche Prozesse bis hin zu Selbstmordgedanken selbst erlebt zu haben.

In der Vorstellungsrunde wird die „Unmöglichkeit der Übertragungsliebe" benannt. Die Deutung des Therapeuten als Angst vor den Menschen, sie kennen und mögen zu lernen, weil es zu Konflikten und Schwierigkeiten führen könnte, entspannt und ermöglicht weitgehend das Aushalten starker Fremdheitsgefühle.

Melanie Klein beschreibt Spaltung als zentralen psychotischen Abwehrmechanismus: „Die gewaltsame Abspaltung und Zerstörung eines Teils der Persönlichkeit unter Druck von Angst und Schuldgefühl ist meiner Erfahrung nach ein wichtiger schizoider Mechanismus" (Klein 1997, 157). Und an anderer Stelle zu Omnipotenz und Verleugnung: „Die Verleugnung psychischer Realität ist nur bei starken Gefühlen der Omnipotenz möglich, was ein wesentliches Charakteristikum der frühen Mentalität ist. Omnipotente Verleugnung der Existenz böser Objekte und schmerzhafter Situationen ist im Unbewussten gleich bedeutend mit Vernichtung der destruktiven Regung. Aber nicht nur eine Situation und ein Objekt werden verleugnet und vernichtet, es ist eine Objektbeziehung, die dieses Schicksal erleidet; deshalb wird auch der Teil des Ichs, von dem die Gefühle auf das Objekt ausstrahlen, verleugnet und vernichtet" (Klein 1997, 139f).

So weist das Agieren von Hrn. F mit den Spielkarten und sein Leugnen jedes Problems, seine orale Bedürftigkeit, seine Schwierigkeiten mit dem Feuerzeug und dem Feuer-Geben auf beträchtliche Aggressionen hin, die aber offensichtlich nicht sein dürfen, so abgespalten, dass sie auch nicht gespürt werden.

Als Fr. A auch Fr. J nach ihrem Namen fragt und an ihrem Schweigen scheitert, thematisiert Hr. D das Thema der Spaltung auf Gruppenebene als Ausstoßung: Die gehört nicht hierher und damit hinausgeworfen (vernichtet in ihrer Gruppenexistenz, so etwas dürfe nicht hier sein). Hier ist der Therapeut gefordert, den versuchten Ausschluss, der ja symbolisch eine Vernichtung der ganzen Person darstellt, zu verhindern, um kein Gruppenmitglied zu verlieren. Er tut dies mit dem indirekten Hinweis auf das Menschenrecht der Gruppenteilnahme und dem Hinweis auf ihre nicht erkennbaren Ressourcen, etwas sagen zu können, wenn sie wolle. Zu diesem Zeitpunkt weiß der Therapeut auch nicht, dass Fr. J sprechen kann, da sie seit zwei Wochen auf der Station nicht gesprochen hat und als Taubstumme gilt. Der Therapeut rechnet jedoch mit nonverbalen Äußerungen von abgespaltener Mordswut (vgl. Klein 1997, 62).

Fr. E thematisiert die Abhängigkeit und die Unmöglichkeit selbstständiger Handlungen. Die Unterstützung der Gruppe führt noch zu keiner Initiative. Lediglich das vom Therapeuten benannte Lernziel, selbstständiger zu werden, wird akzeptiert.

Hr. F muss zu diesem Zeitpunkt die Beziehungen wegen zu starker Sinnlosigkeitsgefühle abbrechen. Er kann gerade noch von der Co-Therapeutin auf seine Bedürfnisse angesprochen werden, und es folgt ein kurzer Bericht über seinen Ausschluss aus der Gemeinschaft wegen extremen Musikhörens und das Zurück-Haben-Wollen der früheren Wohnung.

Fr. A schließt sich mit ähnlichem Erleben an: Die Abhängigkeit von der Mutter, eigene manische Erfahrungen wie lautstarkes Musikspielen und zügelloses Geldausgeben.

Hr. Dr. B findet den Abbruch von Hrn. F verständlich. Der Therapeut und die Gruppe konnten ihm zu wenig Aufmerksamkeit schenken. Er reklamiert die Aufmerksamkeit von Therapeut und Gruppe jetzt in narzisstischer Weise für sich und seine Stiftung. Mit der Präsentation seiner Bildchen und Dokumente erweist er sich für den Gruppenprozess bald eher hinderlich als förderlich, und es taucht Ärger auf.

Hr. D ärgert sich über die religiösen Inhalte und ist empört über die gehörte Beschimpfung als Idiot (abgespaltene Anteile von Schuld und Aggression tauchen als Halluzination auf, vgl. Klein 1997, 166). Indem der Therapeut einen großen Teil der Schuld an dem Konflikt auf sich zieht und modellhaft Schuld an aggressiven Äußerungen einbekennt, gelingt es, den Ärger langsam zu akzeptieren und von dem sehr bedrohlichen Vernichtungsversuch weg in einen Dialog über die Überforderung durch Ärger zu kommen.

Fr. A kann sich mit ihrer Geschichte sofort anschließen (nach manischem Geldausgeben „wurde mit ihr geschrien", sie thematisiert Überforderung und die Problematik der Entmündigung durch die Mutter). Auch Hr. C fühlt sich angesprochen.

Vermutlich durch die Entmündigungsthemen unbewusst angesprochen, schafft es Fr. J nach über einer Stunde sehr nervöser Erregung ihre Identifikation mit der englischen Hexe einzubringen und ihr zweiwöchiges Schweigen (vermutlich hat es davor einen totalen psychischen Zusammenbruch gegeben) zu brechen. Sie kann ja nur eine Hexe sein, wenn sie böse darüber ist, überfürsorglich eingeschränkt zu sein und keinen Geliebten zu haben. Die Darstellung dieser aggressiven Identifikation (projektive und introjektive Identifikation) und das Verstanden-Werden, zumindest vom Therapeuten, machen sie deutlich ruhiger.

Die synthetisierende Bemerkung des Therapeuten schafft eine Brücke zwischen den TeilnehmerInnen, die im Austausch der Englisch- und Deutschkenntnisse angenommen wird.

Fr. A kann über das englische Theater ihre Sprachressourcen und einen Teil ihrer Vergangenheit – ihre Ehe im Iran präsentieren.

Fr. J kann daraufhin zum ersten Mal die Gruppe im Hier und Jetzt wahrnehmen. Offensichtlich hat die Integrationsleistung der Gruppe ihr zumindest im Moment aus der akuten Psychose herausgeholfen, nachdem ihr ein ungewöhnlicher Einstieg ermöglicht wurde.

Zur Interaktion

Diese ist gekennzeichnet von plötzlichen und häufigen Abbrüchen und Spaltungen sowie Versuchen, andere hinaus zu schmeißen, aus zu stoßen. Bei symbiotischen Kampf/Fluchtreaktionen scheint es immer um die uneingeschränkte Zuwendung der Gruppe zu gehen, bis hin zum Kontrollieren, Dominieren und Beherrschen der Gruppe.

Regression auf frühe oral- und analsadistische Erlebnismuster, die aufgrund der Entwicklungsstörung erhalten geblieben sind, dominiert (vgl. Klein 1997, 164).

Die psychische Struktur von Menschen mit psychotischen Störungen kann an Hand folgender Merkmale beschrieben werden:

- Überangepasstes Verhalten im „gesunden" Zustand.
- Sehr strenges Über-Ich: Melanie Klein hat die Verinnerlichung einer angegriffenen und deshalb furchterregenden Mutter – das strenge Über-Ich – erkannt, und deutet die Intensität von Neid und Hass in Bezug zu deren Abkunft von der oralsadistischen Beziehung zur Mutterbrust. Sie beschreibt den oralen und analen Charakter introjektiver Prozesse und der Verfolgungssituation, die sie erzeugen. Sie sieht dies als Grundlage der Psychose (Klein 1997, 29ff).
- Ich-Funktionen sind wenig flexibel oder zum Teil gar nicht entwickelt.
- Die Psychodynamik ist gekennzeichnet von einem intensiven Zwiespalt zwischen Abhängigkeit (überangepasst, während die aggressiven Regungen abgespalten werden) und Revolution (rebellisch, Aufstand suchend wenigstens in Details) im akuten Psychose-Zustand.
- Beziehungen außerhalb der Familie werden nur sehr langsam aufgenommen, oft nur sehr oberflächlich, weil sie sich entfremdet und abwesend fühlen. Kontakte und Beziehungen außerhalb der Familie können sehr leicht abbrechen, wenn die Beziehung nur wenig schief zu laufen droht. „Keine Bedeutung" meint dabei nicht Ablehnung, sondern oft Abspaltungen von Teilen der Persönlichkeit und der Emotionen.

- Vereinbarungen und Termine können scheinbar mühelos innerhalb weniger Minuten vergessen werden.

Methodische Folgerungen für die psychodynamische Gruppentherapie

Die hier angewandte Methode der Dynamischen Gruppenpsychotherapie orientiert sich an Schindler (1957a). Dieser bezeichnet die Gruppe als ein primär psychologisches Phänomen. „Es entsteht, wenn sich einzelne Menschen aus einer unverbundenen Menge gegenüber einem gemeinsamen Ziel in einer Aktion zusammenschließen. [...] Es erlischt, wenn die verbindende Dynamik aufhört, gleichgültig ob die Menschen selbst nun auch räumlich auseinandergehen oder beisammen bleiben" (Schindler 1957a, 308).

Hauptaugenmerk wird auf die Erleichterung der Kontaktaufnahme zwischen den Gruppenmitgliedern und die Stützung in Konflikten gelegt. Vor allem Personen in der Außenseiter-Position sollen mit experimentellen Interventionen auch mittels der Omega-Rochade entlastet werden, sodass ein Verbleib in der Gruppe und eine Fortführung des Gespräches möglich wird. „Die therapeutische Gruppe bietet den in sie eintretenden Patienten Ruhigstellung und Anonymität, bei gleichzeitiger Einbeziehung in eine – bis auf das Alpha – unpersönliche oder doch unverantwortete Dynamik. Wir betrachten die Gruppe daher als prävalentes Instrument bei der Psychotherapie angstüberfluteter Personen. Das sind letztlich alle Psychosen, und es war dies einer der wesentlichen Gründe, warum wir für die Psychotherapie der Schizophrenen als therapeutischen Rahmen die Gruppe gewählt haben" (Schindler 1957a, 311).

Meist sind die in psychotischen Phasen gebotenen unbewussten Inhalte direkt als Szene, Episode und Erzählung zu verstehen und in den weiteren Schritten der psychodynamischen Psychotherapie Stück für Stück aufzuarbeiten. Die PatientInnen weisen alle deutliche Regressionsanteile auf. Neben diesen regressiven Anteilen sind aber gleichzeitig sehr wohl auch Interaktionen realitätsnah im Hier und Jetzt zu beobachten. So unterhalten sich z. B. viele beim Rauchen über aktuelle Nachrichtenthemen und sind teilweise zeitlich und örtlich orientiert. Regressionsanteile erscheinen im Sinne Kleins als frühkindliches Wahrnehmungs-, Denk- und Abwehrmuster auf verschiedenen Entwicklungsstufen, zum Teil auch vermischt – verschiedene kindliche Entwicklungsstufen gleichzeitig (vgl. Klein 1997, 198). Regressionen manischer Zustände sind gekennzeichnet von sprunghaften Gedanken in schnellem kaleidoskopartigen Wechsel der Bilder und Szenen, meist ohne erkennbaren Zusammenhang, einem rauschhaften Zustand vergleichbar. Schizophrene Regressionen mit dem Zerreißen von Assoziationen sind in vereinzelten sehr akuten manischen Fällen der Gruppe nicht zumutbar, oder erst nach ein bis zwei Wochen des medikamentös bewirkten Abklingens.

Das gesamte Verhalten resultiert aber nicht nur aus dem regressiven Anteil der psychotischen Persönlichkeit, sondern sehr wesentlich auch aus Entwicklungsdefiziten. Mit einem strengen Über-Ich, das aus dem bedrohlichen Verlust der guten Objekte und dem rigorosen Verbot, Unterdrückung, Abspaltung und Verfolgung der aggressiven Tendenzen resultiert, können verschiedene Bereiche der Psyche wie eigener Wille, Selbstständigkeit, Durchsetzung, Setzen und Verfolgen eigener Ziele nur geschwächt und daher defizitär entwickelt werden. Das bedeutet, dass diese Anteile als wenig entwickelte Persönlichkeitsanteile eher den Persönlichkeitsstörungen zugeordnet werden müssen.

Nach Bion (1992, 122) ist vor allem der negativen Form der Er-Kenntnis (-K) das Zerreißen der Assoziationen, die Zerstörung der eigenen Gedanken und der Persönlichkeit zuzuschreiben. Existenziell Bedrohendes darf nicht nur nicht gedacht werden, sondern muss ständig vernichtet werden, was mit Hilfe der abgespaltenen Aggression auch über Jahre gelingt. Das Verhalten erscheint daher als Verdichtung von Defiziten, Regressionsanteilen, beta-elementhaft als Körperspannung. Projektive und introjektive Identifikation sind dominierende Interaktionsformen, Halluzinationen sind episodisch, narrativ und szenisch zu verstehen.

Erst über das träumerisch erahnte Verstehen – Reverie (Bion 1992, 18) – und die passende Deutung der zugehörigen Emotionen (Angst, Frustration, Ohnmacht, Chancenlosigkeit, Wut, Trauer etc.) ist das Erinnern möglich. Dies gelingt oft erst nach heftigem Ausagieren von Affekten, die durch die Gruppensituation ausgelöst werden. Ich-stützende und akzeptierende

Deutungen von Emotionen, die weitgehend aus der Vergangenheit, aus der Familiensituation stammen, in und durch die Gruppe ermöglichen die Reintegration von Spaltungsvorgängen und somit das Erinnern und Erzählen/Besprechen der damaligen Situation/Szene.

Erfahrungsberichte

An der psychiatrischen Universitätsklinik Wien, Abteilung für Psychotherapie, wurde von Schindler et al zwischen 1949 und 1964 Bifokale Gruppenpsychotherapie durchgeführt. Die von Schindler (1957b, 6) durchgeführte Nachuntersuchung an 159 Personen ergab gegenüber einer Kontrollgruppe (17 Patienten) bei gleicher somatischer Behandlung eine um 43% erhöhte Wahrscheinlichkeit, dass Patienten wieder berufsfähig werden. „Der Vergleich zeigt auch hinsichtlich des Remissionsniveaus eine mehr als 7fache Überlegenheit der psychotherapeutisch behandelten Fälle" (Schindler 1957b, 7). Die Gruppen waren für die ersten drei Monate offen und wurden dann für etwa neun Monate als geschlossene Gruppen weitergeführt. Seit 1952 wurden auch zunehmend offene Gruppen angeboten, in die laufend neue PatientInnen aufgenommen wurden. Die methodische Besonderheit dieser Bifokalen Therapieform besteht einerseits im Setting – die Gruppe der PatientInnen und die Gruppe der Angehörigen werden parallel geführt – und andererseits in der Anwendung des von Schindler entwickelten Gruppen-Modells der Dynamischen Rangstruktur. „Es ist diese Gruppenform anscheinend vor allem dann indiziert, wenn die Entwicklungshemmung des Patienten mehr von den Bedingungen des Familiengleichgewichtes als von angstbesetzten Inhalten in der Persönlichkeit der Eltern abhängt" (Schindler 1957b, 3).

Die Durchführung Bifokaler Gruppentherapien ist in der derzeitigen stationären Behandlungspraxis aus mehreren Gründen sehr erschwert: Durch die verbesserten Psychopharmaka verkürzt sich die Aufenthaltsdauer derart, dass die für PatientInnen mit psychotischen Konflikten notwendige Zeit für Kontakt- und Beziehungsaufnahme von durchschnittlich drei Monaten stationär nicht gegeben ist. Außerdem sind durch organisatorische Umstrukturierungen der stationären Psychiatrie die Rahmenbedingungen nicht gegeben (Schindler 1981–1986).

Grewe (1994) beschreibt den Sinn und die Wirkung der stationären analytischen Gruppenpsychotherapie (zweimal pro Woche zu 50 Minuten) auf Akutpsychosen folgendermaßen:

Die Gruppe wirkt stabilisierend, den sozialen Kontakt fördernd, realitätsverstärkend.

Die Gruppe hilft mit Distanz und Nähe leichter umzugehen, Autonomie zu fördern, psychotische Anteile zu reduzieren und kongruenter zu werden, durch die Wirksamkeit von Gruppenempathie bei der Korrektur von Symptomen, Gegenübertragungen transparenter erkennen zu lassen.

Mögliche Gefährdungen dabei sind der Punch in der Gruppe, die Gratwanderung zwischen Über- und Unterstimulation, das ungenügende Beachten kognitiver Störungen, sich durch „Verstehen" vom notwendigen medizinischen Handeln ablenken zu lassen.

Poppe (1994) berichtet seine Schlüsse und Erfahrungen mit ambulanten analytischen Gruppen mit psychotischen PatientInnen, die zum Teil freiwillig, zum Teil durch den Amtsarzt zugewiesen kommen (einmal pro Woche zu 90 Minuten):

- PatientInnen sind schwer zur Gruppenanalyse zu motivieren, fürchten Desintegration und schützen mit starker Abwehr die kaum gewonnene Stabilität.

- Die spezifische Situation der Zwangseinweisung benötigt Transparenz und Ehrlichkeit. Wenn diese Problematik auftaucht, muss sie angesprochen werden. Dabei ist anfangs großer Widerstand vorhanden, jedoch nach dem Durcharbeiten in der Umfrage bei den PatientInnen Akzeptanz aller TeilnehmerInnen für die Zwangsbehandlung zu beobachten.

- Ein Co-Therapeut wird zur projektiven Identifikation und wegen der massiven Gegenübertragung benötigt.

- Der Therapeut muss sprachlich klar und leicht verständlich (dem psychosozialen Sprachniveau angepasst) sein, um zu entängstigen, da psychotische Menschen sich kaum anpassen können.

- Es ist oft notwendig, methodische Konzepte zu adaptieren und Kontakt aktiv herzustellen. Dabei kann eine Feedbackrunde sehr hilfreich sein.

- Bei häufigem Fernbleiben von der ambulanten Gruppe bietet Poppe Einzelgespräche an, auch um prinzipiell anzuregen, sich um Fehlende zu kümmern.
- Deutungen (auch ödipale Deutungen) sind nach Poppe sehr wichtig, auch wenn die PatientInnen diese nicht immer verstehen, so geben sie Halt.
- Der Therapeut hat die Funktion des Dolmetschers, der die psychotische Bildersprache in das allgemein verständliche Wort umformuliert.
- Die Arbeit an gesunden Anteilen tritt in den Vordergrund.
- Kompetenzen aus der Gruppe in sozialen Fragen sollen genützt werden bis hin zu alltagsrelevantem Erfahrungsaustausch, z. B. wie man zu einem Sozialhilfeausweis kommt, mit dem man billiger Bahn fahren kann.
- Die Gruppe hilft Leerstellen und Defizite der persönlichen Geschichte auszufüllen, da nachdem es gravierende Defizite bei Wahrnehmung und Denken gibt, lebensgeschichtliche Ereignisse zunächst auch nur fragmentiert vorhanden sind.
- PatientInnen sind in der Regel lange Zeit überfordert Übertragungen anzusprechen.
- Die Gruppe hilft Isolation abzubauen, oft ist es schon ein wichtiges Ziel, wenigstens einen Termin in der Woche zu haben, um sich nicht ganz in die verrückte Objektwelt zurückzuziehen.
- Die Hauptaufgabe des Gruppentherapeuten ist es, Geduld aufzubringen und die Gruppe nicht zu überfordern.

Hubschmid (1994) führt, allerdings in der Methode der systemischen Familientherapie mit Schwerpunkt der Angehörigenarbeit, aus, dass am Anfang der Therapie die Notwendigkeit besteht, den Angehörigen die Krankheit als rein biologische zu verdeutlichen, um so den Familien die auf ihnen lastende Schuldfrage zu nehmen und beruft sich damit auf Carol Anderson. Nach diesem Vulnerabilitätsmodell seien Schuldzuweisungen zu vermeiden. Anders sieht Schindler (1981–1986) die oft am Anfang auftauchenden Schuldzuweisungen und Schuldfragen. Er schlägt Interventionen in diesem Sinne vor: „Ich weiß nicht, von welchen Schuldgefühlen oder von welcher Schuld sie sprechen. Sie werden vielleicht wissen, wovon sie sprechen, es ist nicht meine Aufgabe zu verurteilen, sondern die Probleme und Bedürfnisse zu verstehen und gemeinsam eine Verbesserungsmöglichkeit zu suchen."

Damit wird die Schuld einerseits nicht der Biologie zugewiesen, die doch wohl kaum zu verurteilen ist und andererseits in fruchtbarer Schwebe gehalten, was für die spätere Arbeit wesentlich ist. Es stellt sich oft heraus, dass sehr schwere Schuldgefühle und persönlich sehr tief empfundene Schuld in den Familien mit Psychosevorkommen über Generationen unausgesprochen und unbearbeitet als enorme Belastungen mitgeschleppt werden, die der sensible Patient resignativ, verzweifelt und fälschlich auf sich nimmt, oft in der Absicht, sich als Retter der Familie oder Christus zur Verfügung zu stellen.

Reflexion der protokollierten Sitzung unter methodischen Aspekten

Vor dem Hintergrund von nunmehr 30 Jahren Erfahrung mit psychodynamischer Gruppenpsychotherapie mit psychotischen PatientInnen bieten sich für den Versuch einer methodischen Synthese zwischen Erfahrung und Theorie folgende Themen an:

- Da die Belastbarkeit sehr gering ist, Halluzinationen vorkommen und sehr stark agiert wird, sollte Rauchen, Wassertrinken und das Verlassen des Raumes und wiederkommen als Entlastungsagieren bei ohnehin sehr niedrigen Toleranzschwellen zugelassen werden. Es wird auf die Einhaltung der Zeit von 90 Minuten wert gelegt, die TherapeutInnen stehen solange zur Verfügung.

- Die Funktionalität des Gruppentherapeuten in seiner Abstinenz im Sinne des Nichteinbringens eigener Bedürfnisse und Probleme darf nicht mit Zurückhaltung der Spontaneität verwechselt werden. In der Rollengestaltung ist eine deutlich erhöhte persönliche Transparenz des Gruppentherapeuten unerlässlich. Um bei der starken Verunsicherung der PatientInnen zu stützen und zu halten, ist es notwendig, sich authentisch als Person zu zeigen, vermehrt Anleitungen sowie Ermunterungen zum Sprechen in der Gruppe zu geben. Da die Bereitschaft zur Projektion aufgrund der starken projektiven und halluzinatorischen Anteile ohnehin enorm hoch ist, muss die reale Kommunikation so gut als möglich unterstützt und nicht zusätzlich durch Zurückhaltung und Anonymität verunsichert werden.

Dies erfordert vertiefte Selbsterfahrung und -sicherheit in der Funktion des Therapeuten. Zu Interventionszwecken kann zur Verdeutlichung des aktuellen Themas modellhaft auch eigenes Erleben zur Verfügung gestellt werden. Dadurch wird der Eindruck der Bereitschaft zur (An)Teilnahme verstärkt. Abstinenz ist im Hinblick auf die konsequente Konzentration auf die Gruppe und ihre TeilnehmerInnen relevant. Verführungen, die an den Therapeuten herangetragen werden, z. B.: wo er auf Urlaub war, was er studiert hat, ob er auch Probleme gehabt hat, sollte in allgemeiner Weise begegnet werden („Wo möchten Sie denn auf Urlaub hinfahren?", „Jeder Psychotherapeut hat auch Probleme und ist während seiner Ausbildung sehr lange selbst Patient.").

- Aufdeckende Deutungen mit konfrontativem oder provozierendem Charakter, die eventuell bei neurotischen PatientInnen die Auseinandersetzung mit systematisch geleistetem Widerstand fördern, sind bei SubakutpatientInnen zunächst fehl am Platz. Deutungen sind nur im Sinne der Integration dargestellten (agierten) und verbalisierten Materials zulässig. Dabei kommt der Deutung ein besonderer Rang als der zentral wirksamen Intervention zur schrittweisen Reintegration der Abspaltungen zu. Besonders deswegen, weil von den PatientInnen manchmal eine Überfülle an Material geboten wird, das diese nach dem Aufgeben des anfänglichen Widerstandes (der Fremdheit) und dem Aufnehmen von Beziehungen manchmal kaum zurückhalten können. Diese PatientInnen müssen ja gerade die Fähigkeiten der Selbstkontrolle trainieren, was allerdings nach allmählichem Verstehen der Emotionen und triebhaften Bedürfnisse und deren Einbindung wesentlich leichter gelingt.

- Die Gegenübertragung ist besonders sorgfältig zu beobachten und auch bei unwahrscheinlichsten Inhalten (skurrilen oder bizarren Bildern und Gefühlszuständen, die beim Therapeuten auftauchen) möglichst bald anzusprechen, da psychotische PatientInnen eine enorme Kapazität haben, starke Gefühle der Hilflosigkeit, der Sinnlosigkeit, des Einvernommen-Seins, der Vernichtung und Zerrissenheit als nicht fassbares Material zu verströmen und auf den Gruppentherapeuten zu konzentrieren.

- Gegengeschlechtliche Co-TherapeutInnen erweisen sich als hilfreich, da Ansprechbarkeit und Projektionsmöglichkeit und Containing im

Sinne Bions erhöht werden, eine stabilisierende Wirkung auf die von Auflösung bedrohte Gruppe zu beobachten ist und dem sehr starken Gegenübertragungsdruck besser standgehalten werden kann (vgl. Grewe 1994 und Poppe 1994).

- Die meisten PatientInnen müssen vor den Sitzungen persönlich eingeladen und erinnert werden, da sie oft die Zeiten vergessen oder verschlafen. Ein Aufruf durch die Sprechanlage der Station oder eine Erinnerung durch das Pflegepersonal ist ungeeignet, da dies oft in einer Art geschieht, die als Befehl missverstanden wird und nicht als Einladung und Aufforderung zur Zusammenarbeit. Das Phänomen des Vergessens von aktuellen, auch freudig oder interessiert erwarteten Ereignissen, könnte als Fähigkeit des Verdrängens verstanden werden, die jedoch nicht gegen Erinnerungen, sondern gegen die Realität im Hier und Jetzt als Ausdruck der Resignation eingesetzt wird.

- PatientInnen sollten zur Mitarbeit an den Problemen anderer und zur Unterstützung des Gruppenprozesses aufgefordert werden, um die oft fehlenden sozialen Beziehungen, insbesondere vor allem die defizitäre Dimension der persönlichen Hilfe anzuregen und das Vertrauen durch Verteilen der Verantwortlichkeit für den anderen und damit vermehrt für sich selbst zu stärken. Mit dem Hinweis auf die notwendige therapeutische Hilfeleistung und Verantwortung wird die Gruppe erst arbeitsfähig und ist weniger vom Zerfall bedroht. Damit wird auch die Dimension der Universalität des Leidens zugänglich (Yalom 1992, 23). Viele hören zum ersten Mal einer MitpatientIn zu. Besonders wichtig wird diese Haltung und Interventionsrichtung, wenn der Widerstand als „Jeder will nur einzeln mit dem Therapeuten sprechen und mit den anderen Patienten nichts zu tun haben." formuliert wird.

- Ich-stützende Deutungen sind häufig notwendig. Bei heftigem Agieren bewirken Interventionen etwa im Sinne – der Patient zeige dramatisch, wie früher mit ihm umgegangen worden sei, er könne es nur noch nicht anders ausdrücken – fast immer eine deutliche Entspannung und einen Aha-Effekt: „Ach so, da kommt das her!" Damit wird auch eine akzeptable Einordnung in das Gruppengeschehen möglich. Meist tauchen prompt bestätigende Erinnerungen auf, sowohl beim Protagonisten als auch bei anderen TeilnehmerInnen. Abgespaltene Anteile äußern sich naturgemäß als überflutendes Agieren-Müssen, erst wenn sie akzeptiert und verstanden werden, können Erfahrungen und Erinnerungen zugeordnet werden.

- Methodisch große Bedeutung hat die Funktion des Haltens durch die TherapeutInnen; einerseits durch die deutlich gezeigte Zuversicht, dass in der Gruppe tatsächlich wechselseitige Hilfe möglich ist, andererseits durch das Verdeutlichen von Emotionsäußerungen in akzeptabler und akzeptierender Sprachform. Auch die persönliche Haltung des Therapeuten, sich selbst und der Gruppe ein produktives Zusammenwirken zuzutrauen und zuzumuten ist bedeutsam, besonders weil den PatientInnen sonst kaum Leistungsfähigkeit zugetraut wird. Containing im vom Autor verwendeten Sinn bedeutet auch im Konfliktfall die Schuld an der Gruppenüberforderung, z. B. durch sehr aggressive Äußerungen oder allzu dominantes Verhalten, auf sich zu ziehen: „Ich bin schuld an dem Konflikt, weil ich habe alle in die Gruppe eingeladen." Dies ermöglicht Entspannung der Gruppe von heftig agierten Schuldzuweisungen und Erleichterung für einzelne PatientInnen im Umgang mit Schuldgefühlen.

Schlussfolgerungen

Zusammenfassend kann gesagt werden, dass die an der Station offen geführte psychodynamische Gruppe mit Subakut-PatientInnen eine deutliche Qualitätsverbesserung der übergeordneten psychiatrischen Behandlung darstellt. PatientInnen erfahren dabei eine Vertiefung des Problemverständnisses, zu beobachten ist auch eine schnellere Erholung nach psychotischen Zusammenbrüchen. Die sogenannte Remission, die Wiederherstellung des vorakuten Zustandes, findet in etwas veränderter Form statt, weil eine leichte Verbesserung der psychischen Situation des Patienten eintritt.

Für einen deutlichen Langzeiteffekt, z. B. einer statistischen Rückfallsfreiheit, ist die Dauer der Teilnahme mit 5 bis 25 Sitzungen zu kurz. Nur manche können motiviert werden, die Gruppenpsychotherapie ambulant fortzusetzen. Allerdings lässt sich beobachten, dass in vielen Fällen bei der nächsten Aufnahme die Therapie an der Stelle, wo sie unterbrochen wurde, wieder aufgenommen werden kann.

Heiner Bartuska

Um eine einigermaßen gesicherte Rückfallsfreiheit zu erreichen, wäre die Gruppentherapie für mindestens zwei Jahre ambulant fortzusetzen oder in einer entsprechenden Einrichtung bzw. der Privatpraxis neu zu beginnen.

Literatur

Bartuska H (1983) Funktionen des Hausparlaments. In: Feedback Heft 1/2 Jahrgang 1, ÖAGG

Bion W R (1992) Lernen durch Erfahrung. Suhrkamp, Frankfurt am Main (Orig. Erstausgabe 1962 Learning from Experience)

Hubschmid T (1994) Vortrag im Rahmen des Kongresses der DAGG, 26.–29.08., DAGG, Hannover, Mitschrift Bartuska

Grewe H (1994) Vortrag im Rahmen des Kongresses der DAGG, 26.–29.08., DAGG, Hannover, Mitschrift Bartuska

Klein M (1997) Das Seeelenleben des Kleinkindes und andere Beiträge zur Psychoanalyse. Klett-Cotta, Stuttgart

Poppe H (1994) Vortrag im Rahmen des Kongresses der DAGG, 26.–29.08., DAGG, Hannover, Mitschrift Bartuska

Schindler R (1957a) Grundprinzipien der Psychodynamik in der Gruppe, In: Psyche, 11, 308–314

Schindler R (1957b) Zehn Jahre Bifokale Gruppentherapie, Congress Report of The International Congress For Psychiatry, Zürich, September – Vol. 111

Schindler R (1981–1986) Persönliche Gespräche im PKH Baumgartner Höhe, Wien

Schindler R (2008) Persönliches Interview, 14. März, Wien

Tschuschke V (2007) Neuere Forschungsergebnisse der Gruppentherapie. Vortrag im Rahmen der Tagung „Gruppenpsychotherapie heute". Veranstaltet von ÖAGG und Sigmund Freud PrivatUniversitätWien, Wien, April 2007

Yalom I (1992) Theorie und Praxis der Gruppenpsychotherapie. Pfeifer, München

Verbindende Grenzen.
Soziodynamische Überlegungen im akutpsychiatrischen Feld

Peter Weisz

Zusammenfassung

Die folgenden Überlegungen stellen einen Zusammenhang zwischen der im Jahr 1957 von Raoul Schindler beschriebenen „Soziodynamik der Krankenstation" und meinen Erfahrungen als Praktikant auf einer akutpsychiatrischen Station im Jahr 2007 her. Hauptaussagen Schindlers werden skizziert und die eigene Situation im Praktikum, die eigenen Ziele und ihre prozesshafte Veränderung werden beschrieben. Die Anwendbarkeit des rangdynamischen Modells für das eigene Tun wird überprüft und an zwei Beispielen sowohl in organisationsdynamischer als auch in psychodynamischer Hinsicht dargestellt. Möglichkeiten und Grenzen des Modells bieten Reflexionsgrundlage für eigenes therapeutisches Handeln.

Die Hauptaussagen Raoul Schindlers

Raoul Schindler beschreibt im Jahr 1957 in seinem Aufsatz „Soziodynamik der Krankenstation" verschiedene Möglichkeiten der sozialen Dynamik an einer psychiatrischen Abteilung. Er wendet dabei das 1951 erstmals publizierte rangdynamische Positionsmodell auf den psychiatrischen Stationsalltag an. Ebenfalls im Jahr 1957 erscheint sein Artikel „Grundprinzipien der Psychodynamik in Gruppen", in dem nicht nur der Anspruch gefestigt wird, mit diesem Positionsmodell ein allgemein gültiges Gruppen-Strukturgesetz formuliert zu haben, sondern auch die Konsequenzen für das Führen einer therapeutischen Gruppe, bezogen auf die einzelnen Positionen, aufgezeigt wird. Ähnlich systematisch und detailliert geht er auch im Artikel „Soziodynamik der Krankenstation" vor.

Auf der einen Seite wird anhand von Beispielen nachgewiesen, wie der Therapieerfolg des einzelnen Patienten von der gesamten Dynamik zwischen Patienten, Pflegepersonal und Ärzten abhängt. Dabei erachtet er als für den Erfolg entscheidend, aus welcher „soziodynamischen

Position" heraus der behandelnde Arzt tätig ist. Obwohl im Modell selbst nicht deklariert, wird klar, dass hier die leitende Perspektive Schindlers die des stationsführenden Arztes ist, der in seiner Funktion als Leiter für den Therapieprozess verantwortlich ist.

Auf der anderen Seite gelingt es mit diesem Modell, eine komplexitätsreduzierende Struktur und die nötige Distanz zu einem an und für sich unüberschaubaren und unkontrollierbaren Geschehen herzustellen. Dadurch wird die eigene Subjektivität und Handlungsfähigkeit dauerhaft geschützt und eine gewisse Steuerung des Therapieprozesses möglich. Das Modell erzeugt sowohl für Diagnostik als auch für Intervention einen kommunizierbaren Rahmen. Hauptnutzen für das psychotherapeutische Handeln sehe ich in dieser fundamentalen Rückwirkung auf diejenigen Personen, die sich im therapeutischen Feld bewegen.

Eine kritische Pointe Schindlers besteht darin, dass er Therapieerfolg aus der Position des Gegenüber (G) insbesondere in Verbindung mit Omega als sehr unwahrscheinlich bzw. sogar als unmöglich ansieht. Eine therapiegünstige Konstellation wird aus den Positionen Alpha bzw. Beta definiert.

Anders und salopp formuliert lautet die Aussage: Wer Therapieerfolg will, kann sich nicht mit autoritären Rollen aus der Position des Gegenübers begnügen, sondern muss fähig sein, Beziehungskonstellationen entweder aus Alpha oder aus Beta zu gestalten. Erklärtes Ziel von Schindlers Überlegungen und detailreichen Beispielen ist, diese komplexen Zusammenhänge zu erkennen und einen Weg zu einem möglichem Therapieerfolg zu weisen.

Damit positioniert sich Schindler in grundsätzlicher Distanz zu einem Behandlungsstil, der sich als weitgehend autoritär versteht. Mit diesem Modell ist eindeutig ein gesellschaftlich-emanzipatorisches Anliegen verbunden. Durch größtmögliche Beweglichkeit im Wechsel der rangdynamischen Positionen soll autoritäre Erstarrung verhindert und ein flexibleres Gleichgewicht möglich werden.

Interessant und zunächst ungewöhnlich ist ein spezifisches Verständnis von Gruppierungen: Schindler betrachtet nicht einfach eine Gruppe – etwa die der PatientInnen und davon gesondert die des Pflegepersonals oder die Gruppe der ÄrztInnen, sondern erstens die Gruppierung der PatientInnen für sich alleine, zweitens die Gruppierung der PatientInnen gemeinsam mit dem Pflegepersonal und schließlich drittens die Gruppierung der PatientInnen gemeinsam mit den ÄrztInnen.

Diese spezifische Herangehensweise beschäftigt und verwirrt deswegen, weil sie als „Überlagerung dreifacher Gruppenbeziehungen" (Schindler 1957b, 231) eine Beschreibung der Interaktion zwischen Gruppen liefert. Zugleich wird das Agieren aus der eigenen Position auch hier nur sehr versteckt in dem Sinne transportiert, als ausgerechnet die Gruppe der leitenden ÄrztInnen in diesem Modell nicht prominent auftritt. Dies repräsentiert auch die reale Situation an der Station, in der diese Gruppe aufgrund ihrer Funktion tatsächlich am wenigsten persönlichen Kontakt zu den PatientInnen pflegt und nur Gestaltungsmöglichkeiten hat, die auf punktuelle Beziehungen beschränkt ist, während das Pflegepersonal weitaus mehr in das tägliche Leben der PatientInnen involviert ist.

Um dennoch das soziale Gefüge an der Station für die Therapieziele nutzen zu können, ist es nötig, einen Blick auf das Beziehungsnetz als Ganzes zu bekommen. Durch den Kunstgriff von überlagerten Gruppenbeziehungen gemeinsam mit der analytischen Kraft des rangdynamischen Positionsmodells wird dieses komplexe Sehen sowohl auf einer horizontalen Ebene (in der jeweiligen Gruppe) als auch auf einer vertikalen Ebene (Interaktion der Gruppen innerhalb der Organisation) möglich.

Zusammenfassend besteht die wichtigste Funktion dieses Modells für mich in einer an sich unübersichtlichen und durch verschiedenste Erwartungen überfrachteten Situation genügend Abstand und Struktur zu erzeugen, um die eigene Handlungsfähigkeit zu bewahren und Behandlungserfolge zu ermöglichen. Dabei wird das gesamte Beziehungsnetz der Station für therapierelevant gehalten und durch das rangdynamische Positionsmodell im Hinblick auf förderliche oder hinderliche therapeutische Prozesse besprechbar und verhandelbar.

Die Situation im Praktikum auf einer akutpsychiatrischen Station

Als Praktikant war ich im Jahr 2007 für die Dauer von drei Monaten auf einer akutpsychiatrischen Station in einem Wiener Krankenhaus beschäftigt. Ich war Teil eines größeren PraktikantInnen-Teams, dessen Mitglieder je nach Ausbildungskontext (Psychologiestudium, klinische Psychologie,

Fachspezifikum, Propädeutikum) unterschiedliche Praktikumsziele verfolgten. Das PraktikantInnen-Team wurde von einer klinischen Psychologin und Psychotherapeutin geleitet und zweimal wöchentlich supervidiert. Selbst bei PraktikantInnen im psychotherapeutischen Fachspezifikum gab es aufgrund der unterschiedlichen Fachrichtungen wenig gemeinsame Fragestellungen.

Der Auftrag bestand darin, in Absprache mit dem/der jeweils fallführenden FachärztIn Kontakt zu den PatientInnen herzustellen und zu vertiefen. Konkrete Therapieziele wurden im therapeutischen Team festgelegt und entsprechend dem akutpsychiatrischen Rahmen für eine sehr kurze Zeitdauer geplant. Die durchschnittliche Verweildauer einer Patientin/eines Patienten lag bei 20 Stationstagen.

PraktikantInnen wurden laufend auch für die Umsetzung verschiedener Therapiepläne auf Gruppenebene beauftragt, z. B. für die Durchführung von Konzentrationstrainings, Kommunkationstrainings und Gruppentherapien. Die Stellung, die PraktikantInnen zugeschrieben wird, erfuhr ich sehr ambivalent – ihre Arbeit wird im Sinne der Beziehungsarbeit zwar wichtig und für das Pflegepersonal und das Ärzteteam als große Entlastung gesehen, darf aber gleichzeitig nicht unverzichtbar werden, da ein permanenter Wechsel stattfindet.

Finanzielle Entlohnung für die geleistete Arbeit während des Praktikums ist, wie in der gesamten psychosozialen Branche üblich, nicht gegeben. Die Berufsgruppen, die im akutpsychiatrischen Feld tätig sind, sind FachärztInnen, Pflegepersonal, ErgotherapeutInnen und PsychologInnen. Die Berufsgruppe der PsychotherapeutInnen ist als eigenständige Berufsgruppe auf der akutpsychiatrischen Station nicht vertreten. Allerdings ist es Standard, dass ÄrztInnen psychotherapeutische Ausbildungen in unterschiedlichen Fachrichtungen haben. In meinem Beispiel war das therapeutische Klima, die therapeutische Kultur durch den leitenden Oberarzt geprägt, der in seinen Interventionen die systemische Perspektive berücksichtigte.

Zu Beginn des Praktikums setzte ich für mich folgende Praktikumsziele fest: Solide ICD-10 Kenntnisse aus der Praxis und Kenntnisse in Behandlung und Begleitung von Krisensituationen zu erwerben, Unterschiede zwischen psychiatrischer und psychotherapeutischer Diagnostik verstehen zu lernen, mich im psychiatrischen Feld bewegen zu können mit dem Ziel, Kooperationen aufzubauen. Diese Feldkenntnisse beinhalten aus meiner Sicht sowohl Kenntnisse der Zielgruppendynamik als auch die spezielle Organisationsdynamik. Als langfristiges Ziel nannte ich, meine Gruppenkompetenz zu vertiefen.

Bereits zwei Wochen nach Beginn des Praktikums richtete sich mein Fokus auf eine neue Frage: Wie orientiert sich ein Patient im stationären Setting? Wo sind die stützenden Beziehungen im Hier und Jetzt der Krise?

Nach weiteren vier Wochen beschäftigten mich weiter ausdifferenzierte Ziele: Gegenübertragungen wahrzunehmen, passend aufzugreifen und in Interventionen einzuplanen, Differenzen zwischen geplanter Intervention und real wirksamer Intervention und die Grenzen meiner therapeutischen Kompetenz wahrzunehmen und an der Gestaltung von Dialogen und Kooperationen mit ÄrztInnen zu arbeiten.

Die Anwendbarkeit des Modells anhand von zwei Beispielen

Erstes Beispiel:

Das rangdynamische Modell hat mir geholfen, die Grunddynamik der PraktikantInnengruppe in Interaktion zu den anderen Kleingruppen vor dem Hintergrund der Organisationsstruktur der Station von Anfang an wahrzunehmen. Auftretende Komplikationen und Konfliktlinien konnten in einen größeren Zusammenhang eingeordnet werden. Dadurch war es mir möglich, diverse Schwierigkeiten nicht allzu persönlich zu nehmen und dennoch die individuellen Anteile in der Praktikumsreflexion zu bestimmen und zu integrieren. Meine Beobachtung war, dass die Intensität an Affekten sich am ehesten im Zusammenhang mit der aktuellen rangdynamischen Positionierung verstehen und damit auch gestalten ließ. Der Schritt vom soziodynamischen Verstehen zur organisationsdynamischen Kompetenz war dann nicht mehr weit und mit supervisorischer Hilfe möglich. Hierin sehe ich auch ein markantes Unterscheidungsmerkmal zu anderen psychotherapeutischen Fachrichtungen. Die Wirkung des Umfeldes oder der organisatorischen Rahmenbedingungen kommen durch diese Sichtweise in den Blick.

Peter Weisz

Im akutpsychiatrischen Setting dominiert der Patient mit seinen Auflösungserscheinungen und den Gesetzmäßigkeiten der je individuellen Krise die aktuelle Organisation der Kommunikation. Der Kern der mitgebrachten Krisenerfahrung wird als Konfliktunfähigkeit und Nicht-Kommunikation sichtbar. Eben dieser Kern bildet sich notwendigerweise und permanent im therapeutischen Team ab. Einfache Hinweise von mir auf diese spezielle Resonanz und die Rückwirkung auf laufende Kommunikationsprozesse wurden als bedeutungslos und zu banal abgehandelt. Das unbewusste Diktat von Nicht-Kommunikation erwies sich als äußerst besprechungsresistent. Wie sehr die Organisation des therapeutischen Teams unter diesem Diktat stand, mag folgendes Beispiel verdeutlichen: Anlässlich einer Fortbildung stellte ich als Praktikant einige Fragen zur Angehörigenarbeit mit dem Hinweis auf die von Schindler erarbeitete Bifokale Gruppenpsychotherapie, da ich den Eindruck gewonnen hatte, dass Angehörigenarbeit nach wie vor ein wenig bearbeiteter Bereich ist. Offensichtlich stieß ich – ohne es zu wissen – auf eine sehr heikle Thematik, denn ich wurde von der Leitung des Gesamtteams belehrt, dass das „Konzept der schizophrenie-erzeugenden Mutter" schon längst obsolet sei. Von diesem Konzept war in keiner Weise die Rede gewesen, mein Interesse wurde auch nicht näher nachgefragt und ich phantasierte aufgrund der Schroffheit der Antwort, dass von meiner Frage eine Bedrohung ausgegangen war, die auf der Ebene der Alltagskommunikation für mich nicht nachvollziehbar war.

Meine Arbeitshypothese dazu war, dass es hier um eine projektive Abwehr einer affektiv sehr geladenen Thematik (soziale Konstruktion von Krankheit, Rollenfixierungen, Familiendynamiken in Wechselwirkung zu Psychodynamiken, Fragen von Schuld und Verantwortung etc.) ging, die Reflexion und Kommunikation auf aggressive und irreale Weise untersagt. Das aggressive Element lässt sich mit der unbewussten Aggression gegen die Klientel in der Position des Gegenübers erklären, deren interner Vertreter ich als Praktikant in der Omega-Position war. Rangdynamisch betrachtet war die Abfuhr von Aggression gegen mich schlüssig und aus der Sicht des Systems vernünftig.

Zweites Beispiel:

Eine Fallskizze soll die konkrete Anwendung des Modells innerhalb des therapeutischen Teams beschreiben: Von den durchschnittlich 20 PatientInnen auf der Station waren im Zeitraum meines Praktikums von Juni bis August 2007 etwa ein Drittel mit dem Störungsbild einer paranoiden Schizophrenie diagnostiziert.

So auch Patient R, männlich, 17 Jahre jung mit einer Vorgeschichte an stationärer kinderpsychiatrischer Behandlung, der von der Polizei eingeliefert wird, sich von Stimmen verfolgt fühlt und im Gefühl der Bedrohung die Einrichtung seines Zimmers zertrümmert und die Mutter tätlich bedroht.

Die bisher diagnostizierten „Adoleszenzkrisen" wurden vom zuständigen Oberarzt als „paranoide Schizophrenie mit relativ untypischem Beginn" neu diagnostiziert. Da aufgrund der Impulsdurchbrüche und der gewalttätigen Verteidigungsversuche immer wieder Fixierungen und medikamentöse Ruhigstellungen nötig waren, wurde vereinbart, dass es zwischen mir, als zuständigem Praktikanten, und dem Oberarzt eine fixe Rollenaufteilung geben sollte, um zu einem Erfolg im Sinne von Stabilisierung zu kommen. Soweit es möglich wurde, sollte ich die Rolle des Guten übernehmen mit dem Ziel, möglichst nicht in sein akutes paranoides Wahnsystem eingebunden zu werden, um Beziehungsaufbau und Compliance zu ermöglichen.

Die laufenden Gespräche dienten diesem Ziel und sollten Abschirmung und Entlastung in dieser innerlich wie äußerlich bedrohten Situation bringen. Die nötigen ärztlichen Interventionen und Zwangsmaßnahmen konnten nun aus der Rolle des Bösen geschehen und als solche wahrgenommen werden. Diese einfachste Aufspaltung kam dem Störungsbild entgegen und stellte eine minimale Orientierung in einer völlig außer Rand und Band geratenen Welt dar.

Schindler schlägt im Resümee seines Artikels in vereinfachter Form folgende Leitlinien vor: „Die Position der betreuenden Ärzte in der G-Omega-Linie löst negative Einstellung zur Therapie aus, in der Alpha-Beta-Linie eine positive, die kreuzweise Kombination schließlich eine ambivalente" (Schindler 1957b, 235).

Übertragen auf den skizzierten Fall lassen sich die gezielte Aufteilung

Peter Weisz

auf polare Rollen innerhalb des therapeutischen Teams gut verstehen. Da aufgrund der Zwangssituation und der Notwendigkeit des medikamentösen Eingriffs das Einnehmen der autoritären Position in der Linie G-Omega unverzichtbar ist, wird die positive Einstellung über das Einnehmen der Alpha-Beta-Linie an eine zweite Person, in diesem Fall an mich als Praktikant, delegiert. Im therapeutischen Team kann und muss diese Ambivalenz und Aufteilung im Sinne der Behandlung geplant, durchgehalten und immer wieder auch ausgehalten werden.

Ausblick – Grenzen und Möglichkeiten des Modells

Das Rangdynamik-Modell ist nur eine unter vielen Möglichkeiten, Strukturierungs- und Entwicklungsmöglichkeiten von Gruppen kommunizierbar zu machen. Den großen Verdienst Schindlers sehe ich darin, dass er die soziodynamische Fragestellung konsequent über Jahrzehnte kultiviert und in immer neuen Varianten aktualisiert hat. Um dies ausreichend zu differenzieren und wertzuschätzen, genügt es natürlich nicht – so wie ich es in meinen Überlegungen getan habe – sich auf den einen oder anderen Artikel zu beziehen.

In der Stärke des Modells – einen maximalen Abstraktionsgrad bei gleichzeitigem Anspruch persönlichste Befindlichkeiten und hohe Affekte in sozialen Zusammenhängen kommunizierbar zu machen – kann zugleich auch eine Schwäche gesehen werden. Missverständnisse, Einseitigkeiten und missbräuchliche Verwendungen sind unvermeidbar.

Aus konstruktivistischer Sicht kann die mitgelieferte Unterstellung, es handle sich hier um ein quasi ewiges Grundgesetz menschlichen Zusammenlebens, nicht geteilt werden. Es bleibt ein Modell, welches genau die Zusammenhänge zu sehen ermöglicht, die im Modell von vornherein enthalten sind.

Stärker als bisher ist mir durch die Auseinandersetzung mit Schindlers Überlegungen zum einen die Bedeutung von interagierenden Beziehungsgefügen bewusst geworden, zum anderen dass die beziehungsstrukturierenden Dynamiken der KlientInnen in ihrer Therapierelevanz nicht hoch genug eingeschätzt werden können. Im Vergleich dazu ist die Mächtigkeit von TherapeutInnen sehr beschränkt und entfaltet ihre

208

begrenzte Wirksamkeit in der Diktion der Rangdynamik am ehesten aus Beta und Gamma in beratenden und unterstützenden Rollen. Gerade innerhalb dieser verbindenden Grenzen können intra- und interpsychische Verbindungen in den Systemen der Klientel neu konstelliert und praktisch gefestigt werden.

Literatur

Schindler R (1957a) Grundprinzipien der Psychodynamik in der Gruppe. In: Psyche, 11 (5), 308–314

Schindler R (1957b) Soziodynamik der Krankenstation. In: Zeitschrift für diagnostische Psychologie und Persönlichkeitsforschung, 5, 227–236

Gruppenphasen in der Praxis
Aus der Sicht zweier Beobachterinnen

Cornelia Kohlross und Renate Strauss

Zusammenfassung

Im Zuge der Ausbildung zur Groupworkerin beobachteten die beiden Autorinnen ein gruppendynamisches Selbsterfahrungsseminar (Sensitivity Training). Die Funktion Beobachtung ist der Blickwinkel, und das Beobachtungs-Protokoll bildet die Grundlage für den Text. Ziel dieses Beitrages ist es, das Gruppengeschehen vor dem Hintergrund eines theoretischen Gruppenmodells darzustellen.

Einleitung

Den theoretischen Rahmen für die Beobachtung bildete vor allem das Gruppenmodell „Phasen der Gruppenentwicklung" nach König/Schattenhofer (2006, 62f) sowie Manuskriptunterlagen dieser Autoren in einer Zusammenstellung von Dr. Reinhard Larcher.

Dieses Phasenmodell ist in einer Matrix dargestellt. Die erste Ebene bilden die Gruppenphasen: Anfang und Orientierung, Positions- und Rollenklärung, Vertrautheit – Konsolidierung, Differenzierung – Zusammenarbeit, Trennung und Abschied.

Die zweite Ebene unterscheidet zwischen: Situation und Aufgabe der Gruppe, Situation und Fragen des Einzelnen, Anforderungen an den Einzelnen, Situation und Fragen der Leitung, Anforderungen an die Leitung.

Bei der Erstellung des Artikels haben wir uns hauptsächlich auf die Situation und Aufgabe der Gruppe (siehe Tabelle) konzentriert.

Als Beobachterinnen stellten wir fest, dass sich die Gruppe manchmal in einer Phase befindet, in der einzelne Personen (noch) nicht sind. Das heißt, es kommt zu Verschiebungen (Rückschritten/Vermischungen) der Phasen. Letztlich durchwandern die Gruppe und die TeilnehmerInnen die Phasen so, dass am Ende alle bei Abschied und Trennung ankommen (vgl. König/ Schattenhofer 2007, 61).

Anfang und Orientierung	Positions- und Rollenklärung	Vertrautheit– Konsolidierung	Differenzierung– Zusammenarbeit	Trennung und Abschied
Viele Entscheidungen stehen an, aber die Gruppe kann noch keine Entscheidungen treffen; es soll schnell losgehen, damit die Unsicherheit schwindet; einige aktive und erfahrene Mitglieder übernehmen die Führung – es ist aber schwer, ihnen zu folgen oder man folgt ihnen nur scheinbar; Phase der „Scheinkooperation".	Viele Vorschläge zum Vorgehen, aber keine Entscheidung; lange Diskussionen; Unzufriedenheit, Unruhe; Leitung soll entscheiden; steigende Aggressivität; verdeckte Angriffe untereinander, offene eher gegen die Leitung; Widerstand.	Die Situation hat sich entspannt, man kann länger an einer Sache arbeiten; viel Rücksicht und vorsichtiger Umgang miteinander; mehr gegenseitige Unterstützung; „alles gemeinsam machen" – die Flitterwochen der Gruppe; Begeisterung; den Frieden nicht in Frage stellen.	Die Gruppe ist entscheidungs- und arbeitsfähig; abweichende Meinungen werden gehört; viele Aspekte können bei einer Entscheidung berücksichtigt werden; Führung durch die Gruppe; großes Selbststeuerungs-potenzial; Feedback – auch kritisches – nimmt zu; Regeln können angepasst werden; Ausgleich zwischen „Geben und Nehmen".	Erneute Krisen; nicht alle wollen aufhören, nicht alle weitermachen; Unterschiede in der Verbundenheit werden deutlich; ambivalente Gefühle und Flucht vor Trauer und Abschied.
Wer gehört dazu, wer nicht? Möglichst viel Klärung und Orientierung ohne sich einzuschränken; gegenseitiges Kennenlernen; Selbstdarstellung; Probeaktionen ermöglichen.	Eine vorläufige, keine zu starre informelle Ordnung hervorbringen; erste Rollen und Positionen ausbilden; Rückmeldungen und Reaktionen aufeinander zulassen; jeder findet einen Platz; stabiler Rahmen erleichtert Auseinandersetzung.	Gemeinsamkeiten erarbeiten, das Verbindende sichtbar machen; tieferes gegenseitiges Verstehen; Normen auf Funktionalität hin untersuchen; Spielraum schaffen, nicht zu viel regeln.	Regelmäßige Reflexion auf der Ebene fachlicher Ziele und Zusammenarbeit; Entwicklung neuer Ziele.	„Rückfälle" in frühere Zustände und Konflikte. Bilanz auf sachlicher und sozialer Ebene, individuell und gruppenbezogen; Darstellung und Würdigung von Ergebnissen und Versäumnissen
Pol: Integration	**Pol: Differenzierung**	**Pol: Integration**	**Pol: Differenzierung**	**Pol: Integration**

Tab.: Situation und Aufgabe der Gruppe

Quelle: Phasen der Gruppenentwicklung (nach König/Schattenhofer 2006, 62f) sowie Manuskriptunterlagen der Autoren in einer Zusammenstellung von Dr. Reinhard Larcher.

Jede Gruppe beschäftigt eine Vielzahl von Themen. Die Beobachterinnen setzen unbewusst persönliche Schwerpunkte, Objektivität ist daher unmöglich. Um dennoch ein möglichst intersubjektives Gruppenbild zu zeichnen, bemühten wir uns um eine systematische Vorgehensweise (vgl. Wirnschimmel/Goldmann 1999, 308ff).

Deswegen wählten wir das Gruppenphasenmodell nach König/Schattenhofer als theoretisches Konzept und gaben uns für die Beobachtung, für das Schreiben des Protokolls und des Artikels einen Fokus: Umgang mit Konkurrenz in der beobachteten Gruppe, insbesondere jene unter Frauen. Dabei stellten wir eine Interdependenz zwischen der Bearbeitung des Themas Konkurrenz in der Gruppe und der Bearbeitung unserer Konkurrenz fest.

Die Gruppenanalyse der Beobachterinnen inklusive der Beschreibung der eigenen Konkurrenzsituation stellen wir an das Ende des Artikels, damit die einzelnen Gruppenphasen in der Prozessbeschreibung deutlich sichtbar werden.

Gruppenbeschreibung

Rechtien beschreibt Sensitivity Training als spezielle Form gruppendynamischer Selbsterfahrung: „Die Arbeit in Selbsterfahrungsgruppen zentriert sich auf die aktuellen Vorgänge in der Gruppe und in den einzelnen Teilnehmern, um den Mitgliedern Erkenntnisse über sich selbst und ihr Verhalten in Gruppen zu ermöglichen. Der Schwerpunkt liegt dabei auf den individuellen Erlebens- und Verhaltensprozessen" (Rechtien 2007, 7).

Bei dem beobachteten Sensitivity Training handelt es sich um eine Gruppe von zehn Frauen und zwei Männern im Alter von 23 bis 57 Jahren, wobei zwei Sprünge von acht Jahren festzustellen sind. Besonders gruppenwirksam erweist sich die Differenz zwischen 26 und 34 Jahren. Drei Teilnehmerinnen, die 26 Jahre und jünger sind, werden von der Gruppe als die Jungen/Stillen kategorisiert. Allen Frauen wurden Pseudonyme mit F (Fabienne, Faedra, Faye, Felicitas, Fernanda, Filippa, Fiona, Flora, Francesca, Frida) gegeben und den Männern Pseudonyme mit M (Martin, Maurice).

Prozessbeschreibung

Anfang und Orientierung

Felicitas und Filippa fehlen noch. Der Trainer erklärt die Rahmenbedingungen des Settings und fragt, wer wen kenne. Felicitas kommt, erkennt Maurice und setzt sich laut lachend zu ihm.

Die eigentliche Vorstellungsrunde beginnt spontan aus der Gruppe: Frida eröffnet, die anderen folgen vorsichtig. Das ungleiche Geschlechterverhältnis wird kommentiert. Es werden Angebote zur Pausengestaltung gemacht, Gemeinsamkeiten und Abgrenzungen werden über Themen wie Sprache (Dialekt) und Herkunft gesucht. Typisch für die Anfangs- und Orientierungsphase ist der Versuch, möglichst viel Klärung und Orientierung zu erreichen, ohne sich einzuschränken. Nervosität und Unsicherheit beschäftigt die Gruppe, auch das ist modellhaft für die erste Phase.

Filippa kommt nach 45 Minuten, entschuldigt sich und nimmt Platz. Martin legt seine Motivation zum Hiersein offen und will diese auch von anderen erfahren. Die Gruppe greift das Thema nicht auf. Das ist typisch für die Anfangsphase, in der Vorschlägen nicht oder nur scheinbar gefolgt wird.

Der Trainer schlägt vor, dass sich jeweils zwei TeilnehmerInnen gegenseitig vorstellen. Es bilden sich hier einige Zweierkonstellationen, die während des gesamten Prozesses wirksam bleiben werden. Auffällig ist, dass eine Person fast vergessen wird.

Maurice stellt Felicitas vor, er kennt sie aus einem anderen Seminar. Darüber bringen beide den Inhalt des Seminars herein. Dabei ist wesentlich, dass es sich um eine Kommunikationsmethode handelt. Es kommt zu einer Auseinandersetzung mit Faye, da sie in der Methode die Gefahr der Manipulation sieht. In der Folge beginnt die Gruppe über Umgangsformen im TeilnehmerInnenkreis zu verhandeln.

Obwohl einzelne schon in die Auseinandersetzung gehen können, ist die Unsicherheit in der Gruppe nach wie vor sehr hoch. Themen bleiben nur kurz erhalten und werden konkurrierend bzw. überschneidend behandelt.

Eine Pause mit Abendessen folgt. Der Wiedereinstieg ist schwierig. Die Unsicherheit ist wieder da. Der Widerstand der Gruppe wird über schleppende Gesprächsführung deutlich. Themen, die mit der Gruppe im Hier und Jetzt wenig zu tun haben, werden herein geholt, das Dort und Dann hat viel Platz (z. B. Reiseberichte, Pausengeschehen, Erzählungen von der Arbeit).

Neben Martin will auch Fernanda jetzt ernsthaft arbeiten, anstatt nur an der Oberfläche zu bleiben. Statt sich selbst zu positionieren, fragt Maurice nach: „Was würdest du denn spannend finden?" Die Gruppe geht langsam der Positions- und Rollenklärung entgegen. Die Personen sind jedoch im Darstellen ihrer Bedürfnisse noch sehr verhalten. Die in der Phase Positions- und Rollenklärung für eine Gruppe bedeutsame Unzufriedenheit ist hier noch kaum wahrnehmbar. Nach wie vor ist „[…]möglichst viel Klärung und Orientierung ohne sich einzuschränken, gegenseitiges Kennen lernen, Selbstdarstellung [...]" (König/Schattenhofer 2006, 62) im Vordergrund. Der Trainer fordert in dieser Phase immer wieder zum Überprüfen von Eindrücken und Phantasien auf.

Zaghaft finden Rückmeldungen statt, erste Eindrücke werden ausgetauscht, zusätzlich werden Zuschreibungen etabliert, wie z. B. die Gruppe der Jungen/Stillen.

Fernanda werden Eindrücke und Phantasien zu ihrer Person und ihrem Arbeitsfeld mitgeteilt, die sie bestätigen kann. Die Aufmerksamkeit wandert zu Felicitas. Faye wirkt irritiert. Darauf angesprochen, stellt sich heraus, dass sie sich nach wie vor über Felicitas und den aus ihrer Sicht manipulativen Seminarinhalt ärgert. Faye unterstellt Felicitas zu manipulieren. Konkurrenz wird hier spürbar: Wer bestimmt die Kommunikationsregeln? Felicitas weicht der Auseinandersetzung mit Faye und damit auch der Konkurrenzklärung aus. Von hier an bis zum Ende des Trainings beschäftigt Felicitas und die gesamte Gruppe die Frage: „Wer muss was in einer Gruppe erlauben, damit ich mich wohl fühle?".

Positions- und Rollenklärung

Die Gruppe setzt die Rückmeldungsrunden weiter fort, Fernanda setzt sich explizit dafür ein. Martin möchte Feedback und erhält es auch. Nach einiger Zeit unterbricht Fiona, weil auch sie an Rückmeldungen interessiert ist, natürlich nur, wenn Martin schon fertig ist. Der Wettbewerb um die Aufmerksamkeit der Gruppe wird hier deutlich. Fiona zieht ihren Anspruch wieder zurück.

Es dauert dann noch einige Zeit, in der Martin lange alleine spricht, bis Fabienne die Aufmerksamkeit endgültig auf Fiona lenkt. Im Verlauf der Rückmeldungen erzählt Fiona, dass sie ein ruhiges Kind gewesen sei und dass sie das Lebendige vermisse. Die Gruppe kann nicht auf ihre persönliche Erzählung eingehen. Plötzlich geht es nicht mehr um Fiona, sondern um Spielen und Spielplätze. Gleichzeitig reduziert sich das Tempo innerhalb der Gruppe und die TeilnehmerInnen können länger ein gemeinsames Thema bearbeiten, z. B. wird über die Zeit gesprochen und wie schnell sie vergehe. Die Entwicklung der Gruppe wirkt auch auf uns als Beobachterinnen und es wird spürbar, dass wir auch in unserer Funktion nicht unabhängig vom Gruppengeschehen sind. Wir fühlen mit und bleiben mit der Aufmerksamkeit bei einzelnen Themen hängen.

Da Martin und Maurice ihre weiblichen Anteile betonen, stellt Faye die Frage: „Sitzen wir hier in einer Frauenrunde?". Die Provokation wirkt, beide Männer verteidigen sich. Martin geht auf die Toilette. In der Zwischenzeit geht das Gespräch weiter. Als Martin zurückkommt, erzählt er, ungeachtet dessen was gerade passiert, eine Geschichte aus seiner Kindheit. Faye findet das unerhört, sie attackiert Martin und wirft ihm vor sich zu viel Raum zu nehmen. Faedra und Maurice unterstützen sie kämpferisch. Es wird, wie anlässlich der Auseinandersetzung um manipulatives Verhalten, sehr dicht. Niemand kann dominieren. Die handelnden Personen halten an ihren Standpunkten fest, bis der Konflikt abreißt. Nach einer Schweigephase wird Francesca in den Mittelpunkt der Aufmerksamkeit gerückt. Francesca berichtet, dass ihr das Seminar empfohlen wurde, weil sie als zu dominant erlebt werde.

Typisch für die Phase Positions- und Rollenklärung sind hier steigende Aggressivität, lange Diskussionen, Unzufriedenheit und Unruhe. Am Ende der Einheit ist so etwas wie ein labiles Gleichgewicht erreicht.

Nach der Pause beginnt der Trainer mit der Frage: „Wer hat mit wem bis jetzt am wenigsten Kontakt gehabt?". Damit wird die Auseinandersetzung der Gruppenphase entsprechend gefördert. Zunächst macht die Gruppe mit:

Maurice zeigt auf die Jungen/Stillen: Francesca, Flora und Filippa. Martin identifiziert Flora und Francesca, Fiona nennt Francesca, Faedra Filippa. Die Distanz zwischen den Jungen/Stillen und dem Rest der Gruppe wird hier sichtbar.

Nach dem Offenlegen dieser Beziehungsverhältnisse entsteht eine lange Pause. Das Vertrauen, um etwas so Persönliches zu sagen, ist in der Gruppe nur schwach vorhanden. Unruhe und Unzufriedenheit werden manifest und beobachtbar. Faedra unterbricht das Schweigen, sie möchte Feedback von Fiona. Sie stellt sich die Frage – der Phase entsprechend: „Wie komme ich rein, wie präsentiere ich mich, wie kann ich meine Interessen durchbringen?".

Wir nehmen eine Veränderung in der Gruppe wahr und haben den Eindruck, dass keine/r sich dafür oder dagegen entscheiden kann sich verstärkt einzulassen.

Flora, die bisher fast gar nichts gesagt hat, versucht sich zum ersten Mal mit einem Thema zu beteiligen. Es wird höflich, aber wenig nachhaltig bearbeitet.

Typisch für die Positions- und Rollenklärung ist auch, dass Versuche des Trainers mit Fragen wie „Welche Berufe werden zugeschrieben, stimmen die Zuschreibungen?" zu intervenieren, ignoriert werden.

Martin nützt die Gelegenheit für eine lange Rede, die anderen GruppenteilnehmerInnen lassen es zu. Er kommt zu keinem Ergebnis und die Einheit endet fast lethargisch.

Faedra möchte wissen, welchen Beruf die TeilnehmerInnen der Gruppe ihr zuweisen. Sie bekommt einige Antworten, löst aber das Rätsel nicht auf. Frustration bleibt zurück. Faye versucht in diese Stimmung hinein eine weitere Konfliktklärung mit Felicitas zu erwirken. Felicitas verweigert die Auseinandersetzung erneut, indem sie das Vorhandensein von Spannungen negiert. Die Frustration steigt weiter, jedenfalls bei Faye. Auch Fernanda löst das Raten um ihren Beruf nicht auf.

Martin und Maurice benennen schließlich die Stimmung, und der Trainer unterstützt sie mit der Aussage: „Wenn keine Aufklärung erfolgt, wird es unbefriedigend".

Die Gruppe ringt um den gemeinsamen roten Faden. Martin hält wieder einen Monolog. Man gewinnt den Eindruck, er will überreden, egal wozu. Auch das ist in der Phase der Positions- und Rollenklärung ein übliches Anliegen. Die Strategie von Martin löst wachsenden Unmut bei den anderen TeilnehmerInnen aus. Faye, Faedra und Maurice reagieren.

Danach beginnt eine Verhandlung über Vertrauen, Gebote, Verbote und ein Ringen um Verständnis, aber auch Machtansprüche wollen durchgesetzt werden. Frida zeigt ihre innere Anspannung in einem Monolog zum Thema: „Es muss doch etwas passieren".

Fiona fordert eine Gruppenanalyse vom Leiter. Damit hat die Gruppe aus unserer Sicht das Ende der Positions- und Rollenklärung erreicht.

Vertrautheit und Konsolidierung

Martin verlegt sich auf demonstratives Schweigen und macht unübersehbar Notizen. Bei anderen GruppenteilnehmerInnen ist hingegen eine gelöste Stimmung wahrzunehmen. Frida überlegt, ob es denn sinnvoll sein könne, auch Kontakt zu unsympathischen Gruppenmitgliedern aufzunehmen.

Der Trainer reagiert auf dieses Thema und kommt gleichzeitig Fionas Wunsch von der letzten Einheit nach. Er erläutert Möglichkeiten des Kontakts und erklärt, dass hier die Chance bestehe, an Personen festzumachen, was warum und wie passiere.

Danach ist es den Gruppenmitgliedern möglich einander offener zu begegnen und vermehrt in Auseinandersetzungen zu gehen. Der Trainer fordert dabei immer wieder zur Konkretisierung auf anwesende Personen und Themen auf. Der Unterscheidung zwischen Eindruck, Wahrnehmung und Gefühl wird eine besondere Bedeutung zugewiesen.

Typisch für die Phase der Vertrautheit und Konsolidierung ist hier, dass sich die Personen konkreter auf einander beziehen. Unterschiede und Gemeinsamkeiten werden erarbeitet.

Maurice macht mit Faye den Anfang. Er beschreibt sehr konkret, wie ambivalent er sie wahrnimmt. Faye kann das auch gut annehmen. Beziehungsklärungen finden auf einem neuen Qualitätsniveau statt. Frida,

Fabienne und Faedra haben das Thema Angst gemeinsam. Die Intensität der Auseinandersetzung erhöht sich spürbar.

Fernanda macht Martin ein Kooperationsangebot, das dieser aber noch nicht annehmen kann. Der Gruppenphase entsprechend, kann er unbeschadet anders bleiben, er macht weiter schweigend seine Notizen.

Erstmals kann auch das Thema Konkurrenz, vorerst über Beispiele außerhalb der Gruppe, angesprochen werden. Konkurrenzen innerhalb der Gruppe sind noch nicht benennbar. Fiona und Frida sind durch das Interesse am Thema verbunden, Frida ist zudem an der Meinung der anderen interessiert. Sie will erfahren, wie sie in Bezug auf ihr Konkurrenzverhalten wahrgenommen wird. Faedra antwortet, sie passe auf Fridas Ellenbogen auf. Schließlich legt Frida offen, dass ihr Frauenkonkurrenz Angst mache.

Der Trainer nimmt das Thema Konkurrenz auf und bringt es ins Hier und Jetzt. Er schlägt Frida vor, sich drei anwesende Frauen für ein potenzielles Arbeitsprojekt auszusuchen.

Die Gruppe ist sichtlich bewegt, sogar Martin unterbricht die Arbeit an seinen Notizen. Konkurrenz in der Gruppe wird anhand der Reaktionen einzelner auf das Nicht-Gewählt-Werden deutlich.
Parallel: Positions- und Rollenklärung – Vertrautheit und Konsolidierung

Nach einer 12minütigen, nachdenklichen Stille beginnt Filippa, indem sie Persönliches offen legt, unter anderem, dass sie sich in Gruppen als zu wenig dominant erlebe.

Inhaltlich schließt der Beitrag von Filippa an das Konkurrenzthema an. Die Beobachterinnen deuten ihre Offenheit auch als Schritt in die Phase Vertrautheit und Konsolidierung. Sie fühlt sich in der Gruppe sicher genug, um auch als Person sichtbar zu werden. Als Reaktion werden Faye, Maurice, Frida, Fiona, Fernanda und Felicitas wieder rückfällig. Sie gehen auf Filippa nicht ein. Faye mahnt ins Hier und Jetzt zu kommen, die anderen beraten Filippa und behandeln sie als ob sie unerfahren wäre. Die Reaktionen wirken eher angespannt und aggressiv. Die Beobachterinnen deuten das als Verschiebung in die Positions- und Rollenklärung. Es scheint, als ob es noch nicht möglich wäre Filippa zu integrieren. Fabienne und Martin hingegen gehen in direktem Kontakt auf Filippa ein. Damit sind beide Pole wahrnehmbar, Differenzierung aus der Positions- und Rollenklärung und Integration aus Vertrautheit und Konsolidierung.

Für die Beobachterinnen ist es anstrengend dem Geschehen zu folgen. Schweigephasen wechseln mit Monologen und Klärungsversuchen ab.

Es scheint Widerstand zu geben, weiter in die Phase Vertrautheit und Konsolidierung vorzudringen. Filippa, die der Gruppe der Jungen/Stillen angehört, eröffnet diese Einheit, danach werden auch Flora und Francesca sichtbarer. Das führt die Autorinnen zu der Vermutung, dass die beiden Untergruppen (Junge/Stille, Rest der Gruppe) sich nun erstmals differenzieren müssen, um danach zur Integration zu gelangen. Das Thema Konkurrenz wird nun wieder weniger angesprochen, aber durch das Durcheinander im Gespräch deutlich.

Die Fragen, wer in der Gruppe ist bzw. wer nicht, sind zentral. Ist doch für die weitere Entwicklung des Gruppenprozesses entscheidend, wie weit man sich von der Gruppe distanzieren könne bzw. in einer anderen Phase verweilen dürfe, bevor man hinausfällt.

Wieder wird das Thema Gruppennorm aufgebracht und verhandelt. Normen werden auf ihre Funktionalität hin überprüft, dadurch schreitet die Gruppe weiter in Richtung Vertrautheit und Konsolidierung. Dieser Prozess ist für TeilnehmerInnen und Beobachterinnen fordernd, auch Enttäuschungen und Kränkungen liegen in der Luft.

Vertrautheit und Konsolidierung (weiter)

Felicitas wird darauf angesprochen, dass Sie meistens außerhalb des Kreises stehe. Sie meint, dass ihr das viele Sitzen schwer falle. Die Gruppe reagiert mit Ideen von Bewegung und Spielen. Faye setzt sich letztlich mit einem Spielvorschlag durch, in dem eine Person in der Mitte steht und ein Platz im Sesselkreis leer bleibt. Die Person links vom freien Platz sagt: "Mein rechter, rechter Platz ist leer, da wünsche ich mir die/den XY her". Die Person aus der Mitte muss schneller beim Sessel sein, als die/der Gerufene. Gelingt ihr das, kommt die gerufene Person in die Mitte.

Die Gruppe einigt sich schnell und das Spiel beginnt. Alle TeilnehmerInnen haben großen Spaß am Spiel. Die Jungen/Stillen sind besonders geschickt.

Fiona, Martin, Maurice und Frida fällt es weniger leicht, aber alle können miteinander lachen. Maurice ersucht nach rund 45 Minuten, das Spiel zu beenden. Auch diesem Wunsch wird nachgegeben.

Typisch für die Phase der Vertrautheit und Konsolidierung ist das gemeinsame Tun, es sind „die Flitterwochen der Gruppe" (vgl. Tabelle). Im Anschluss wird das Spielgeschehen ausgewertet. Es geht um Tricksen, einige stellen fest, dass sie geschummelt haben und es genießen konnten. Das Spiel bot der Gruppe die Möglichkeit, harmlos unterschiedliche Strategien zur Durchsetzung bzw. zum Gewinnen zu erproben. Es geht viel um Fehler machen und darüber lachen können. „Lachen ist immer gut" ist eine der Aussagen.

Das Thema Konkurrenz taucht wieder auf: Faye hatte das Spiel vorgeschlagen, war aber als einzige nicht in der Mitte, auch Faedra war nur einmal in der Mitte. Fiona gibt zu, dass ihr das Spiel schwer gefallen sei. Martin meint, dass er durch das Spiel endgültig seine Außenseiterrolle verlassen konnte. Mehr und weniger erfreuliche Kindheitserlebnisse werden erzählt.

Parallel: Vertrautheit und Konsolidierung – Differenzierung und Zusammenarbeit

Maurice versucht direkt mit Faye in Kontakt zu kommen, indem er ihr sagt, dass er Angst vor ihr hat. In der Gruppe geht es dadurch wieder um die Fragen: „Wie darf man sein? Was darf auf welcher Ebene und wie kritisch rückgemeldet werden? Was ist erlaubt?" Fast alle TeilnehmerInnen geben Faye Rückmeldungen. Es wird dabei unter anderem zum Ausdruck gebracht, dass Selbsterfahrung und Weiterentwicklung in der Gruppe stattfinden, wenn sich einzelne als betroffen zeigen.

Es folgen intensive Rückmeldungsrunden, in denen zwei Ebenen beobachtbar sind: Viel Rücksicht und vorsichtiger Umgang im Miteinander (Vertrautheit – Konsolidierung) und gleichzeitig das Hören abweichender Meinungen (Differenzierung – Zusammenarbeit).

Einer Spirale gleich verhält sich die Gruppe wieder so, wie in der Phase Positions- und Rollenklärung. Fiona fordert erneut mehr Input vom Trainer. Martin monologisiert über Introvertierte und Extrovertierte in einer Gruppe. In der Folge zeigt sich wieder mehr an Aggressivität und Konflikte werden verdeckt ausgetragen. In der gesamten Gruppe beginnt ein Austausch zum Thema Gruppennormen. Dabei agieren Gruppenmitglieder aber bereits differenzierter, kritisches Feedback nimmt zu, das Selbststeuerungspotenzial der Gruppe ist sichtbar. Das ist wiederum ein Hinweis auf Differenzierung – Zusammenarbeit. Die beiden Phasen werden durch den Pol Differenzierung verbunden.

Die TeilnehmerInnen legen diesmal offen, was ihnen an Gruppen wichtig ist, wovon sie sich eingeladen fühlen und wovon nicht, sie handeln ihre Bedürfnisse aus. Sie erarbeiten Gemeinsamkeiten, und das Verbindende wird sichtbar gemacht. Die Gruppe befindet sich wieder in Vertrautheit – Konsolidierung.

Flora tritt hier ein wenig deutlicher in Erscheinung: Sie steht für die Introvertiertheit und macht deutlich, dass sie nur etwas sagen will, wenn sie etwas zu sagen hat. Diese Aussage kommt aber nicht bei allen an. Einige sprechen für Flora.

Differenzierung und Zusammenarbeit

In der Pause scheint eine Vertiefung passiert zu sein: die Stimmung ist ernst, einige wirken erschöpft. Felicitas zeigt ihre Abhängigkeit von der Gruppe, indem sie sagt, sie könne nur dann sein, wie sie ist, wenn es alle erlauben und wenn keine weiteren Anmerkungen mehr zu befürchten seien. Fernanda hingegen legt offen, dass bei ihr Abhängigkeit entstehe, wenn sie jemanden mag bzw. jemand ihr wichtig ist, konkret nennt sie Faedra, Faye und Maurice. Unterschiedliche Abhängigkeitsmuster werden deutlich.

Die Gruppe wirkt jetzt wie zur Ruhe gekommen, fast alle beteiligen sich mit Rückmeldungen am Thema. Damit scheint Entscheidungs- sowie Arbeitsfähigkeit hergestellt und die TeilnehmerInnen können sich der Selbsterfahrung zuwenden.

Ein Konflikt zwischen Fernanda und Martin führt die ProtagonistInnen in der Beilegung zum Thema Scham: „Was ist hier angemessen?" Fernanda stellt ihre heftige Reaktion auf Martin in Frage, auch Martin fühlt sich durch Fernandas Reaktion auf ihn bei seinen kritischen Themen ertappt.

Faye eröffnet Faedra, dass sie sich mit ihr auf fachlicher Ebene messe. Faedra weist das zurück: Für sie fände Konkurrenz sicher nicht auf fachlicher Ebene statt, viel eher auf der Ebene von Beliebtheit. Der Trainer greift das Thema mit der Frage, wer mit wem um was konkurriere auf. Zunächst reagiert nur Fiona: Sie benennt Konkurrenz um Raum und Anerkennung durch die drei Männer. Faye und Faedra versuchen noch einmal, ihre Beziehung weiter zu klären. Die Frage des Trainers, ob es auch eine Konkurrenz darum gäbe, wer am wenigsten sage, ist Anlass für Fiona, wieder mit Francesca in Kontakt zu treten. Es gelingt nur zum Teil, aber insgesamt rückt Francesca wieder in den Blick der Gruppe. Der Trainer lädt Francesca dazu ein, vier TeilnehmerInnen für einen Ausflug im Auto auszuwählen. Es wird wieder deutlich, dass über das Spielerische Konkurrenz leichter bearbeitet werden kann.

Der Trainer schlägt zur weiteren Vertiefung von Beziehungsklärungen ein Soziogramm vor. Die Anleitung lautet, sich mit geschlossenen Augen im Raum zu bewegen, stehen zu bleiben und zu raten, wer um einen herum stehe, dann die Augen öffnen und überprüfen. Danach wieder mit geschlossenen Augen weiter gehen und andere Personen ertasten. Augen öffnen, aktiv einen Platz im Raum suchen und zum Stillstand kommen.
In der Folge werden hilfreiche Rückmeldungen aus dem Soziogramm zur weiteren Ausdifferenzierung der Beziehungen genützt.

Parallel: Differenzierung und Zusammenarbeit – Trennung und Abschied

Nach einer Pause geht es zögerlich weiter, einige kommen verspätet. Frida fordert Filippa zu einer Beziehungsklärung auf, die sich aus dem Soziogramm ergeben hat. Der Trainer bietet an, das Näheverhältnis durch Aufeinander-Zugehen zu überprüfen. Dieser Vorschlag wird abgelehnt, beide wollen lieber in der Pause klären.

Es folgt eine Phase der Unsicherheit. Mit dem Anliegen, dass noch schnell etwas geschehen müsse, wendet sich die Gruppe der Phase Trennung und Abschied zu.

Trennung und Abschied

Mit der Aussage des Trainers, dass nur mehr zwei Einheiten im Plenum stattfinden werden, wird der bevorstehende Abschied spürbar. Er fragt, ob das Zweiergespräch zwischen Frida und Filippa stattgefunden habe. Das

Gespräch habe stattgefunden, eine Klärung sei dabei nicht gelungen, so die Antwort.

Mit dem Thema Abschied wird unterschiedlich umgegangen: Fabienne wendet sich schon der Sehnsucht nach zu Hause zu. Maurice nutzt die Zeit, um differenziertes Feedback zu erhalten. Faedra möchte hören, wofür sie in der Gruppe gestanden sei, weitere kleinere Feedbackrunden finden statt. Der Trainer leitet eine Abschlussreflexion ein.

Es folgen reflektierende Anmerkungen, Erkenntnisse werden offen gelegt, letzte Feedbacks ausgetauscht. Die TeilnehmerInnen haben viele Erfahrungen gesammelt, sind mit sich beschäftigt und bereit für den Abschluss.

Analyse der Beobachterinnen

Beobachtungen zum Gruppenphasenmodell

Wie bereits in der Einleitung dargelegt, verlaufen die Gruppenphasen des angewendeten Gruppenphasenmodells nicht konsequent aufeinanderfolgend. Das wird insbesondere in den drei Überschriften deutlich:
- Parallel: Positions- und Rollenklärung – Vertrautheit und Konsolidierung,
- Parallel: Vertrautheit und Konsolidierung – Differenzierung und Zusammenarbeit,
- Parallel: Differenzierung und Zusammenarbeit – Trennung und Abschied.

Darüber hinaus haben wir beim Schreiben des Beobachtungsprotokolls und auch beim Verfassen des Artikels Veränderungen in unserer Einschätzung und Zuteilung festgestellt. Der Blick auf eine Gruppe ändert sich also mit der Distanz. Aus unserer Sicht ermöglicht das theoretische Modell in erster Linie eine grobe Orientierung in Gruppen. Es dient TrainerInnen als diagnostischer Rahmen, um den eigenen Eindruck zu überprüfen und daraus Interventionen abzuleiten.

Wirksamkeit bei der Arbeit in Gruppen setzt die Bereitschaft zur Selbstreflexion voraus. Besonders wichtig erscheint uns in diesem Zusammenhang der Mut, zur eigenen Wahrnehmung zu stehen und diese anzusprechen, auch wenn sie noch nicht theoretisch untermauert ist. Wir als Beobachterinnen waren z. B. unerwartet und zeitgleich mit dem

Thema Angst beschäftigt und stellten fest, dass sich das in der Gruppe widerspiegelte. Unabhängig von der Teilnahme kann man also bestimmte Themen auf- und wahrnehmen.

Die Sinnhaftigkeit der Beschäftigung mit dem Gruppenphasenmodell hängt stark von Funktion und Setting ab: Wenn ich als TeilnehmerIn in einer Selbsterfahrungsgruppe laufend theoretische Überlegungen anstelle, in welcher Phase wir uns gerade befinden, bin ich dysfunktional.

Konkurrenz in der Gruppe

Wir meinen, dass Konkurrenz jede Gruppe beschäftigt. Gleichzeitig setzt Wettbewerb eine Begegnung auf Augenhöhe voraus und bedeutet daher auch Respekt. Im Allgemeinen wird das Thema Konkurrenz aber negativ erlebt. Wenn sie als Thema ansprechbar wird, ist – unserer Erfahrung nach – der erste Schritt zur Bearbeitung getan. Die zuvor in der Abwehr gebundenen Energien können nutzbringend eingesetzt werden. Etwas von sich Preis geben hat mit Vertrauen zu tun. Konkurrenz bearbeiten zu können, setzt also Vertrauen voraus. Vor allem in den ersten beiden Phasen ist zu wenig Fundament für die Auseinandersetzung vorhanden. Ab der Phase Vertrautheit und Konsolidierung gibt es dafür mehr Raum.

Allgemeine Beobachtungen zum Thema Konkurrenz

- Konkurrenz wurde besonders zu Beginn in einer Negativverstärkung nach dem Motto „Wenn nicht ich, dann niemand" gelebt. Dazu zwei Beispiele: „Ich gebe wenig von mir her, und du darfst auch nicht" und „Du legst nicht offen, was du denkst, also ich auch nicht". Hier ist die Energie der Gruppe besonders gebunden und die Auseinandersetzungen verlaufen zäh.

- Der Austausch über Konkurrenz wurde immer wieder gerne ins Dort und Dann verschoben. Zum einen wurden Beispiele aus dem Beruflichen erzählt, zum anderen wurden Auseinandersetzungen in Zweiergespräche und in die Pausen verlegt.

- Der Gruppe gelang es, sich auf die Durchführung eines Spieles zu einigen, dabei Wettbewerb lustvoll auszuleben und neue Impulse möglich zu machen.

Beobachtungen zum Umgang von Frauen in und mit Konkurrenzsituationen

- Die Auseinandersetzung mit einer bestimmten Person wird vermieden. Der Konflikt wird stattdessen auf die Gesamtgruppe übertragen und dem Einzelkonflikt wird die Bedeutung einer Gruppennorm zugeschrieben, die ohnmächtig macht. Der Handlungsspielraum wird dadurch eingeschränkt.

- Einzelne können ihre Konflikte gar nicht benennen, sie wählen Rückzug und Schweigen und eröffnen damit viel Raum für Phantasie. Es wird deutlich, dass sie Beziehungen haben, die aber nicht offen in der Gruppe entwickelt werden. Die Gruppe erreicht nicht die Form von Vertrauen, die es allen gleichermaßen ermöglicht, Konkurrenz zu bearbeiten.

- Ein Lösungsansatz scheint Verzicht zu sein, das Motto könnte lauten: „Nur wenn du es erlaubst, werde ich mein Bedürfnis erfüllen. Ich sage, was ich will, aber nehme es mir natürlich nur, wenn du das schon zulassen kannst. Ich will weiter gemocht werden, ich will nicht kämpfen."

- Einzelne versuchen, das Thema Konkurrenz in Form von Beziehungsklärungen zu bearbeiten. Das hat dann Erfolg, wenn beide (oder mehrere) Frauen dem Bezug zueinander nicht ausweichen, sondern Kontakt auch in der Konfrontation halten. Diese Form der Bearbeitung war besonders hilfreich für die Auseinandersetzung der Beobachterinnen mit ihrer eigenen Konkurrenz.

- Konkurrenz wird unter den teilnehmenden Frauen unserer Einschätzung nach stark mit Angst in Verbindung gebracht. Lustvoll wird der Wettbewerb vor allem im Spiel möglich.

- Emotionale Nähe zum Gegenüber, so konnten wir feststellen, kann in der Auseinandersetzung sowohl förderlich als auch hinderlich sein. Förderlich, da die Nähe zueinander Frauen überhaupt erst ermöglicht Konkurrenz anzusprechen, hinderlich, da eine tiefere Bearbeitung im Sinne des Näheverlustes zu bedrohlich wird.

- Insgesamt ist uns aufgefallen, dass die teilnehmenden Frauen sehr kreativ und nachhaltig in die Auseinandersetzungen gehen. Damit war es ihnen möglich, einen wesentlichen Beitrag zu der Gruppenentwicklung zu leisten.

Konkurrenz der Beobachterinnen

Von Anfang an war es unser persönliches Interesse zu erfahren, wie Frauen mit Konkurrenz umgehen. Vor diesem Hintergrund haben wir sehr kritisch auf den Umgang der Frauen mit dem Thema geachtet und das Reflektieren der Lösungsansätze der Frauen in der Gruppe hat uns maßgeblich dabei geholfen, zu einem Weg im Miteinander zu finden.

Wir meinen, dass unterschiedliche Faktoren zur konstruktiven Umsetzung unserer Konkurrenz beigetragen haben. Diese sind:

- Vertrauensvorschuss: Wir kannten uns schon aus einer Peer-Gruppe und waren beide froh, gemeinsam hier zu sein. Wir wussten voneinander, dass wir zu hoher Funktionalität und Zielorientierung fähig sind. Gleichzeitig gab es auch Befürchtungen aus diesen Erfahrungen, z. B.: „Was, wenn wir uns überfordern?"

- Die Erfahrung des gemeinsamen Beobachtens und in der Folge auch das gemeinsame Protokollieren zeigte uns, dass wir eine von Respekt und Wertschätzung getragene und damit belastbare Beziehung haben. Es war immer wieder gut möglich, zu sehen was ich und auch was die andere kann und beiträgt.

- Die Wirkungen der Gruppe auf jede von uns ganz persönlich konnten wir gut miteinander austauschen und Nähe zulassen. Wir haben einander vertraut und die Erfahrung gemacht, dass es hält. Die Konsequenz daraus war, dass wir den Mut fanden, uns einzulassen und auch abzugrenzen.

- Wesentlich war, dass wir uns über unsere jeweils eigenen Bedürfnisse Gedanken gemacht haben. Wir tauschten uns darüber aus, traten in Verhandlung, waren dabei verzichtbereit und auch führungswillig.

Die Gruppe war uns in Bezug auf den Umgang mit Konkurrenz ein Spiegel. Da uns das Thema wichtig ist, sind wir mit überhöhten Erwartungen an die Beobachtung der Frauen herangegangen. Dementsprechend konnten wir die vorgelebten Lösungsansätze in Richtung Vermeidung vorerst nicht ausreichend würdigen. Je enttäuschter wir waren, umso mehr haben wir uns dem Thema der eigenen Konkurrenz gewidmet. Es entspricht unseren persönlichen Erfahrungen, dass Frauen sich untereinander oft so kritisch beurteilen, dass am Ende hauptsächlich Frustration übrig bleibt und wenig

Kooperationsbereitschaft möglich ist. Die Anerkennung dieser besonderen Dynamik – besonderes hohe Erwartungen bei gleichzeitig besonders kritikfreudiger Haltung – könnte ein wichtiger Schritt zur konstruktiven Auflösung von Konkurrenz unter Frauen sein.

Literatur

König O, Schattenhofer K (2006) Einführung in die Gruppendynamik. Carl-Auer Verlag, Heidelberg

König O, Schattenhofer K (o. A.) Einführung in die Gruppendynamik, Manuskriptunterlagen der Autoren zu den Phasen der Gruppenentwicklung in einer Zusammenstellung von Dr. Reinhard Larcher

Wirnschimmel K, Goldmann F (1999) Beobachtung und Beobachtungskriterien in der Dynamischen Gruppenpsychotherapie. In: Majce-Egger M (Hg) Gruppentherapie und Gruppendynamik – Dynamische Gruppenpsychotherapie. Facultas, Wien 306–323

Rechtien W (2007) Angewandte Gruppendynamik. Beltz Verlag, Weinheim

Konzepte und Reflexionen

Überlegungen zu Behandlungskonzepten der stationären Kinder- und Jugendpsychiatrie

Rainer Fliedl

Zusammenfassung

Es werden grundlegende Überlegungen zu Behandlungs- und Betreuungskonzepten einer an Entwicklungsprozessen orientierten stationären Kinder- und Jugendpsychiatrie angestellt. Dazu wird auf institutionelle Rahmenbedingungen, die für österreichische Verhältnisse gelten, Bezug genommen. Anhand einiger Parameter, die die stationäre Behandlung charakterisieren, werden exemplarisch Dynamiken, Prozesse und Interaktionsformen der Klientel und ihrer Bezugssysteme beschrieben. Es wird herausgearbeitet, wie sich das Behandlungskonzept (Ziele, Angebote, Strukturen, Funktionen, therapeutische Haltung, theoretischer Hintergrund) an den besonderen Entwicklungsbedürfnissen, die sich an der Station dynamisch in Szene setzen, orientiert.

Einleitung

Kinder und Jugendliche stehen in einem dynamischen Entwicklungsprozess. Auseinandersetzung mit Kindern und Jugendlichen ist daher immer Auseinandersetzung mit Entwicklungsprozessen, ihren Grundlagen und den Rahmenbedingungen, in denen diese stattfinden. Daraus folgt, dass auch die Behandlung und Betreuung, die in einem Netzwerk von Wissen, Institutionen, Professionen und Menschen stattfindet, nicht nur an einer momentanen symptombezogenen Auffälligkeit orientiert sein kann, sondern gleichzeitig auf die Entwicklungsaufgaben und auf den Hintergrund der Entwicklungslinien mit ihren Brüchen, Hindernissen und Abweichungen bezogen sein muss. Es bedarf eines an Entwicklungsprozessen orientierten Verständnisses von Störungen, um mit Entwicklungsmöglichkeiten (Ressourcen), Entwicklungsrisiken (Risikofaktoren) und Entwicklungshindernissen (Widerstand) umgehen zu können. An diesem Prozessverständnis muss sich nicht nur Diagnose, sondern auch Behandlung und Betreuung des Kindes und seiner Familie orientieren.

Rainer Fliedl

In diesem Sinne braucht es Diagnose-Instrumente, wie z. B. die Operationalisierte Psychodynamische Diagnostik für Kinder und Jugendliche (Arbeitskreis OPD-KJ 2003), die im Gegensatz zu einer stark an der Symptomatik orientierten Sichtweise, den Einfluss der Störung auf den Entwicklungsprozess zufriedenstellend berücksichtigen.

Die Orientierung am sozialen Feld und der Familie ist eine selbstverständliche Grundlage der kinder- und jugendpsychiatrischen Arbeit. Sowohl Psychoanalyse als auch Systemische Therapie liefern für das Verständnis der Bedeutung des primären Bezugssystems grundlegende Arbeits- und Verstehensmodelle, sei es für die aktuelle Situation oder als Grundlage für die weitere Entwicklung des Verhaltensrepertoires in anderen, späteren, menschlichen Systemen. Das Erfassen dieses komplexen sozialen Systems ist Teil des diagnostischen Prozesses. Als klassisches Hilfsmittel dient dabei das Genogramm (Browen 1980), mit dem das familiäre System als Netzwerk darstellbar wird und einen praktikablen Einstieg in die Diagnostik der Familie bietet. Aus dieser an Entwicklungsprozessen orientierten und das dynamische Umfeld des Kindes erfassenden Diagnose ließen sich idealtypische Behandlungskonzepte ableiten, die aber in der Realität stationärer Kinder- und Jugendpsychiatrie sehr unterschiedlich, angepasst an die gesellschaftlichen, ökonomischen und institutionellen Rahmenbedingungen, determiniert sind. Diese Rahmenbedingungen sind Referenz unseres Handelns und bestimmen damit auch die Behandlungsmöglichkeiten. Es scheint mir unerlässlich, diese Rahmenbedingungen differenziert wahrzunehmen, weshalb ihnen hier Aufmerksamkeit gewidmet werden soll.

Gesellschaftliche Rahmenbedingungen

Die Betreuung, Förderung und Behandlung von Kindern ist in Österreich in einem institutionellen Netzwerk organisiert, in dem sehr unterschiedliche Institutionen mit verschiedenen Trägern, die aus unterschiedlichen finanziellen Quellen (z. B. Jugendwohlfahrt, Arbeitsmarktservice, Behindertenhilfe, Krankenkassen, Leistungsorientierte Krankenanstaltenfinanzierung usw.) gespeist werden, zur Verfügung stehen (Tatzer 2003). Innerhalb der in Österreich wirksamen institutionellen und ökonomischen Rahmenbedingungen gibt es zwischen den Einrichtungen relevante Unterschiede, die sich gut anhand von Grundparametern wie z. B. Diagnosegruppen, Altersgruppen, Region und ambulante Möglichkeiten beschreiben lassen.

Diagnosegruppen

Die Patientengruppe mit kinder- und jugendpsychiatrischen Kern-diagnosen ist erfahrungsgemäß in allen Einrichtungen sehr ähnlich. Relevante Unterschiede gibt es in der Gruppe der Psychosomatosen, bei neurologischen Erkrankungen und bei Behinderungen – je nachdem, ob dafür qualifizierte pädiatrische Abteilungen zu Verfügung stehen oder nicht. Weitere Unterschiede ergeben sich, wenn ein Teil der Unterbringungsaufgaben von einer erwachsenenpsychiatrischen Station oder spezialisierten Einrichtungen (z. B. für die Behandlung Suchtkranker) erfüllt wird.

Altersgruppen

Welche Altersgruppen an einer Abteilung aufgenommen werden müssen, entscheidet darüber, wie das Milieu gestaltet sein muss und wie groß die Gruppen sein können, mit denen gearbeitet wird. Ob das gesamte Altersspektrum von Kleinkind bis Jugendalter an einer Abteilung be-handelt wird oder ob bestimmte Altersgruppen oder Pathologien mit anderen Abteilungen geteilt werden (z. B. kindliche Essstörungen auf der Kinderabteilung oder juvenile Psychosen auf der Erwachsenenpsychiatrie) ist für das Behandlungskonzept relevant.

Region

Ein weiterer entscheidender Faktor ist das Verhältnis zwischen Einwohnerzahl der Versorgungsregion und zur Verfügung stehenden stationären Plätzen. Wenn es in einer Versorgungsregion von 500.000 Einwohnern 10 stationäre Betten gibt, kommt es notgedrungen zu einer spezifischen Selektion von PatientInnen. Aufenthaltszeiten, Aufenthaltsziele und Interventionen ändern sich, wenn für diese Versorgungsregion 40 Betten oder mehr zur Verfügung stehen (Tatzer et al 2000). Auch die verkehrstechnische Erreichbarkeit wirkt sich z. B. auf Elternarbeit und Nachbetreuung aus und beeinflusst dadurch ebenfalls die Aufenthaltsdauer.

Ambulante Versorgung

Wenn gute ambulante Versorgungsmöglichkeiten in der Region bestehen, es entsprechende Einrichtungen wie niedergelassene Kinder- und Jugendpsychiater, Ambulatorien etc. gibt, wird ein Teil der Kinder und Jugendlichen nicht stationär aufgenommen werden müssen. Das Einzugsgebiet, ob ländlich oder großstädtisch, und andere sozioökonomische Faktoren wirken sich sowohl auf die Inzidenz bestimmter Störungsbilder als auch auf die Kooperation der Eltern mit der Abteilung aus. Die Beschreibung der Rahmenbedingungen macht deutlich, dass obwohl die Kernaufgabe gleich bleibt, doch sehr unterschiedliche Anforderungen an die jeweiligen Abteilungen gestellt werden. Welche PatientInnen mit welchen Diagnosen, in welchem Alter, in welchem Zeitraum behandelt werden sollen sowie die zur Verfügung stehenden personellen und räumlichen Ressourcen bestimmen letztlich die Behandlungsmöglichkeiten.

Es kann daher kein allgemein gültiges Konzept einer Kinder- und Jugendpsychiatrie für Österreich entwickelt werden, sondern jede Abteilung muss im Bewusstsein der Rahmenbedingungen und ihrer spezifischen therapeutischen Ausrichtung ihr spezifisches Konzept finden. Dennoch lassen sich Parameter beschreiben, die die stationäre kinder- und jugendpsychiatrische Behandlung charakterisieren und Ziele definieren. Diese sind Krisenintervention, Kurztherapie und die qualifizierte Anbahnung einer ambulanten Therapie bzw. die Vermittlung an eine Therapiestation (Komplementärbereich), in der ein längerer Therapieaufenthalt möglich ist.

Die Krise und die Aufnahmesituation

Bei aller Unterschiedlichkeit der jeweiligen Abteilungen sind PatientInnen, die in akuter Krise aufgenommen werden, welche zu einem Entgleiten intrinsischer und extrinsischer Kontrollmechanismen geführt hat, die häufigsten Zugänge (Fliedl/Krisch 2000; Robatzek 2005). In einer solchen Krise ist in der Regel zumindest ein Teil – Eltern, Kind oder Öffentlichkeit – sehr an der Behandlung interessiert und damit auch gut motiviert. In dieser Phase der Behandlung wenden sich Kind und/oder Umfeld an uns als Autorität (Arnold/Schindler 1952), die aus dieser misslichen Situation heraushelfen soll und sind zumindest oberflächlich mit der Behandlung einverstanden und kooperationsbereit.

Stabilisieren der psychischen und sozialen Situation, Erkennen von Auslösern der Krise

Die ersten Ziele der Behandlung sind naheliegend: Die Situation soll beruhigt, Sicherheit soll wieder hergestellt werden, depressives oder aggressives Ausagieren gebremst und beendet werden. Stabilisierung wird einerseits durch Trennung aus dem aktuellen Umfeld ermöglicht, andererseits durch Herstellung eines beruhigenden, verständnisvollen und Halt gebenden Milieus. Es werden innerpsychische und soziale Auslöser der Krise mit dem Patienten und seiner Familie gesucht, beschrieben und reflektiert. Dies führt zu einer Senkung des Spannungsniveaus, was wiederum ein erstes Suchen nach Lösungen möglich macht.

Diagnostische Abklärung und Klären der Behandlungsvoraussetzungen

Der Erfolg der Kriseninterventionsmaßnahmen differiert je nach psychiatrischer und psychodynamischer Störung und hängt damit von innerpsychischen Verarbeitungsmöglichkeiten und Ressourcen bzw. Lösungsstrategien des familiären Systems ab. Über Erfolg oder Misserfolg der Kriseninterventionsmaßnahmen wird neben sonstigen diagnostischen Explorationen, Untersuchungen und Beschreibungen durch alle an der Station vertretenen Berufsgruppen Schweregrad und Art der psychiatrischen und familiären Störung deutlich. Wenn es zu diesem Zeitpunkt zu einer Beruhigung der Situation und zu einer Stabilisierung kommt, kann eine Entlassung in einen ambulanten oder komplementären stationären Bereich vorbereitet werden. Dies hängt davon ab, welche Behandlungs- und Betreuungsmöglichkeiten es in der Region gibt, aber auch von den in der ersten Phase erhobenen Ressourcen und Risikofaktoren. Gibt es hinreichende Motivation für eine Psychotherapie? Werden Medikamente weiter eingenommen? Wie ist die Kooperation der Eltern in der Behandlung? Eine Fülle an Faktoren zwischen Ressource und Risiko ist zu berücksichtigen, um zu einer brauchbaren prognostischen Einschätzung zu kommen. Ein alltagstaugliches Instrument dafür ist die Achse Behandlungsvoraussetzung der OPD-KJ (Arbeitskreis OPD-KJ 2003), in der sich die persönlichen, familiären, sozialen und institutionellen Ressourcen übersichtlich darstellen lassen.

Stationäre Therapie

Wenn es die stationären Rahmenbedingungen zulassen und es patientenbezogen sinnvoll erscheint, beginnt die Behandlungsphase mit dem Ziel, PatientIn und Familie langfristig auf eine ambulante Behandlung vorzubereiten (Mattejat/Remschmidt 2006). Damit liegt der Fokus auf den Themenbereichen, die diese ambulante Behandlung verhindern oder stören würden. Mit der Bewältigung der Krisensituation und der Dauer des Aufenthaltes wird die Behandlungsbeziehung zunehmend von der Störung des Patienten beeinflusst und verändert. Es treten immer häufiger Abweichungen, Regelverstöße und Widerstand gegen Behandlungsmaßnahmen auf. Dieser Widerstand kann sich ganz offensichtlich in oppositionellem Verhalten, Davonlaufen, nicht Einhalten von Regeln, Vergessen von Terminen für Elterngespräche oder dem plötzlichen Drängen auf Entlassung äußern, oder aber schleichend sein. Ziele, die klar vereinbart wurden, werden plötzlich wieder unklar und scheinen nie vereinbart gewesen zu sein oder können plötzlich aus fadenscheinigen Gründen nicht mehr verfolgt werden (Mangold 1990, Schubert/Tatzer 1988). Dies ist durch den Umstand verstehbar, dass ein Aspekt jeder Krisensituation das Scheitern eines Anpassungsprozesses an neue Bedingungen ist. Damit können wir auch annehmen, dass unser Interesse für die sozialen und innerpsychischen Auslöser der Krise uns in die Nähe der die Krise implizierenden Veränderungsanforderungen bringt. Wir stoßen also im Behandlungsprozess früher oder später auf eine Veränderung der Compliance im Sinne eines Widerstands gegen unsere Bemühungen, die innerpsychische und soziale Situation der Patientin zu klären, zu verstehen und sie dabei zu unterstützen, sie zu verändern. Die Art des Widerstandes gibt uns eine klare Auskunft über die bestehenden psychischen und sozialen Störungen und vertieft daher unser diagnostisches Verständnis. Dieses Phänomen im Behandlungsprozess ist ein alt bekanntes und wird beispielsweise von Bion (1990) als gläsernes Labyrinth bezeichnet. Das Kennenlernen dieser Entwicklungswiderstände, die zuerst noch nicht sichtbar waren (darum gläsern), ist von Bedeutung, weil damit gezeigt wird, was das einzelne Kind und seine Familie in der Weiterentwicklung behindert und damit eine ambulante Betreuung verunmöglicht.

Behandlungsziele und Vereinbarungen

Das Aushandeln von Behandlungszielen mit PatientIn und Eltern ist eine evidente Notwendigkeit, um diese als Auftraggeber zu sichern und damit zumindest ihre bewusste Mitarbeit zu garantieren. Je klarer und detaillierter diese Förder- und Therapiemaßnahmen vereinbart sind desto schneller wird aber auch deutlich, wo Eltern und Kind Abweichungen produzieren, die den Behandlungsprozess verlangsamen oder verunmöglichen. Neben dem Ärger, den jede BehandlerIn verspürt, wenn PatientIn und Familie einen schnellen Behandlungserfolg verhindern, tut sich das faszinierende Bild eines Labyrinths an Hindernissen und Widerständen im sozialen und innerpsychischen Leben des Patienten auf. Damit ergibt sich neben dem vereinbarten Behandlungsziel ein zweites Arbeitsziel: Die Widerstände und Hindernisse, die die Behandlung stören und gleichzeitig zentrale allgemeine Entwicklungsbehinderungen darstellen, wahrzunehmen, aufzuzeigen, gemeinsam zu verstehen und aufzulösen. Dies nicht nur, um die Behandlung zu ermöglichen, sondern auch, um eine weiterhin gute und stabile Entwicklung des Kindes zu gewährleisten.

Die szenische Darstellung

An diesem Prozess nimmt das Team nicht unbeeinflusst, neutral beobachtend teil, viel mehr ist es dem mächtigen Sog des Patienten und seiner Familie ausgesetzt, vorgesehene Rollen im familiären System zu übernehmen und in der sozialen Inszenierung mitzuspielen (Main 1957). Dies wird an Einzelbeziehungen zum Kind und/oder zu den Eltern deutlich. Bekannt ist etwa, wie männliche Jugendliche, die misshandelt wurden, nach relativ kurzer Zeit bei einigen Personen im Team ein hohes Aggressionspotenzial aktualisieren (Streeck-Fischer 2004) und den Ruf nach wirksamen Sanktionen laut werden lassen. Andere Kinder lösen im Personal überfürsorgliches Verhalten aus, so als könnte man dem Kind selbst gar nichts zutrauen. Manche Borderline-PatientInnen induzieren Insuffizienzgefühle und affektiv aufgeladene Konflikte im Team. Wir kennen Eltern, die in uns ein übertriebenes Verständnis dafür auslösen, wie sie unter ihrem furchtbaren Kind leiden oder auch Eltern, die wir ganz furchtbar finden, sodass wir das Kind vor ihnen beschützen wollen. Wieder andere Eltern bringen uns in eine Position, rechthaberisch und stur unsere

Behandlungsvoraussetzungen durchsetzen zu wollen oder manchmal in einen Zustand, wo wir Zweifel haben, ob man sie oder das Kind behandeln soll.

„Vergleicht man nunmehr die Muster und Regeln, die sich innerhalb des Teams in Bezug auf das betroffene Kind entwickelt haben, mit jenen in der Familie, aus der das Kind kommt, so findet man häufig verblüffende Ähnlichkeiten. Es scheint, als ob das Kind dem Team sein ihm vertrautes System geradezu aufgezwungen hat, als ob es – genau wie in seiner Familie – auch für das ihm neue System, nämlich die stationäre Einheit, zum Indexpatienten geworden ist" (Tatzer et al 1991). Diese Vereinnahmung in die familiäre und psychische Szene des Patienten hat den Charakter eines Widerstandes und einer Wiederholung. Das Team soll dazu verwendet werden, die Situation so zu stabilisieren, dass Entwicklung nicht möglich wird.

Das sich selbst reflektierende Team

Die Absorbierung in die szenische Darstellung kann ganz offensichtlich sein, wie wir es z. B. bei Borderline-PatientInnen kennen, sodass das Team etwa zu streiten beginnt oder einer nach dem anderen krank wird. Es kann auch weniger deutlich sein wie bei Depressiven, die Überfürsorglichkeit im Team erzeugen, und damit auch eine Situation, in der man ihnen, wie etwa in der Herkunftsfamilie, nichts zutraut. Mithilfe des aus Erfahrung erworbenen Wissens, dass die Reflexion der eigenen Beziehung zum Kind und der Beziehungen untereinander wichtige diagnostische Instrumente sind, die darüber Auskunft geben, wie Entwicklungsmöglichkeiten und Entwicklungshindernisse gestaltet sind, kann die Inszenierung des Patienten wahrgenommen und verstanden werden. Daher ergibt sich als wichtiges Arbeitsziel im institutionellen Alltag, dieses In-Szene-Setzen immer wieder bewusst zu machen, um so behindernde Kollusionen auflösen zu können.

Funktionsbewusstheit

Diese Dynamik, die alle Beteiligten in spezifische Rollenübernahmen drängt, führt häufig zu Funktionsverletzungen. Dann beginnt beispielsweise der

Arzt über Fernseherlaubnis oder Fernsehverbot zu entscheiden, während das Betreuungspersonal mehr die Verbesserung der Medikation überlegt als die nächste Freizeitaktivität, oder die Einzelpsychotherapeutin beginnt am Gang Erziehungsfragen mit den Eltern zu diskutieren und in Teambesprechungen scheint jeder mehr mit dem Arbeitsbereich des anderen beschäftigt zu sein als mit dem eigenen. Das Team setzt so die Störung des Patienten in Szene und trägt jetzt diesen Streit aus, ohne über ihn nachzudenken oder ohne zu merken, wie es vom Familiensystem in diese Rolle gebracht wurde. Um diese funktionellen Unklarheiten möglichst früh erkennen und deutlich machen zu können, bedarf es eines hohen Funktionsbewusstseins (Pechtl 1989) und einer klaren Absprache von Funktionen, die eindeutig beschreiben, wer im Team der BehandlerInnen welche Aufgaben hat und wer welche Entscheidungen zu fällen hat. Diese Klarheit der Funktionen soll nicht dazu führen, rigid technische Arbeitsabläufe zu installieren, sondern soll dafür sensibel machen, in welche Rolle uns das Kind unbewusst drängen will. Sie soll das Team weiters dazu befähigen, in einem gemeinsamen Reflexionsprozess Inhalte, die das Kind nicht bewusst erzählen kann und daher in Szene setzt, im Sinn eines Mentalisierungsprozesses (Fonagy 2003) denkbar und verstehbar zu machen und dadurch den Übergang vom Agieren zum Denken ermöglichen. Hierfür kann der Resonanzbogen der OPD-KJ (Arbeitskreis OPD-KJ 2003) wertvolle Hilfe liefern. Er dient als nützliches Instrument, das die unterschiedlichen Beziehungsstrukturen, die das Kind im Team herstellt, verdeutlicht und die scheinbar beiläufigen Aussagen über die Beziehungen, die von den unterschiedlichen Teammitgliedern zum Kind hergestellt werden, als Beziehungsbefunde ernst nimmt. Das Verstehen der szenischen Darstellung auf der Teamebene ist eine zentrale Möglichkeit der stationären Behandlung. Interessanterweise wird es jedoch von vielen Teams als Fehler angesehen, in diese sozialen Inszenierungen involviert zu werden, weshalb diese Involviertheit gerne verleugnet wird. Versteht man diesen Prozess aber als eine bei manchen Kindern notwendige Phase im Rahmen einer stationären Therapie, wird das Mitagieren zu einer hilfreichen Funktion, die das Team in der Behandlung übernimmt. Gelingt es dem Team nicht, diesen Prozess zu sehen und durch diese Erkenntnis wieder arbeitsfähig zu werden, kommt es zur weiteren Eskalation oder zum

Rainer Fliedl

Stillstand der Behandlung und damit häufig zur Retraumatisierung des Kindes (Streeck-Fischer 2004).

Teamleitung

Die Arbeit eines selbstreflexiven Teams stellt eine besondere Anforderung an die Teamleitung dar. Der „Teamleiter des Personals erleichtert [...] die Entwicklung eines umfassenden Verständnisses für die Wirkung, die der Patient auf das gesamte soziale System ausübt [...]"(Kernberg 1985, 271). In diesem Sinn ist neben den Anforderungen einer fachlichen und organisatorischen Leitung auch die Aufgabe zu erfüllen, diesen Reflexionsprozess im Team anzuleiten und zu verdeutlichen, zu welchen szenischen Darstellungen es gekommen ist. Als etwas außen stehender Beobachter unterstützt sie die Mitglieder bei der Wahrnehmung und Reflexion ihrer Rollenübernahmen.

Struktur und Regression

Das dysfunktionale Benützen von Beziehungen stellt auch einen regressiven Prozess dar. Eine maligne Form der Regression liegt dann vor, wenn BehandlerInnen oder die Einrichtung von PatientInnen an die Stelle der Erkrankung gesetzt werden. Eine wegen Depressionen aufgenommene Patientin meint dann etwa, sie sei nur depressiv, weil sie an der Abteilung sein müsse. Oder ein wegen Impulsdurchbrüchen aufgenommener junger Mann erklärt, es sei ja klar, dass man hier durchdrehen müsse, weil hier ein Gefängnis sei. In solchen Situationen hat sich die Position der BehandlerInnen umgekehrt. Sie sind nicht mehr die, die aus den Schwierigkeiten heraushelfen, sondern scheinen selbst die Schwierigkeit geworden zu sein. Sie werden bekämpft, die PatientInnen wollen vor ihnen davonlaufen oder möchten entlassen werden. Aus der Gruppenpsychologie wissen wir, dass der Regressionsgrad einer Gruppe über das Gruppenziel steuerbar ist. Reflexive Gruppen wie z. B. Therapiegruppen, die den Auftrag haben über sich selbst nachzudenken, ihre Kommunikation zu erforschen, über innere Konflikte zu erzählen, haben die stärkste Neigung zur Regression. Handlungsorientierte Gruppen, die etwas miteinander unternehmen wollen, haben dagegen schon deshalb einen gewissen Schutz vor Regression, weil über die Handlung eine bessere Strukturierung von Beziehungen und ein Ausleben von Wünschen möglich wird. Arbeitsgruppen sind, solange sie funktionieren, am wenigsten regressiv. Sie sind am Werkstück oder an der Tätigkeit orientiert und rufen uns dadurch am stärksten in eine Position kompetenter, selbstverantwortlicher Vertragspartner. In der Anfangszeit einer Krise bedarf es eines beruhigenden, schützenden und fürsorglichen Milieus. Dieses Milieu wird aber nach kurzer Zeit zu einer Bedrohung der gesunden Ressourcen der PatientInnen und es bedarf während der Behandlung einer Ausgewogenheit von aufgabenorientierten, zielorientierten und reflexiven Angeboten.

Aufgabenorientierte Angebote

wie Schule, Beschäftigungsgruppe, kognitive Trainings und funktionelle Therapien sind durch Leistungsanforderungen charakterisiert. Diese Anforderungen müssen mit Kind und Eltern vereinbart werden und vom Kind erfüllbar sein. Wenn dieser Bereich im stationären Setting fehlt, nimmt man PatientInnen die Möglichkeit, Entwicklungsfortschritte auszuprobieren und zu genießen sowie aus eigener Leistung Selbstwert und Zufriedenheit zu entwickeln.

Zielorientierte Angebote

sind z. B. Freizeitaktivitäten und Kreativitätsgruppen, bei denen es primär darum geht, zu klären, was die Kinder oder Jugendlichen wollen, was in der jeweiligen Situation möglich ist und sie in ihrer Selbstgestaltung zu unterstützen.

Reflexive Angebote

stellen die Einzel- und Gruppenpsychotherapie dar. Hier lässt sich klären, wie sich das Kind auf der Station verhält, seine soziale Situation gestaltet und damit den Ablauf der Behandlung beeinflusst. Damit unterscheidet sich Psychotherapie im stationären Bereich etwa von einer ambulanten langfristigen Psychotherapie, die sich ganz allgemein mit den Wünschen, Phantasien und Konflikten des Kindes auseinandersetzt und einen längeren Prozess erfordert als die stationäre Aufnahme bieten kann. Das Angebot muss also fairerweise auf erreichbare Ziele – die Verdeutlichung und das Verstehen der sozialen Inszenierung des Kindes an der Station – fokussiert sein. Kinder und Jugendliche werden altersadäquat unterstützt eine beobachtende Position zu finden, die es ermöglicht gemeinsam zu untersuchen, wie die soziale Inszenierung im Hier und Jetzt von ihnen realisiert wird. Dadurch kann verdeutlicht werden, dass sie Anteil am Zustandekommen ihrer stationären Beziehungen haben. Im Weiteren geht es darum, dieses Verhalten gemeinsam zu verstehen, ihm Bedeutung und Sinn zu geben, um dann Verhaltensvarianten und Veränderungen überlegen zu können. Im Hintergrund dieser reflexiven Arbeit steht immer wieder die Frage: Warum tust du nicht das, von dem du sagst, dass du es willst? (Bion 1990) Der reflexive Raum dient dazu, beobachtende Ich-Funktionen zu stabilisieren und einen kontinuierlichen Abgleich zwischen dem, was das Kind erreichen will und dem, was es tut, zur Verfügung zu stellen. Psychotherapie im stationären Setting bedeutet also vorrangig Arbeit an der Entwicklung von Ich-Funktionen, im Besonderen der Reflexionsfähigkeit und dient der Vorbereitung einer möglichen ambulanten Psychotherapie.

Das soziale Lernen an der Station wird somit zu einem Wechselspiel zwischen diesen Angeboten, in denen Erfolg, Gestaltungsvermögen und Reflexion sich gegenseitig verstärken. In der Alltagsarbeit verschwimmen diese Angebote zwar, aber zugleich ist es doch wichtig, dass für PatientIn und BehandlerIn klar ist, in welcher Art der jeweilige Kontakt stattfindet und wozu er dienen soll. Konzeptuelles Grundprinzip ist das zur Verfügung-Stellen alltäglicher Anforderungen und Gestaltungsräume mit genügend aufgabenorientierten Bereichen, die für das Kind und die Betreuer die effektiv bestehenden Ressourcen und Defizite erfahrbar und besprechbar werden lassen. Sonst würden wir eine Situation vorspiegeln, die einer Welt entspräche, die sich nur an Wünschen und Phantasien orientiert und keine Anforderungen stellt und letztlich in regressive und destruktive Situationen führt. Gleichzeitig ist es aber wichtig, dass unsere PatientInnen das Leben auch als nach ihren Vorstellungen gestaltbar erleben. Daher braucht es soziale Räume, der von den Kindern selbst organisierbar und gestaltbar sind (siehe Tabelle Seite 245).

Elternarbeit

Klarheit in der Funktionsverteilung und in den Zielsetzungen ist im Besonderen in der Arbeit mit den Eltern unerlässlich. Da wir diese mit unterschiedlichen Angeboten in ihren unterschiedlichen Funktionen ansprechen, müssen Wechsel für BehandlerInnen und Eltern klar unterscheidbar und deklariert sein, um Verwirrung und Machtkämpfe weitgehend zu vermeiden:

Fallführendes Gespräch

Dabei sind Eltern Vertragspartner, sollen Verantwortung als Erziehungsberechtigte für das Kind übernehmen und Entscheidungen fällen. In dieser Situation stellen wir Fachwissen zur Verfügung und der gemeinsame Fokus ist die Behandlung und Weiterentwicklung des Kindes. Dies entspricht einem aufgabenorientierten Bereich.

Erziehungsberatung

hingegen findet auf einer anderen Ebene der Zusammenarbeit statt. Ein Setting, bei dem die Eltern mit ihrer eigenen Erziehungsgeschichte, ihren Wünschen und Vorstellungen, die sie an sich selbst, an das Kind und an ihre momentane familiäre Situation richten, im Zentrum des Interesses stehen. Wir sind dabei bemüht in diesen Situationen den Fokus auf Inhalte zu zentrieren, die mit dem Kind und den Eltern in ihrer Funktion als Eltern zu tun haben.

Familientherapeutisches Setting

Hierbei geht es um ein gleichwertiges Verstehen von Kommunikationsstrukturen, Normensystemen und Tabus in einer Familie. Dort sind zwar die Eltern Eltern und die Kinder Kinder, doch es besteht der Anspruch, die Hierarchie zwischen behandlungsbedürftigen und nichtbehandlungsbedürftigen Familienmitgliedern zu relativieren und den Fokus auf Reflexion zu richten.

Entlassungsphase

Viele Überlegungen, die die Entlassung betreffen, beschäftigen das Team während des gesamten Aufenthalts: Wie ist die familiäre Situation? Kann das Kind zurück oder braucht es eine andere Unterbringung? Wie kann es in der Schule weiter gehen? Gibt es Freunde? Ist eine Familien- oder Einzeltherapie möglich, notwendig, erfolgversprechend? Braucht es eine Förderung? Wer übernimmt das Case-Management? Und etliches mehr. Es entsteht dabei ein möglichst konkretes und realistisches Bild, wie dem Kind und seiner Familie zuzutrauen ist, ambulante Behandlungs- und Betreuungsmöglichkeiten so zu nutzen, dass es zu einer Weiterentwicklung kommen kann. Bei manchen Kindern und ihren Familien kommt es im Zuge der Entlassung abermals zu einer Krise. Dies kann uns einerseits darauf hinweisen, dass wir unser Behandlungsziel nicht erreicht haben, aber andererseits auch, dass die Trennung von der Station für das Kind schwierig ist und das Wiederbeleben jener Symptome, die zur Aufnahme geführt haben, den Wunsch darstellen, weiterhin hier bleiben zu können, was als Zuwachs an Beziehungs- und Trauerfähigkeit und auch als Behandlungsfortschritt verstanden werden kann.

Zum Abschluss

Stationäre Arbeit mit Kindern und ihren Familien fordert eine hohe Flexibilität in der Betreuung, eine Anpassung an unterschiedliche Alters-stufen, verschiedenste familiäre Gegebenheiten, vielfältigste Störungsbilder und schließlich an institutionelle und ökonomische Rahmenbedingungen. Um als Team in diesem Anpassungsprozess arbeitsfähig zu bleiben, bedarf es der Klarheit von Behandlungszielen, eines klaren Funktionsbewusstseins und der Fähigkeit, eigenes Handeln reflektieren zu können.

Angebote	Funktion	Tätigkeit der BetreuerInnen	Ziel	Befriedigung
Aufgabenorientiert: Schule, Beschäftigungsgruppe, Funktionelles Training	Anleitung	Aufträge geben, Anleiten bei der Arbeit. Feedback über Erfolg und Misserfolg	Lernen und Schaffen eines Produktes. Bewältigen von Anforderungen	Arbeitsprodukte und wieder gewonnene Fähigkeiten und Selbstwert
Zielorientiert: Wohnbereich, Kreativitäts- und Freizeitgruppen	Beratung und Anleitung	Klären von Wünschen und Zielen. Beratung, wie diese umsetzbar sind	Ein befriedigendes persönliches und soziales Leben	befriedigende soziale Beziehungen
Reflexiv: Gruppen- und Einzelpsychotherapie	Beratung	Verdeutlichen und Konfrontieren mit der sozialen Inszenierung, Verstehen ihrer Bedeutung und Überlegen von Verhaltensvarianten	Mentalisierung, Entwickeln beobachtender Ich-Funktionen, Reflexionsfähigkeit	Erkennen, Verstehen, Erkenntnis

Tab.: Das Stationskonzept im Überblick

Rainer Fliedl

Literatur

Arbeitskreis OPD-KJ (Hg) (2003) Operationalisierte Psychodynamische Diagnostik im Kindes- und Jugendalter. Huber, Bern

Arnold O H, Schindler R (1952) Bifokale Gruppentherapie bei Schizophrenen. Wiener Zeitschrift für Nervenheilkunde und deren Grenzgebiete 5. Springer, Wien, 155–174

Bion W R (1990) Erfahrungen in Gruppen. Fischer, Frankfurt

Bowen M (1980) Key to the Use of the Genogramm. In: Carter E A, Goldrick M Mc (Hgg) The Family Life Cycle – A Framework for Family Therapy. Gorden Press, New York XXIII

Fliedl R, Krisch K (2000): Aufgenommen oder ausgestoßen? Kriterien der Aufnahme zur stationären Psychotherapie im Kindes- und Jugendalter. In: Krisch K et al (Hgg) Schlimm Verletzt. Schwierige Kinder und Jugendliche in Theorie und Praxis. Krammer, Wien, 147–164

Fonagy P (2003) Bindungstheorie und Psychoanalyse. Klett-Cotta, Stuttgart

Haley J (1981) Ablösungsprobleme Jugendlicher. Familientherapie–Beispiele–Lösungen. Pfeiffer, München

Kernberg O F (1976) Objektbeziehungen und Praxis der Psychoanalyse. Klett-Cotta, Stuttgart

Main T F (1957) The Ailment. In: Britisch Journal of Medical Psychology, 30. British Psychological Society, Leicester, 129–145

Mangold B (1990): Einflüsse der systemischen Familientherapie auf einer psychotherapeutischen Kinderabteilung. In: Praxis der Kinderpsychologie und Kinderpsychiatrie, 94–97

Mattejat F, Remschmidt H (2006) Wie erfolgreich sind stationäre kinder- und jugendpsychiatrische Behandlungen. In: Zeitschrift für Kinder- und Jugendpsychiatrie und Psychotherapie, 34 (69). Huber, Bern, 455–464

Pechtl W (1989) Zwischen Organismus und Organisation. Veritas, Linz.

Schubert M Th, Tatzer E (1988) Systemtherapie im Kinderheim. Das Heimkind zwischen Institution und Familie. In: Brunner E J et al (Hgg) Von der Familientherapie zur systemischen Perspektive. Springer, Heidelberg, 127–136

Streeck-Fischer A (2004) Selbst- und fremddestruktives Verhalten in der Adoleszenz. In: Streeck-Fischer A (Hg) Adoleszenz – Bindung – Destruktivität. Klett-Cotta, Stuttgart, 8–25

Tatzer E et al (1991) Leben und Überleben mit stationär betreuten Kindern – Das Helfersystem als Spielball des Kindes? Interdisziplinäres Symposium für Pädagogik und Therapie. Krise als Chance. Wien 1991 (Tagungsbericht)

Tatzer E et al (2000) Kinder- und Jugendneuropsychiatrie in Niederösterreich. In: Krisch K et al (Hgg) Schlimm Verletzt. Schwierige Kinder und Jugendliche in Theorie und Praxis. Krammer, Wien, 191–231

Tatzer E (2003) Kinder und ihre Helfer – Wer braucht wen? Wie Versorgungseinrichtungen, Verwaltung und Politik schwierige Kinder und Jugendliche durch Kompetenzwirrwarr gefährden. In: Jürgenssen O et al (Hgg) Weggelegt. Kinder ohne Medizin? Czerninverlag, Wien, 111–139

Chaos und Struktur in großen Gruppen – Prozesse in Großgruppen und Plenarveranstaltungen
Das Gruppendynamik-Mühldorf-Modell

Maria Majce-Egger

Zusammenfassung

Überlegungen zu Pierre Bourdieus Habituskonzept zur Wirksamkeit kultureller Strukturen und der kulturellen Repräsentanz psychischer Konstrukte stellen den theoretischen und methodischen Bezug zur Entwicklung von gruppendynamischen Seminardesigns her.

Dabei wird Gruppendynamik als Methode der Analyse und Reflexion sozialer und innerer Wirklichkeiten verstanden. Die hier dargestellten Großgruppen-Konzepte sind Ergebnisse der Zusammenarbeit von Gruppendynamik Mühldorf, einer Kooperation von vier Gruppendynamik-TrainerInnen, die von 1984 bis 2004 eine jährliche Seminarreihe konzipierten, durchführten und laufend weiterentwickelten. Das Team – Rainer Fliedl, Maria Majce-Egger, Susanna Schenk, Wolfgang Schmetterer – experimentierte mit unterschiedlichen Gruppen-Settings, um Gruppenbildungs- und Individuierungsprozesse gemeinsam mit den TeilnehmerInnen zu untersuchen und weiter zu entwickeln.

Wirksamkeit kultureller Strukturen

Ich möchte im Folgenden einige Überlegungen und Thesen zur Arbeit mit Großgruppen im Zeitraum von 20 Jahren (1984 bis 2004) beleuchten und der Designbeschreibung voranstellen.

Das ursprünglich durch die gruppendynamische Methode intendierte „Sinnloswerden von Alltagsstrategien" (König 2001a, 35), wie etwa durch die Rahmenbedingung relativer Unstrukturiertheit hergestellt, hat seine Bedeutung eingebüßt. Gruppen, hier im speziellen Großgruppen, reproduzieren aktuell gesellschaftliche Strukturen und bieten keine Infragestellung mehr an. Sie bilden also Wirklichkeit ab und stellen sie nicht mehr in Frage. Denn das Infragestellen von Gewissheiten in sozialen Gebilden ist tägliche Realität und Anforderung. Die Folgen der Individualisierung mit der These der Auflösung sozialer Identitäten und Kohäsionen, dargestellt in so genannten entstandardisierten Lebenslaufmustern, zeigen sich im Gruppengeschehen. Der gesellschaftliche Strukturwandel fordert Vielfalt und Mobilität ein und führt häufig zu Überforderung. In der Beratungsarbeit geht es meines Erachtens darum, diese aktuellen Verunsicherungen zu erkennen und Bewältigungsmöglichkeiten zu erarbeiten, was ich in weiterer Folge anhand eines ausgewählten Seminar-Designs aufgreifen werde. Die Gruppendynamik als theoretische Grundlage und Methode der Arbeit mit Gruppen verdeutlicht diese gesellschaftlichen Bewegungen und leitet in Konfrontation mit diesen Analysen und Auseinandersetzungen ein.

Autonomie, die in der Auseinandersetzung mit der sozialen Umwelt entsteht, realisiert sich in Bindungen, Zugehörigkeiten und in Handlungsfreiheit.

In Abhängigkeit von sozialen Strukturen entstehen Handlungsalternativen, in denen Entwicklungschancen hinsichtlich struktureller Felder, Zugehörigkeiten und wechselseitiger Abhängigkeit von Wahlmöglichkeiten und Bindungen wirksam werden. Durch Lösen von Bindungen entstehen Handlungsfreiheiten (Majce-Egger 1999) und traditionelle Zugehörigkeiten werden reduziert. Das verstärkt Ängste, psychodynamisch vor Kontrollverlust und soziodynamisch vor Ausschluss aus der Gemeinschaft. Die Bedrohung durch fehlende Zugehörigkeit führt zur Suche nach Sicherheit, die Bedrohung im undifferenzierten Ganzen zu verschwinden, führt zur Suche nach neuer (abgegrenzter) Individualität (vgl. König 2001b, 364). Dies kann entweder eine Verhärtung der Ich-Grenze, einen Kommunikationsabbruch, eine pathologische Individualisierung oder die Auflösung der Ich-Grenze im Identitätsverlust in Form einer pathologischen Vergemeinschaftung bewirken (vgl. König 2001a, 36). Diese Phänomene treten in Großgruppen-Veranstaltungen auf.

Angesichts der Diskussion um Individualisierungsprozesse und De-Institutionalisierung von Lebensläufen gewinnt auch der Zusammenhang der Orientierung an Lebensstilen und sozialer Lagerung zur Beurteilung gesellschaftlicher Neuformierung an Bedeutung.

Heute hat der mobile Mensch mehrere Arbeitsbereiche, lebt in Patchwork-Systemen und mehrfachen Gruppen-Zugehörigkeiten. Diese Erhöhung der Wahlmöglichkeiten bringt nicht notwendigerweise Selbstbestimmung mit sich, sondern offenere Lebensläufe bei gleichzeitiger Abhängigkeit von sozialen Sicherungssystemen. Diese Lebenssituation erfordert aktuell von Individuen hohe Differenzierungsfähigkeit und Sozialkompetenz. Hand in Hand damit gehen flachere Hierarchien in Organisationen, die vielfache Unsicherheiten und Konfliktbereiche schaffen, die häufig in Coachings und Supervisionen getragen werden. Eine individuelle Aufarbeitung der neuen Arbeits- und Lebenssituation, Reflexions- und Entwicklungsarbeit sind meist hilfreich, um (wieder) Stabilität zu erlangen. Doch das Einzel- oder Team-Setting kann die komplexen Wirkfaktoren des Zusammenspiels unterschiedlicher Teams und Organisationen in Abhängigkeit zu ihren gesellschaftlichen Umwelten oft nicht ausreichend verstehbar und verarbeitbar machen.

Ziel der frühen Gruppendynamik-Szene der 1970/80er Jahre war die Freisetzung aus verbindlichen Denk-, Deutungs- und Verhaltensnormen, damals Emanzipation genannt. Heute initiieren neue Großgruppenmethoden das Aufgeben bewährten Wissens, wie etwa über Ablaufschemata von Organisationen.

Die von Organisationen reduzierte Komplexität wird in Großgruppen-veranstaltungen gezielt wieder erhöht, um alternative Vernetzungen und neue Kommunikationskanäle zu ermöglichen (vgl. Simon 2003, 8). Ziel ist meist die Effizienzerhöhung von Arbeitsabläufen. Geht man allerdings davon aus, dass eine große Gruppe das Individuum in seiner Kommunikationsmöglichkeit meist überfordert, zu entgrenzenden Erlebnissen oder Rückzug führt und deshalb jegliche Führung – aus der persönlichen Not heraus – angenommen wird, wird deutlich, dass dieses Instrument so weder der Autonomieentwicklung noch der persönlichen Emanzipation dienen kann. Aus dem thematisch und zielorientiert vorgegebenen Rahmen der Großgruppe heraus werden Kleingruppen genutzt, um flexible und effizientere Organisationsformen zu entwickeln. Das Selbstorganisationspotenzial der Gruppen kann nur im vorgegeben Rahmen des steuernden Managements zum Tragen kommen. Erhöhte Flexibilisierung für mehr Effizienz liefert gesteigerte Freisetzungspotenziale etwa in Form der Arbeitslosenrate oder dem Zugriff auf nicht gebundene, flexible Personen. Die von ArbeitnehmerInnen-Vertretungen ausgehandelten Arbeitsbedingungen verschlechtern sich. Es ist demnach dringend notwendig, eine Balance zwischen Effizienz und Einschränkung zu finden. Waren es in den 1980er bis 90er Jahren wesentliche Lernschritte, Strukturen in Organisationen effektiver zu nutzen, Handlungsspielräume durch Funktionsklarheit zu erweitern, ziel- und aufgabenorientiertes Arbeiten zu pflegen und Teamkompetenzen zu entwickeln, sind inzwischen Skills für den Umgang mit permanenter Veränderung von Arbeitsstrukturen, Umgestaltung von Arbeitsprozessen, neuen und wechselnden Aufgabenbereichen und vielfältigen Teamzugehörigkeiten gefragt. Partnerschaftliches Aushandeln, der Umgang mit neuen Formen von Gruppen- und Teambildungen, mit vielfältigen Zugehörigkeiten und wechselnden temporären Bindungen sind notwendige Kompetenzen für Einzelne.

Der Analyse von Sozialbeziehungen wie primäre und sekundäre Gruppenzugehörigkeiten, also von Vergemeinschaftungsprozessen, folgt in der gruppendynamischen Arbeit die Analyse von Interessensbeziehungen, denn in den Gruppenbildungsprozessen und intergruppalen Austauschprozessen werden Vergesellschaftungsprozesse wirksam.

Auch im privaten Bereich ist Handeln weniger durch sozial gültige Anordnungen wie Normen und Rollen geleitet, sondern findet in größeren und instabileren Freiräumen statt.

„Gesellschaftliche Rahmenbedingungen entsprechen heute am ehesten einem Experimentierfeld" (Sanz 2004, 115). Die einzelne Person erlebt die erhöhte Handlungsfreiheit als gesteigerte Anforderung. Sie ist mit schnellen Wechseln und ständigen Entscheidungsfindungen konfrontiert, und diese Positionierungsnotwendigkeiten wirken verunsichernd auf die Person. Um die permanenten Auseinandersetzungen im Sinn neuer Identitätsfindung verkraften und sinnvoll nutzen zu können, braucht es ausreichend sozialen Rückhalt, Zusammenhalt und Bezogenheit und das Erkennen des Eingebundenseins in eine kollektive Entwicklungsanforderung.

Da Individualisierung neue Milieus – „[…] lebensweltliche Traditionslinien, die sich nach dem Stil und den Prinzipien ihrer alltäglichen Lebensführung unterscheiden" (Vester 2001, 13) – hervorbringt, neue soziale Gruppierungen, neue Formen von Gruppenbildungen und Zugehörigkeiten, ist es in der gruppendynamischen Arbeit meines Erachtens notwendig geworden, die Bewusstmachung über Zugehörigkeiten in neuen sozialen Gruppierungen und deren Positionierung im sozialen Feld zu thematisieren, um die Auseinandersetzung mit sozialen Konflikten zu ermöglichen. Der Umgang mit Bindungen und Abhängigkeiten, Bezügen und Netzwerken, wechselnden Mitgliedschaften, begrenztem Sich-Einlassen-Können, nicht planbaren Lebensläufen, sind aktuelle Themen.

Es geht derzeit weniger um Fragen der Macht und Autorität wie in den 1970er Jahren oder um Nähe und Intimität wie in den 1990er Jahren, sondern um das Verkraften von vielen oft unverbindlichen Mitgliedschaften und Beziehungsstrukturen und Machtansprüchen der einzelnen Personen in der Arbeit und im Privatleben.

Psychische Repräsentanz kultureller Konstrukte und Großgruppen

Für meine Überlegungen zu inneren Konzepten einzelner Personen, die im sozialen Raum einer Großgruppe wirksam werden, beziehe ich mich auf das Habituskonzept des französischen Soziologen Pierre Bourdieu, in dem er einen analytischen Zugang zur sozialen Welt entwickelt, der nicht von der Entgegensetzung von Individuum und Gesellschaft ausgeht. Das soziale Subjekt wird von vornherein als vergesellschaftetes konstruiert und die gesellschaftlich geprägten AkteurInnen stehen im Mittelpunkt. So kann zum Beispiel Doing gender als Handeln des Individuums und als sozial vorstrukturierte Praxis begriffen werden. Das Schlüsselkonzept bei der Genese des Habitus ist das der Inkorporierung der Kultur, des Sozialen, der Geschichte. Habitus bezeichnet Werthaltungen, Einstellungen, die ein Individuum durch seine eigene Sozialisation und die objektive Lage, in der es sich befindet, verinnerlicht hat (Mörth/Fröhlich 1994). Zwischen der Position, die die einzelne Person innerhalb eines gesellschaftlichen Raumes einnimmt und ihrem Lebensstil besteht ein Zusammenhang, wobei der Habitus als Vermittler zwischen Position und spezifischen Praktiken fungiert.

Die Herausbildung des Habitus beginnt in der frühen Kindheit, wo sich Grundorientierungen in den Körperhaltungen, der emotionalen Energie, des Geschmacks, der moralischen Prinzipien etc. entwickeln. Beruf und Habitus der Herkunftsfamilie werden auf vorsprachliche Weise wirksam. Aktive oder passive Handlungsstrategien, Abgrenzung oder sich mit anderen gemein machen, dominanter oder partnerschaftlicher Beziehungsstil, Lustaufschub oder Hier-und-Jetzt-Handeln und verschiedene Arten des Umgangs mit Geschlechtern, Ethnien, Generationen werden im Habitus verankert (vgl. Vester 2001, 165ff). Die gesellschaftliche Dimension des Habitus entfaltet sich weiter in Peergroups, im Bildungs- und Berufssystem und in Nachbarschaftsmilieus. Die kulturellen Schemata des Habitus zeigen sich als innere und äußere Haltungen eines Menschen, und der Habitus verkörpert sich in Handlungsgemeinschaften (ebd. 169).

Es handelt sich also um ein kohärentes System von Handlungsschemata, das als System von Grenzen sowohl in den Wahrnehmungen, Gedanken, Vorstellungen als auch in praktischen Handlungen tätig ist. Habitus ist somit ein Mechanismus, der die Reproduktion der Struktur und somit der Machtverteilung gewährleistet. Das habituelle System repräsentiert verinnerlichte Gesellschaft, leitet spezifische Handlungsstrategien und wird als relativ stabiler, unbewusster, automatisch funktionierender Orientierungssinn wirksam. Bourdieu spricht von der sozialen Praxis, vom sozialen Raum, von der sozialen Welt, von Relationen. Das Reale ist relational, was existiert, sind die Relationen, also etwas, das man nicht sieht.

Die Reduzierung von Normen und sozialen Zuordnungsmöglichkeiten, die eine künstliche Anomie – wie z. B. in unstrukturierten Großgruppen – herstellt, führt im Sinne Bourdieus in eine Krise des Habitus. Verinnerlichte Werthaltungen und Einstellungen greifen ins Leere, soziale Positionierungen finden keine Orientierung und die üblichen Praktiken verfehlen ihre Wirkung. Das kohärente System der Handlungsschemata wird unstimmig, praktisches Handeln somit blockiert. Gleichzeitig aktiviert die unstrukturierte Situation den Habitus einer Person und trägt so zum Versuch der Reproduktion eines vertrauten Milieus bei. Ein Nichtgreifen des Habitus stellt somit die Person als ganze in Frage. Denn der mögliche Spielraum (gruppen- und milieuspezifische Festlegungen und Ressourcen), der durch den Habitus festgelegt ist, verändert sich in Großgruppen radikal. Mithilfe dieses Phänomens ist die Bewusstmachung der Möglichkeiten und Grenzen des eigenen Habitus und des der anderen einleitbar.

Man könnte die Großgruppe als Feld am Beginn seiner Wirkmöglichkeiten betrachten, das eine potenzielle Beziehungsvielfalt eingibt, die als Beziehungslosigkeit erlebt wird. Das auf Zugehörigkeit zu einer Gruppe beruhende soziale Kapital, die aktuellen und potenziellen Ressourcen einer Gruppierung, ist in der Großgruppe vorerst nicht aktivierbar, denn ein Netzwerk des gegenseitigen Kennens und Anerkennens von Beziehungen existiert nicht. Falls doch unter einigen Personen, etwa AusbildungskandidatInnen, Bekanntheiten vorhanden sind, sind diese meist nicht aktivierbar. Werden sie selten aber doch zu nutzen versucht, antizipieren andere Einzelne dies so sehr als Bedrohung, dass diese Angst meist auch die Gruppe der AktivistInnen ergreift. Denn das Gesamtsozialkapital der Großgruppe ist unbekannt, nicht definiert, nicht deklariert und daher nicht nutzbar. Welche Profite sich aus der Zugehörigkeit zur Großgruppe ergeben könnten, ist unklar. Wer sind die MultiplikatorInnen, wo konzentriert sich Sozialkapital eventuell in Form von Bekanntschaften und Netzwerken unter den TeilnehmerInnen und wo konzentrieren sich bestimmte Fähigkeiten im Umgang mit solchen Situationen? Dafür ist Beziehungsarbeit und Interessensklärung in Form ständiger Austauschakte notwendig, aber welche können das in einer Großgruppe sein? Eine Variante der Handhabung dieser Krisensituation in der Großgruppe kann in revolutionäre Aktivität und damit zu einer temporären Ersetzung des Habitus führen, etwa der vielzitierte handgreifliche Ausschluss der TrainerInnen, als Form der Auseinandersetzung mit Macht und Autorität in den 1970er Jahren, oder das affektiv geladene Brechen der Arbeitsvereinbarungen. Personen setzen Handlungen, die außerhalb ihres täglichen Verhaltensrepertoires liegen und sich dort auch nicht einfügen lassen.

Die Wirksamkeiten kultureller Strukturen und Normen, die die Entwicklung von Personen und Gruppen leiten und ihre Bezogenheiten und Machtverteilungen organisieren, zeigen sich auf Beziehungs- und Arbeitsebene. Es wird versucht die üblichen Ordnungsprinzipien wie Hierarchisierung (Führung, Autorität einer Person) oder Normierung (Konformität, Autorität der Gruppenmehrheit) herzustellen. Einzelne versuchen das diffuse Sozialkapital (Gruppenressourcen) zu repräsentieren und ohne klare Delegation der Gruppe den großen Auftritt zu wagen. Die Großgruppe reagiert ambivalent zwischen der Angst, dass diese Person ihre Führungsansprüche als Macht gegen die Gruppe richten könne und

Maria Majce-Egger

der Hoffnung, dass sie die Gruppe aus ihrem chaotischen Zustand rette. Ein soziales Beziehungs- und Verpflichtungskapital der Großgruppe fehlt vorerst und muss erst aufgebaut werden. Die für diese Großgruppe in dieser Gruppenphase stimmig richtungsweisende Person und ihr dahinterstehendes soziales Netzwerk muss erst gefunden, erkannt oder entwickelt werden.

In späteren Phasen des Gruppenprozesses, wenn z. B. Ausbildungs-kandidatInnen als solche erkannt werden, kann eine Orientierung an ihnen stattfinden, in der Hoffnung auf ein geheimes Wissen der GruppendynamikerInnen durch deren phantasierte Nähe zu den TrainerInnen, die auch AusbildnerInnen sind. Können die in Ausbildung stehenden Personen durch gegenseitige Anerkennung und dadurch impliziter Anerkennung ihrer Gruppenzugehörigkeit ihre Gruppe der KandidatInnen im Hier und Jetzt aktivieren und gleichzeitig auch ihre Grenzen bestätigen, wird ihr subgruppeneigenes Sozialkapital in der Großgruppe nutzbar.

Oder Personen aus Profit-Organisationen dominieren das Geschehen und werden als StrukturgeberInnen eingefordert, in der Hoffnung auf Strukturierungen und Handlungshilfen. Die Wahl zwischen Hierarchie, der Reduzierung von Konflikten durch festgelegte Strukturen, und Geltungsnetz, der Aufrechterhaltung von Konflikten bei beweglichen Strukturen, wird über RepräsentantInnen dieser Prinzipien ausgehandelt.

Es folgen Phasen des Versuchs gemeinsame Praktiken der Großgruppe zu finden und zu installieren, die wiederholt brüchig werden und erst allmählich in Großgruppen-Rituale münden, wie z. B. in Darstellungen und Ausführungen kollektiver Phantasien und Ängste. Diese rituellen Handlungen ermöglichen meist eine zufriedenstellende Verarbeitung der krisenhaften Situation, denn im Zuge dieser Ausführung von kollektiven und individuellen Praktiken werden soziale Strukturen sichtbar. Diese enthalten allerdings wieder Konfliktpotenzial, denn nicht Individuen finden Berücksichtigung, sondern Gruppierungen, Kategorien wie Frauen – Männer, soziale Berufe – wirtschaftliche Berufe, Alte – Junge, GruppendynamikerInnen – andere etc. und der diesen Gruppierungen eigene Habitus wird aktualisiert, oft überzeichnet und ins Lächerliche gezogen. Dieser reduzierten, plakativen Form der Akzeptanz der Ressourcen der anwesenden Kategorien in den wirksam werdenden Gruppierungen innerhalb der Großgruppe kann die notwendige Auseinandersetzung und Differenzierung folgen. Der Habitus als System von Grenzen hat soziale Strukturen erfolgreich reproduziert und wird darüber reflektierbar.

Das Vakuum der Großgruppe verdeutlicht demnach die habituellen Muster der Personen und somit auch ihre soziale Verortung, kulturelle Kategorien werden deutlich. Soziale Felder wie z. B. Wirtschafts- und Gesundheitsbeeich werden reinszeniert. Die einverleibten Habitusstrukturen ans Licht zu bringen und sie der Bewusstmachung und selbstbestimmten Nutzung gefügig zu machen, ist Teil der Reflexionsarbeit. Denn der Habitus, der als Vermittler zwischen Struktur und Praxis fungiert, wird im unbekannten Raum der Großgruppe zum Störfaktor für die Person. In der Folge wird er in Frage gestellt, da er auf Bedingungen trifft, die seine Wirksamkeit aufheben.

In der Großgruppe treffen also habituelle Schemata aufeinander, deren Erwartungsstrukturen enttäuscht werden und zur Krise des Habitus führen, zu seinem eventuellen Scheitern und zu seiner Ersetzung. Da der Habitus allerdings dazu neigt sich vor Krisen zu schützen, indem er sich ein Milieu schafft, an das er so weit wie möglich angepasst ist, werden sich Kleingruppen bilden, die dieses abbilden, wodurch derselbe neuerlich (über die Lebensstile der Kleingruppen) sichtbar und reflektierbar wird. Unterschiedliche Lebensstile mit unterschiedlichem Prestige werden deutlich, wobei die Bewertungsprozesse den Unterschied erzeugen. Die Analyse und Reflexion dieser Prozesse ist wesentlicher Teil der gemeinsamen Arbeit.

Großgruppen-Konzepte des Gruppendynamik-Mühldorf-Teams

Das TrainerInnen-Team unterscheidet zwischen strukturierten Plenarveranstaltungen und unstrukturierten Großgruppen. Im T-Gruppen-Seminar treffen mehrere Kleingruppen in der strukturierten Plenum-Großgruppe zusammen, und im T-Gruppen-Experiment bilden sich aus einer unstrukturierten Großgruppe Kleingruppen heraus, zwei Herangehensweisen, die unterschiedliche Phänomene und Ebenen des Gruppengeschehens verdeutlichen. Dient die Plenarveranstaltung dem Austausch der Prozesse in den Kleingruppen und der Analyse von Intergruppenphänomenen, verdeutlicht die Großgruppe kulturelle Muster und aktuelle gesellschaftliche Entwicklungen. Ziel beider Ansätze ist es Gruppenphänomene zu analysieren und sie gemeinsam zu reflektieren, sowie die Bewusstmachung der Strukturierung des persönlichen, des sozialen und des öffentlichen Raums voranzutreiben. Unterschiede zeigen sich in den Seminardesigns, in der jeweiligen Fokussierung der Aufgabenstellungen und in den Aufgabenbereichen der TrainerInnen.

Strukturierte Großgruppe

Das Plenum ist eine über die Rahmenbedingungen von Raum, Zeit und Funktion hinausgehende Strukturierung einer großen Gruppe. Es kommen nicht einzelne Personen, sondern mehr oder weniger organisierte Kleingruppen zusammen. Die TrainerInnen schlagen Strukturen vor, definieren die Vorgehensweise, und nehmen somit eine anleitende Funktion ein.

In der ersten plenaren Großgruppe eines fünftägigen Seminars bilden die TeilnehmerInnen Kleingruppen. Je nach Seminargröße finden zwei bis vier Kleingruppen drei- bis viermal täglich statt, ergänzend eine gemeinsame Plenararbeitszeit, die dem Austausch und der Reflexion der Prozesse dient.

Die Strukturierung der Plenum-Großgruppe durch die TrainerInnen dient der Verdeutlichung der Gruppenprozesse, wie zum Beispiel der Parallelität oder Differenzierung von Entwicklungen, Störungen und Konfliktkonstellationen, von Dynamiken zwischen Gruppen und der Durchlässigkeit der Gruppengrenzen. Es werden Angebote zur Gestaltung vorgeschlagen und strukturell aufgegliedert (z. B. Subgruppenbildung, Intergruppen, Aufstellungen etc.).

Durch Wiederholung des Erlebten können zum Beispiel Auslassungen integriert werden. Im Nachvollziehen der Kleingruppenbildungen der Anfangssituation kann analysiert werden, welche Grundannahmen für Zusammenschluss und Ausschluss wesentlich waren und wie sich diese Erstdifferenzierung auf Zusammenhalt und Thematik der Kleingruppen auswirkt.

Wie erfindet sich eine Gruppe? Welches Gegenüber spielt dabei eine Rolle, und welche Thematiken werden von Beginn an delegiert? Welche Bedeutung dies für die Vergemeinschaftung der Plenum-Großgruppe und ihren spezifischen Prozess hat, kann so in differenzierter Weise untersucht werden.

Durch kreative Darstellung des Gruppenprozesses der Kleingruppen können z. B. Macht- und Nähebeziehungen sowie Positionierung und Beiträge einzelner Personen verdeutlicht werden. Dies führt zur Verdichtung und erhöht die Komplexität der Erfahrungen. Gleichzeitig wird die Vielfalt der Wahrnehmungen reduziert, da z. B. bei Fokussierung auf die Achsen des gruppendynamischen Raumes auf Macht, Intimität und Zugehörigkeit (vgl. Amann 2001, 30f) oder auf Macht, Einfluss und Vertrauen Zu- und Einordnungen erleichtert werden.

Bei all diesen Versuchen der Verdeutlichung und Bewusstmachung von intra- und interpsychischen Vorgängen, intra- und intergruppalen Prozessen, ist zu beachten, dass kaum eine gemeinsame Wahrheit gefunden werden kann, die der Realität standhält.

Analog zur Wirksamkeit der Kernkonflikte aus dem Gruppenbildungsprozess der Kleingruppen, werden Ängste und implizite Vermeidungen der anderen Gruppen, die diese Auslassungen verkörpern, wiederholt erkennbar. Das Sichtbarmachen des Bestimmtseins durch großteils unbewusste Zuschreibungen an andere Personen und Gruppierungen, durch vielfach erprobte Konfliktverschiebung und -vermeidung, können Einstellungen, Haltungen und Verhalten in Frage gestellt und alternative Handlungsmöglichkeiten eröffnet werden.

Dem angeleiteten Teil im Plenum folgt eine Diskussions- und Reflexionszeit, in der die Ist-Situation der Gruppe bzw. Gruppen anhand von Beobachtungen beschrieben und analysiert wird sowie Rückmeldungen gegeben werden. Die Kleingruppen beziehen Position zum Prozessgeschehen der anderen Kleingruppen. In den Anfangsphasen von Seminaren bleibt dabei die Identität der einzelnen eher im Hintergrund und definierte ProtagonistInnen kommunizieren miteinander und stehen scheinbar für ihre Gruppe. Die TeilnehmerInnen werden nicht als Einzelpersonen, sondern als Mitglieder einer Kleingruppe angesprochen. Nicht „Wer bist du?" sondern „Zu welcher Gruppe gehörst du?" wird zur Ordnungskategorie und kann so zur Differenzierung und Unterscheidung in der vorerst unüberblickbaren Plenum-Großgruppe genutzt werden. So wird „[...]

die bedrohte Identität der Einzelnen durch eine Kleingruppen-Identität gestützt" (Fliedl 2002). Dieses Verdeckt-Sein der einzelnen Ich-Identitäten durch das Wir der Gruppenidentität führt zu persönlichen Kränkungen und wird in einer aggressiven Konkurrenz der Kleingruppen und verstärktem Gruppenzusammenhalt kanalisiert. So wird die Binnenstruktur der Kleingruppen durch die belastende Situation im Plenum in verdichteter Form deutlich und das Geschehen der plenaren Großgruppe wird im Prozess der Kleingruppen wirksam und bearbeitbar (ebd.).

Für die einzelne Person kann erlebbar und nachvollziehbar werden, welche Formen von Bindungen ihr zur Verfügung stehen, welche Zugehörigkeiten sie wählt und herstellt, welche Handlungsfreiheiten sie bereit ist aufzugeben und welche Sicherheiten sie dabei erwartet. Das Erkennen dieses notwendigen Kompromisses zwischen Ich (Individualisierung) und Wir (Zugehörigkeit, Vergemeinschaftung) und dem Wir und die Anderen erhöht soziale Kompetenz und bezogene Autonomie. Die entstandenen Kompromissbildungen zwischen Individualisierung und Vergemeinschaftung bzw. Zugehörigkeit werden deutlich. Die Bildung unterschiedlicher Gruppenstrukturen und unterschiedlicher Formen des Zusammenseins spiegelt und verdeutlicht soziale wie kulturelle Muster.

Die dargestellte Abfolge des Seminars von der Kleingruppenfindung zu Intergruppen- und Plenarprozessen, von Kleingruppen- zu Groß-gruppenbildung folgt der konzeptuellen Überlegung, soziales Lernen über Konfliktaustragungen zu ermöglichen, Identitätsentwicklung über krisenhafte Auseinandersetzungen zu fördern, bei gleichzeitig ausreichend vorhandenen sozialen Bindungen und Gruppenkohäsionen. Die ange-leiteten Aufgabenstellungen dienen der wiederholten Verdeutlichung der Gruppenkonflikte, der Erkundung, welche Ressourcen eine Gruppe hat, was ihr implizites Bedürfnis ist und was Angst macht und deshalb vermieden wird. Konfliktkonstellationen zwischen Kleingruppen werden herausgearbeitet: Welche Konflikte werden jeweils für die anderen Gruppierungen (mit)ausgetragen und wie können sie für diese nutzbar gemacht und die jeweiligen Forderungen zwischen Gruppen verhandelt werden?

Lernziele dieses Seminarangebots sind Kenntnis über Gruppenphasen und -prozesse zu erwerben, Standort in Bezug auf eigene Fähigkeiten und Grenzen zu bestimmen, Feedback zu bekommen und zu geben,

Wechselwirkungsphänomene zwischen Gruppen und Gesamtorganisation zu erleben, phantasierte und reale Strukturen in der Gruppe zu erkennen.

Unstrukturierte Großgruppe

Die unstrukturierte Großgruppe ist eine über Raum, Zeit und Funktion hinaus nicht weiter definierte Struktur. Es treten Phänomene von Vereinzelung und Massenbildung auf und die einzelne Person ist verstärkt ihren Ängsten und Projektionen ausgesetzt. Durch die Voraussetzungslosigkeit des Hier und Jetzt in der großen Gruppe wird Orientierungslosigkeit bedeutsam und entwicklungsgeschichtlich frühe Dynamiken, wie Phänomene des Zerfalls der Ich-Sicherheit und Ich-Identität, werden wirksam. Die im Plenum eher als realitätsangepasst auftretenden Symbolismen werden hier eher im magischen Bereich dargestellt. Die Reproduktion sozialer Strukturen und Machtverteilungen wird deutlich und somit analysierbar.

Aus dem vorher beschriebenen Konzept und Design der plenaren Großgruppen entwickelte das TrainerInnen-Team das hier beschriebene T-Gruppen-Experiment mit dem Titel „LebensTrauma". Da die Prozesse zunehmender Individualisierung vermehrt Kompetenzen in den Bereichen Integration, Kooperation und Teamarbeit, Vernetzung und Abgrenzung fordern, soll besonders die wechselseitige Bestimmtheit von Sozio- und Psychodynamik erfahrbar und benennbar werden. Die Möglichkeit der Beteiligung an mehreren Gruppenfindungen und des Erwerbs mehrerer Gruppenzugehörigkeiten im Sinn von Interessensgemeinschaften soll die aktuelle Lebens- und Arbeitssituation abbilden und die Erarbeitung von Bewältigungsstrategien ermöglichen.

Ziel des Seminars ist es zu verdeutlichen, wie Personen in Abhängigkeit von ihrer Umwelt ihren Lebensraum gestalten und wie Träumen gefolgt werden kann oder Traumata sich wiederholen. Lernziele sind die Entwicklung von Gruppenkulturen, die Gestaltung des eigenen Lebensraums, die Erweiterung der persönlichen Bewegungsspielräume, vertraute Vorstellungen in Visionäres zu wandeln, Handeln neu zu orientieren und Werte zu überprüfen.

Hier ein Auszug aus der Seminarausschreibung: „Der soziale Raum des Gesamtseminars und das Umfeld dieses gruppendynamischen Selbsterfahrungsexperiments ist gemeinsamer Lebensraum und bietet die Möglichkeit ihn zu gestalten, seine Freiräume und Grenzen zu erfahren. [...] Wie einzelne ihren Lebensraum gestalten, ist eng verbunden mit ihren Lebensträumen, aber auch mit ihren Lebenstraumen, dem Scheitern an der Verwirklichung. [...] Aus der Großgruppe bilden sich reflektiert Kleingruppen. Dadurch wird sichtbar, wie die Person ihr Leben organisiert, wie Gruppenbildung funktioniert und welche Fallen auf dem Weg zu einer befriedigenden Lösung auftauchen. Das Lösen von üblichen Arbeitsstrukturen öffnet den Raum für Kreativität und für die Verhandlung der zu vereinbarenden Rahmenbedingungen."

Aus einer Großgruppe bilden sich kleine Gruppen, die jederzeit wieder auflösbar sind, um neue Interessens- oder Neigungsgruppen für die Gestaltung des Lebensraumes zu finden. Sicherheit bieten vereinbarte Kleingruppen, in der Trauma – Situationen, die sich in unbewussten Wiederholungen oder Vermeidungen äußern – bearbeitet werden können. Die Traumzeit, eine unstrukturierte Großgruppe, die im Freien angesiedelt ist, bietet Freiraum. Hier kann einsam oder kollektiv geträumt werden, Träume können mit anderen ausgetauscht und kommuniziert werden.

Das Seminardesign stellt unterschiedliche Räume zur Verfügung, Indoor-Großgruppen-Raum und Outdoor-Großgruppen-Raum und der Raum der vereinbarten Kleingruppe. Die jeweiligen Räume der variablen Gruppierungen sind – innerhalb des Seminarareals (ein Schloss) – frei wählbar. Der Indoor-Großgruppen-Raum, der Raum für die Darstellung der inneren Welten, hält und verwahrt das ungeordnete Chaos und begrenzt das Vakuum, die Orientierungslosigkeit in der großen Gruppe. Der Outdoor-Großgruppen-Raum gibt Freiraum und Handlungsraum. Die vereinbarten Kleingruppen-Räume stellen in ihrer Unterschiedlichkeit der Ausstattung kategorisierte Geschlechterräume (Küche, Jagdzimmer) und Herrschafträume (Rittersaal) dar. Die Räume der variablen Gruppierungen sind Freiräume, die von den Gruppen selbst er- und gefunden, ausgehandelt und gestaltet werden.

Das Konzept sieht vereinbarte Funktionen (TeilnehmerInnen und TrainerInnen) und eine vereinbarte Arbeitstundenanzahl pro Tag vor, davon fixe Zeiten in den sogenannten Trauma-Gruppen (vereinbarte Kleingruppen) und eine festgelegte Zeit für die Traumzeit im Freien. Die restliche Arbeitszeit ist innerhalb eines Zeitrahmens durch gemeinsame

Vereinbarung in der Großgruppe festzulegen. Jede Arbeitseinheit beginnt in der Großgruppe, aus der – nach bestimmten Regeln – soziale Strukturen gebildet werden. Die TeilnehmerInnen können in der Großgruppe für bestimmte Zeit Gruppen von mindestens fünf Personen organisieren, um das was sie tun und kommunizieren wollen, für sich zu organisieren, also einen Lebensraum zu gestalten, in dem eigene Lebensträume verwirklichbar sind. Die durchgängig vereinbarten Kleingruppen (Trauma-Gruppen) dienen als home group der Reflexion des Erlebten zur Bearbeitung eigener Traumata. Sie werden in der installierenden Großgruppe am Beginn des Trainings gebildet und wählen sich die begleitenden TrainerInnen.

Dieses Konzept will Lebensräume, die individuellen Welten von Personen und Gruppen, verdeutlichen, und zwar einerseits in der Abbildung auf Realitätsebene und andererseits in der bewussten Umsetzung von Wunsch- und Phantasieebene. Welche Träume werden in die vorhandenen Räume getragen, bzw. welche Räume entstehen durch sie und welche unbewältigten Konfliktsituationen werden dabei wiederholt? Welche kulturellen Strukturen werden wirksam, welche hierarchischen Machtverteilungen sichtbar und welche Rituale werden gestaltet? Kann eine gemeinsame Realitätswahrnehmung und Nutzung des gemeinsamen Lebensraums des Gesamtseminars gefunden werden, welche Wechselwirkungen finden zwischen den Subräumen und Obereinheiten statt, sind entwicklungsfördernd oder hemmend für das Gemeinsame? Welche Kräfte und Dynamiken werden dabei wirksam? Wie werden Dependenz- und Inter-dependenzbeziehungen entwickelt und wie werden sie wirksam?

Das interpersonelle Wechselwirkungsmodell des sozialen Raums von Lewin dient als theoretischer Ausgangspunkt, denn „[…] bei Lewin werden scheinbar gegensätzliche Tendenzen nicht als einander ausschließend, sondern als gleichzeitige Dynamiken aufgefasst. Personen werden weder als bloße Objekte vorgegebener Zwänge noch als völlig freie Subjekte begriffen, sondern in der Wechselwirkung ihrer Beziehungen, in denen sie beides sind" (Tippe/Nagele 2004, 91). Lewin versteht unter Entwicklung immer Entwicklung des Lebensraumes. Die Grundkonzeption, von der die Darstellung eines psychologischen Lebensraums ausgeht, ist die Person in ihrer Umgebung (Lewin 1969, 61). Der psychologische Lebensraum ist der Gesamtbereich dessen, was das Verhalten einer Person in einem gegebenen

Zeitpunkt bestimmt, er ist der „Inbegriff möglichen Verhaltens" (ebd. 34). Der von Lewin verwendete Funktionsbegriff entspricht einer Dependenz- und Interdependenzbeziehung, nämlich der von Person und Umwelt innerhalb des jeweiligen psychologischen Lebensraums.

Das Gesamtseminar stellt ein Feld dar, somit eine Gesamtheit gleichzeitig bestehender Kräfte und Tatsachen, die voneinander abhängig sind. Dieses Feld beinhaltet die äußere Situation der Umwelt sowie die innere Situation der einzelnen Personen und zwar in dynamischer Entwicklung. Das Verhalten einer Person entsteht demnach aus den Kräften des Feldes im Hier und Jetzt. Das bewusste Erleben der TeilnehmerInnen, ihre Traumata und ihre Träume, sind Teil des Lebensraums. Die Beschaffenheit der Grenzziehungen nach außen und innen ist in fortlaufender Veränderung. Zeitweilige Formen von Regression – nach Lewin Veränderungen in Richtung auf ein primitiveres Verhalten – wie Desorganisation (Auseinanderfallen des Ganzen), Entdifferenzierung, Einschränkungen des Lebensraumes und der freien Bewegung, sowie eine Veränderung der Realitäts- und Irrealitäts-Dimension können beobachtet werden. Die Lebensgeschichten werden so aktiviert.

Indoor-Großgruppe

Die Großgruppe hat zwar durch die ihr gestellte Aufgabe (sich in Gruppen zu organisieren) eine Minimalstrukturierung, Voraussetzungen für Zugehörigkeitsvorstellungen fehlen jedoch. Es werden dieselben Phänomene wirksam wie in einer unstrukturierten Großgruppe, da diese Form der Strukturierung jegliche Handhabung der Situation offen lässt.

Im großen Sesselkreis ist jede Person nur scheinbar im Blick aller anderen. In der Verunsicherung der uneinschätzbaren Situation findet eine Stabilisierung der einzelnen Personen vorerst nur durch den Sicherheitspol des eigenen Platzes statt.

Der Freiraum der Möglichkeiten der Selbstgestaltung in der Großgruppe stellt vorerst eine Überfülle an Wahlmöglichkeiten her, die als bedrohliche Leere erlebt wird, da Abgrenzungsmöglichkeiten zu Vorgaben (der TrainerInnen) fehlen und dadurch kein Dagegen-Sein, In-Abgrenzung-zu-etwas oder jemanden möglich ist. Im Vordergrund steht das Ziel dieser beunruhigenden Situation der Großgruppe zu entkommen, einer Situation, wo sichtbar und hörbar zu sein vorrangig ist und gleichzeitig vermieden wird, wo aber auch aktives Handeln in die Leere der Großgruppe fällt, da kein direkter Bezug erfolgt. Da die Überschaubarkeit und Einschätzung der Situation nicht möglich ist, wird die einzelne Person radikal auf sich selbst zurückverwiesen, auf ihre bisherigen Erfahrungen mit ähnlichen Situationen, ihre Sozialisation, ihr habituelles System von Handlungsstrategien. Diese treten in aller Prägnanz in Erscheinung.

Outdoor-Großgruppe

Es handelt sich um eine unstrukturierte Großgruppe im Freien, im begrenzten Raum des Schlossparks. Die Großgruppe kann nur mehr partiell wahrgenommen werden, ein Rundumblick über das Gesamte ist kaum mehr möglich. Das Geschehen wird raumausgreifender. Da Bewegung stattfindet, ist die energetische Ladung der Großgruppe weniger gehalten und für Inszenierungen geeigneter. Die Bindung von Angst kann scheinbar unbeobachtet und daher leichter im Pairing stattfinden.

Die gemeinsame Großgruppen-Zeit (Traumzeit) im Freien ist als relativ offenes Setting zu verstehen, das Areal eines großen Schlossparks steht zur Verfügung. Die TrainerInnen sind anwesend und für einzelne oder Gruppen anfragbar. Es ist die Zeit des Träumens – einsam oder kollektiv. Genutzt wird diese Zeit, um das Erlebte Revue passieren zu lassen, für Kontaktaufnahmen zu anderen, für informelle Gespräche, Interesse an anderen zeigen zu können, an ihrer Arbeit, ihrem Leben, ihren Träumen, sich informell Rat bei anderen holen zu können, selten zur Suche nach BündnispartnerInnen für die Großgruppe. Der Zusammenhalt der Gruppe zeigt sich meist als lose. Es bilden sich Paare, im fortgeschrittenen Seminarablauf manchmal kleine Gruppierungen.

Die Alltagsstrategien der einzelnen, ihre Fähigkeiten und Einschränkungen werden in der Traumzeit am deutlichsten. Gefährdete Personen werden hier am auffälligsten. Die Ausweitung und Unbegrenztheit des Raumes, die Unsicherheit über Beziehungen und Bezüge, fördern das Agieren von Besonderheiten, Kauzigkeiten und kreativen Einfällen.

Konflikte mit anderen werden im Zweiergespräch thematisiert, selten

Maria Majce-Egger

ausgetragen, es findet eher ein Herantasten an die andere Person statt („privat ist die KollegIn nicht so bedrohlich"), um darüber die eigene Positionierung und Stellungnahme im Großgruppen-Rahmen einzuleiten.

Kleingruppen

Kleingruppen, die in der ersten Großgruppeneinheit gebildet werden und konstant bleiben, finden täglich für eine Arbeitseinheit statt. Inhalt ist die Beschäftigung mit dem hier Erlebten und die Verbindung zu bisherigen Traumen und deren Wiederholungen im Leben herzustellen. Die Knappheit der Zeit, eine Stunde am Tag, die Verunsicherungen durch die große Gruppe, die Komplexität des Erlebten fördern die Mitteilungsdichte und Suche nach Nähe in der kleinen Gruppe. Die Gefahr hier Nähe zu antizipieren, die noch nicht real vorhanden ist, ist groß.

In der Kleingruppe sind die Bereiche Gruppenkohäsion und Zielrichtung, Gruppengrenze und Austauschkanäle mit anderen, der Umgang mit Verrat und Verhandlungsrepertoire zu erarbeiten, um in der Großgruppe (weiter) aktiv werden zu können. Individuelle und gemeinsame Projektionen sind als solche zu entschlüsseln. "Projektion und projektive Identifikation sind als interpersonelle Konzepte für das Verständnis des Verhaltens von großen, unstrukturierten Gruppen wie auch von kleinen Gruppen, Paaren und Individuen von Bedeutung. [...] Mit ihrer Hilfe lässt sich in strukturierten Gruppen aufzeigen wieweit die organisatorische Struktur, das Vorgehen und die Überzeugungen realitätsorientiert sind und wieweit sie das Ergebnis von Ängsten, Phantasien und Abwehrmechanismen sind" (Main 1977, 53). Wesentlich erscheint mir dabei, dass projektive Identifikationen immer objektbezogen sind. Das bedeutet, dass das Objekt, auf das projiziert wird, immer mitbetroffen ist. In der Großgruppe ist die Realitätsprüfung durch die Vielfalt der Projektionen und projektiven Identifikationen schwer möglich, in der Kleingruppe ist Realitätsprüfung durch Austausch zwischen den betroffenen Personen leichter zugänglich.

Interventionsrichtungen sind demnach die Entwicklung der Kleingruppe im Sinne einer arbeitsfähigen Gruppe, das Verdeutlichen von Übertragungen und inadäquaten Erwartungen einzelner an die Kleingruppe, das jeweilige Abklären, was diese Gruppe auffangen kann und was nicht und wo dies möglich sein könnte. Daran anknüpfende Gesichtspunkte für Interventionen stellen die Fragen dar, welche Personen ihr Trauma und ihre Wiederholungen einbringen, um welche Thematiken es sich handelt und welchen Zusammenhang diese zum Prozess der Kleingruppen, der Großgruppe und auch der variablen Gruppen darstellen. Bezogen auf die Person stellt sich weiters die Frage, in welchen Gruppenphasen und bei welchen Thematiken ihr Trauma aktiviert wird, um Bearbeitungsmöglichkeiten eröffnen zu können. Es geht um die Verschränkung von Person, Gruppe bzw. Gruppen und Umwelt.

Neu gebildete soziale Strukturen – variable Gruppen

Die häufig traumatisch erlebte Situation der Teilung einer großen Gruppe in mehrere kleine Gruppen wird in diesem Seminar zur wiederholten Aufgabenstellung. Positionierung und Entscheidungsfindung, Flexibilität oder Sicherheitswahl, Beziehungs- und/oder Interessenswahl werden durch Wiederholung wahrnehmbar. Das Ziel der Gruppenbildung scheint durch das Verlassen der Großgruppe oft erfüllt zu sein. Durch die entlastende Situation, ein überschaubares Gegenüber zu haben, entsteht manchmal die euphorische Illusion „Wenn man es gut haben will, muss man nur raus". Der Zusammenhalt der neu gebildeten Gruppierung hängt allerdings davon ab, ob Gemeinsames ausgehandelt werden kann, ob ein gemeinsames Anliegen, Interesse, Thema gefunden werden kann und inwieweit Gestaltungswünsche eingebracht und angenommen werden.

Können die TeilnehmerInnen ihre Ängste bezüglich der Großgruppe benennen und die Unterschiede zur kleinen Gruppe erkennen, wird es möglich diese Erkenntnisse in die Großgruppe einzubringen um im Rückhalt des common sense der Gruppe neue Schritte der Auseinandersetzung und Begegnung zu wagen. Zerfällt dieser Rückhalt in der Großgruppe – meist distanziert sich zumindest eine Person vom kleinen Gemeinsamen, da die Angst vor Verfolgung und Sanktionen durch die Großgruppe die Bindung zur Gruppe aufhebt – wird es einige Zeit Enttäuschungsverarbeitung brauchen, bis neue Verbündungsansätze gewagt werden können. Auch die folgenden Gruppenbildungen stehen immer wieder vor der Aufgabenstellung, eine flexible Balance zwischen Geschlossenheit und Offenheit des Systems Gruppe zu definieren, zwischen Gruppengrenzen und Austausch mit der Umgebung, zwischen Regeln und Strategien.

Es findet also eine spezifische Realitätskonstruktion der einzelnen Gruppierungen statt, wie die Gruppe die Welt und die Gesamtorganisation des Seminars wahrnimmt und wie sie dieser Bedeutung verleiht. Für die einzelne Person wird die Übernahme verschiedener Gruppenzugehörigkeiten erlebbar, ihre Positionierungen und Rollenflexibilität oder Rollenstarre wahrnehmbar und ihre Bewegungs- und Wirkungsmöglichkeiten im Lebensraum der Großgruppe deutlich.

Resumee

Dieses Seminardesign verdeutlicht: „Die Gruppe ist nicht privater Raum, Spielwiese für Gefühle, sich-selbst-erfahrende Auszeit. Sie ist Abbild des politischen Geschehens, öffentlicher Raum, der die Wirkungen von Normierungen und Gesetzgebungen, Tendenzen und Tabus aufzeigt" (Schenk/Lehner 2000, 118).

Fokus der Konzepte, ist die Autonomiebestrebungen der einzelnen Personen, eingebunden und abhängig von einer sich wandelnden Umwelt, der Bewusstmachung zugänglich zu machen und kulturelle und soziale Phänomene zu beobachten, zu analysieren und die psychische Repräsentanz von Konstrukten in die Reflexion einzubinden.

Die Spiegelung der gesellschaftlichen Rahmenbedingungen und aktuellen Anforderungen an die einzelne Person in ihrer Lebens- und Arbeitssituation, die Reproduktion der verinnerlichten Gesellschaft, wird im analogen Lernfeld eines Trainings der bewussten Auseinandersetzung zugänglich.

Literatur
Amann A (2001) Gruppendynamik als reflexive Vergemeinschaftung. In: Antons K et

al (Hgg) Gruppenprozesse verstehen. Gruppendynamische Forschung und Praxis. Leske+Budrich, Opladen, 28–39

Bourdieu P (1987) Die feinen Unterschiede: Kritik der gesellschaftlichen Urteilskraft. Suhrkamp Verlag, Frankfurt am Main

Bourdieu P (1987) Sozialer Sinn. Kritik der theoretischen Vernunft. Suhrkamp Verlag, Frankfurt am Main

Bourdieu P (2001) Teilen und Herrschen. Zur symbolischen Ökonomie des Geschlechterverhältnisses. In: Rademacher C, Wiechens P (Hgg) Geschlecht – Ethnizität – Klasse. Zur sozialen Konstruktion von Hierarchie und Differenz. Leske+Budrich, Opladen, 11–30

Fliedl R (2002) Viele Menschen. Vortrag im Rahmen des Jour fixe der Fachsektion Gruppendynamik und Dynamische Gruppenpsychotherapie, Wien

Fliedl R, Majce-Egger M, Schenk S, Schmetterer W (1990) Das Mühldorf-Modell. Abschlussarbeit zur Trainerin/zum Trainer im ÖAGG.

König O (2001a) Individualisierung und Zugehörigkeit – Gruppenpsychotherapie als Forschungsfeld der angewandten Sozialwissenschaft. In: Gruppenpsychotherapie und Gruppendynamik, Jg. 37, 1/2001, 29–44

König O (2001b) Individualisierung und Vergemeinschaftung. In: Antons K et al (Hgg) Gruppenprozesse verstehen. Leske+Budrich, Opladen, 358–365

Lewin K (1969) Grundzüge der topologischen Psychologie. Hans Huber, Bern

Main T (1977) Zur Psychodynamik großer Gruppen. In: Kreeger L (Hg) Die Großgruppe. Klett-Cotta, Stuttgart, 50–80

Majce-Egger M (1999) Autonomie-Entwicklung in Gruppen. In: Majce-Egger M (Hg) Gruppentherapie und Gruppendynamik – Dynamische Gruppenpsychotherapie. Theoretische Grundlagen, Entwicklungen, Methoden. Facultas, Wien, 135–149

Majce-Egger M (2003) Thesen zum bewussten Umgang mit gesellschaftlichen/politischen Verhältnissen in Gruppen. Vortrag im Rahmen des Jour fixe der Fachsektion Gruppendynamik und Dynamische Gruppenpsychotherapie, Wien

Mörth I, Fröhlich G (Hgg) (1994) Das symbolische Kapital der Lebensstile. Zur Kultursoziologie der Moderne nach Pierre Bourdieu. Campus Verlag, Frankfurt am Main.

Sanz A (2004) Potenziale gruppendynamischer Settings zur gesellschaftlichen Verortung von IdentitätsbastlerInnen. In: Fliedl R et al (Hgg) Wie konstruieren wir Wirklichkeit? Verlag Krammer, Wien, 103–117

Schattenhofer K (2001) Gruppendynamik als Ausdruck manifester und latenter Prozesse. In: Antons K et al (Hgg) Gruppenprozesse verstehen. Leske+Budrich, Opladen, 39–50

Schenk S, Lehner L (2000) Politik der Gefühle. In: Majce-Egger M, Trotz R (Hgg) Die Macht begehren. Politische Haltungen in der Gruppendynamik. StudienVerlag, Innsbruck, 115–120

Simon F (2002) Vorwort. In: Holman P, Devane T (Hgg) Change Handbook. Zukunftsorientierte Großgruppen-Methoden. Carl-Auer-Systeme Verlag, Heidelberg

Tippe A, Nagele J (2004) Interdisziplinäre Ansätze zur Konstitution des Lebensraumes. Theorie, Praxis und Weiterführungen. In: Fliedl R et al (Hgg) Wie konstruieren wir

Maria Majce-Egger

Wirklichkeit? Verlag Krammer, Wien, 87–102
Vester M et al (Hgg) (2001) Soziale Milieus im gesellschaftlichen Strukturwandel. Zwischen
Integration und Ausgrenzung. Suhrkamp Verlag, Frankfurt am Main

Querschnittthemen in der Entwicklung von Organisationen
Ausgewählte Bausteine für das Mainstreaming ethischer Perspektiven

Karl Schörghuber

Zusammenfassung

In diesem Beitrag werden ausgewählte organisationstheoretische Über-legungen im Hinblick auf ihre Eignung überprüft, Gleichstellung und Gerechtigkeit in Organisationen nachhaltig und wirksam zu erhöhen. Der Fokus wird primär auf das Thema der Geschlechtergerechtigkeit gerichtet. Ausgehend von einem kurz skizzierten Ansatz des Gender Mainstreaming wird folgenden Fragestellungen nachgegangen: Wie wird Gender in Organisationen zu einer relevanten Kategorie? Wie ist eine gleichstellungszielorientierte Organisationsveränderung zu denken und welche Überlegungen können als Hintergrund für die entsprechende Gestaltung von Prozessen, Strukturen, Ergebnissen und Regelsystemen in Organisationen dienlich sein? Großer Wert wird auf die Frage gelegt, inwieweit Tiefenstrukturen von Systemen mitbedacht und erfasst werden.

Einleitung

Vorstellungen davon, wie sich Organisationen an verändernde Umwelten anpassen, wie sich Unternehmen entwickeln oder wie solche Veränderungen zielgerichtet beeinflusst und gestaltet werden können, gibt es unzählige. Je nach Organisationsverständnis, fachwissenschaftlichem Hintergrund oder erkenntnistheoretischem Credo fallen die Antworten unterschiedlich aus. Diese Vielfalt soll in diesem Beitrag als Reservoir für Überlegungen zu übergeordneten Fragestellungen genützt werden: Wie kommen ethische Perspektiven in eine Organisation, und wie werden sie dort nicht nur oberflächlich, sondern auch substanziell und nachhaltig wirksam? Wie können diese ethischen Perspektiven umgesetzt werden in Veränderungsziele und -visionen? Der Fokus wird auf das Thema der Geschlechtergerechtigkeit gerichtet, Ausgangspunkt bildet ein Ansatz des Gender Mainstreaming und die Fragen wie wird Gender in Organisationen zu einer relevanten Kategorie und wie können Gleichstellung und (Geschlechter-)Gerechtigkeit als Ziele und konkrete Inhalte in einem System wahrgenommen und definiert werden? Wie ist eine entsprechende Organisationsveränderung zu denken und welche Überlegungen können als Hintergrund für die entsprechende Gestaltung von Prozessen, Strukturen, Ergebnissen und Regelsystemen in Organisationen dienlich sein?

Erster Baustein: Begrifflich-konzeptionelle Hintergründe

Hintergrund und Ausgangspunkt dieser Darstellung bilden verschiedene Definitionen des Gender Mainstreaming (vgl. Rosenbichler/Schörghuber, 2007). Gender mainstreamen und der Prozess des gleichstellungsorientierten Gestaltens von Systemen und Organisationen stellt demnach einen grundlegenden Entwicklungs- und Veränderungsprozess dar und ist in umfassende, die Tiefenstrukturen von Organisationen berührende Prozesse, eingebettet (Senge 1998, Wilz 2002, Pasero/Priddat 2004, Koch 2004 Lohmer 2004, Schermann 2007). Das bedeutet nicht, dass prinzipiell die gesamte Organisation einzubeziehen ist. Die anzustoßenden Prozesse sind in den ausgewählten System- und Organisationsbereichen nicht auf die Oberflächenstrukturen zu beschränken, sondern umfassende Zusammen-hänge mit anderen Systemebenen, vor allem mit den normativen Grundlagen einer Organisation, sind sichtbar zu machen. Damit grenzen sich Konzepte des Gender Mainstreaming von Frauenförderung oder Quotenregelung ab (Rosenbichler/Schörghuber 2007).

Der Prozess des Gender Mainstreamens zielt auf Gleichstellung, Chancengleichheit und Geschlechtergerechtigkeit ab. Dieses Ziel bleibt oft implizit, was dazu führt, dass die Beteiligten unterschiedliche Vorstellungen davon entwickeln und Chancen, Grenzen sowie Befürchtungen nicht sichtbar werden. Konsequenz davon ist, dass implizite Ziele vermindert wirksam sind und wenige Anhaltspunkte für die Gestaltung von Entwicklungsprozessen und die zielgerichtete Einführung von Maßnahmen bilden und in Organisationen oft kontraproduktiv zu offiziellen Zielvorgaben wirksam werden. Phantasien rund um das Thema Gender blockieren vielerlei Prozesse – davon können BeraterInnen im Bereich des Gender Mainstreaming so manches Lied singen.

Mit den zu explizierenden ethisch ausgerichteten Zielen der Gleichstellung und der Geschlechtergerechtigkeit sind durchaus auch ökonomische Ziele zu verbinden. Da von gleichstellungsorientierten Entwicklungsprozessen vielschichtige Strukturen, Annahmen und dynamische Zusammenhänge berührt werden, sind (Qualitäts-)Entwicklungen im Gesamten der Organisation zu erwarten und auch im Vorfeld gleich anzupeilen, womit breiter Nutzen für die Organisation entstehen kann. Dies legen auch unterschiedliche Konzepte der Organisationsentwicklung und der Lernenden Organisation nahe (Bateson 1990, Luhmann 1996, Hennemann 1997, Nonaka/Takeuchi 1997, Senge 1998, Willke 1998, Argyris/Schön 1999).

Neben der Entscheidung für ein bestimmtes Konzept des Gender Mainstreaming bedarf es einer Orientierung im Dickicht der Konzepte zur Beschreibung sowie zur Steuerbarkeit und Gestaltbarkeit von Organisationen. In diesem Beitrag wird dabei nicht auf grundlegende theoretische Rahmenkonzepte, sondern verkürzt auf ausgewählte Managementsysteme zurückgegriffen, die eine hohe Plausibilität in der Praxis aufweisen. Vorrangig sind das Managementsysteme, die sich seit der zweiten Hälfte des vorigen Jahrhunderts im Bereich des Qualitätsmanagements entwickelt haben sowie Konzepte, die die Organisationskultur fokussieren und das Lernen von Organisationen theoretisch begründen.

Zentrale Elemente sind Überlegungen zu breit angelegten Veränderungsdiskursen, das Denken in Querschnitten, quer zu Strukturen und Prozessen und schließlich das Denken in Oberflächen- und Tiefenstrukturen.

Zweiter Baustein: Mainstreaming – und die Vielfalt an Assoziationen

Gender Mainstreaming ist eine Strategie, die eine möglichst breite Wirkung entfalten sollte. Die Wirkungen beginnen erfahrungsgemäß bei der Begrifflichkeit und bei den damit ausgelösten Assoziationen.

Erste Assoziationen zu einem Verständnis von Mainstreaming könnten nun von einer versuchten Übersetzung inspiriert sein. Mainstreaming bedeutet Hauptrichtung, (vorherrschender) Trend, vieles und viele erfassend und mit einbeziehend. Das würde in weiterer Folge für Gender Mainstreaming bedeuten, dass aus Gender ein vorherrschender Trend zu machen ist, dass vieles erfasst und einbezogen werden soll.

Karl Schörghuber

In diesem *Vieles-und-Viele-Erfassen* liegen dann auch weitere angelagerte Bedeutungen. In den Mainstream bringen wird assoziiert mit etwas Normalisieren, Niveaus ausgleichen, Spitzen wegschleifen, dem Gewohnten zuführen. Genau das wird mit Gender tendenziell gemacht, es ist vieles in diesem Zusammenhang gewohnt und normal. Die Bestellung von männlichen Führungskräften ist normal. Gender Mainstreaming sollte genau das Gegenteil bewirken, die Muster in den Geschlechterverhältnissen in das Scheinwerferlicht rücken. Darin ist möglicherweise ein Verweis enthalten: Sichtbar Machen und Verdecken, das ist eine mehrdeutige Strategie im Umgang mit sensiblen Sachverhalten und Zielen. Was im Scheinwerferlicht steht und was verdeckt wird, das sei einer kontinuierlichen Reflexion hinsichtlich der Auswirkungen auf Benachteiligung und Bevorzugung und auf Gerechtigkeit in den Geschlechterverhältnissen insgesamt unterworfen. So können – um ein einfaches Beispiel zu bringen – Veränderungen in Organisationen, die die Gerechtigkeit des Personalentwicklungssystems erhöhen sollen, mit der Förderung von Frauen argumentiert werden oder mit der grundlegenden Verbesserung der Personalentwicklung. Die Unterschiede in den Wirkungen dieser Argumentationen im Unternehmen sind leicht vorzustellen, scheinbar gerechte Veränderungen auf der Oberflächenstruktur haben möglicherweise gegenteilige Auswirkungen auf der Tiefenstrukturebene.

Der Mainstream verweist auch auf Fließendes, das Bild eines Flusses taucht dann auf. Es gibt verschiedene Zonen, in denen Materien transportiert werden können. In der Mitte, wo sie am schnellsten sind (auch am schnellsten vorbei sind), oben, wo sie am Sichtbarsten sind, und natürlich finden sich auch Nischen und Kehrwasser, wo die Materien vor dem Mitreißen sicher sind. In welchen Situationen welche Ströme günstig sind, das hängt alleine vom Ziel ab. Damit wären wir wieder bei der Bedeutung der Ziele für das Mainstreamen angelangt.

Dritter Baustein: Mainstreaming – und die Aufmerksamkeiten richten

Mainstreaming-Prozesse bezeichnen hier das zielgerichtete Durchziehen eines Systems (Organisation und Organisationsbereiche, Institutionen, Unternehmen, Arbeitsmarkt, individuelle psychische Systeme usw.) mit einer Aufmerksamkeitsrichtung bzw. auch mit einer für das System relevanten Unterscheidung. Das kann Veränderung bedeuten, das kann aber auch der

Stabilisierung des Gesamten dienen. Die Einführung der Gender-Perspektive ist daher nicht gleichzusetzen mit dem Willen zur gleichstellungsorientierten Veränderung oder auch dem Willen, Orientierungspunkte, Ziele und Visionen für diese Veränderungen zu setzen.

Auch in dieser Hinsicht erweist sich die hohe Bedeutung von möglichst klaren und konkreten Ziel- und Visionsexplikationen für System-Entwicklungen, die an einer Erhöhung von Gerechtigkeit orientiert sind.

Ziele und Visionen können nun ökonomisch gefasst oder auf einer normativ-ethischen Ebene angesiedelt sein. Die Diskurse, die den beiden Ausrichtungen folgen, können polarisierend als Gerechtigkeitsdiskurs bzw. Ökomomiediskurs beschrieben werden (Pasero/Priddat 2004). Das sind nun Pole, die ein weites Feld an möglichen Einordnungen aufmachen, sich aber nicht notwendigerweise unversöhnlich und widersprüchlich gegenüber stehen, wie das von Personen gerne behauptet wird, die sich einem der beiden Pole sehr stark zuordnen. So hat sich etwa die klassische Form der Organisationsentwicklung alleine aus dem Bestreben gebildet, ökonomische Erfolge und die Sorge um MitarbeiterInnen und eine verantwortliche gesellschaftliche Entwicklung zusammenzuführen (Becker/Langosch 1995). Was sind nun Aufmerksamkeitsrichtungen, mit denen soziale (politische) Systeme zu durchziehen sind, was ist nun in den Mainstream zu bringen? VertreterInnen unterschiedlicher Definitionen und Umsetzungsformen von Gender Mainstreaming richten den Fokus auf:

- die Geschlechterverhältnisse,
- genderrelevante Interaktionen innerhalb von und zwischen Geschlechtern,
- eine geschlechterbezogene Sichtweise,
- diskriminierende Verhältnisse,
- Verschleierungen der geschlechterspezifischen Auswirkungen,
- Gleichstellung zwischen Männern und Frauen,
- die Berücksichtigung der unterschiedlichen Lebensverhältnisse, Interessen
  und Bedürfnisse von Frauen und Männern,
- männliche und weibliche Identitäten,
- Gleichbehandlung.

Das sind unterschiedliche und teilweise auch gegensätzliche Inhalte und Perspektiven, die in den Mainstream zu bringen sind.

Geht man davon aus, dass die Implementierung der Strategie des Gender Mainstreaming und die Ausrichtung der Organisation auf ethische Perspektiven häufig unter Beiziehung von internen oder externen BeraterInnen stattfinden, bedeutet das, dass in den jeweiligen Beratungskonzepten und Gender-Expertisen die jeweils forcierten Aufmerksamkeiten transparent zu machen und theoretisch zu begründen sind (vgl. Schörghuber 2007).

Ein Beispiel beleuchtet die Schwierigkeiten näher, die mit dem Einziehen einer ethisch imprägnierten Aufmerksamkeitsrichtung bzw. einer relevanten Unterscheidung verbunden sind:

Gender Mainstreaming bedeutet das Einziehen der Gender-Perspektive. Gender ist nicht Sex, d. h. das soziale Geschlecht ist nicht das biologische. Wenn doch, dann wäre es leichter Sex Mainstreaming zu sagen. (Auf die politischen Hintergründe und erkenntnistheoretischen Perspektiven, dass diese Strategie nun nicht Sex Mainstreaming heißt, soll hier nicht weiter eingegangen werden). Was tut man, wenn man die Gender-Perspektive in ein System einzieht? Die Einkommenssummen von Frauen und Männern zusammenzählen oder die Prozesse und Prinzipien im System ausfindig zu machen, die zu spezifischen Bildern und Typisierungen von Geschlecht führen?

Geschlecht im Hauptstrom, das bedeutet nun in Organisationen oft, Veränderungen anzustoßen, die versuchen, Benachteiligungen von Frauen aufzuheben. Ob hier die Bezeichnung Gender Mainstreaming passend ist, sei einmal dahingestellt. Was gezeigt werden soll, ist, inwiefern das Fehlen einer breiten und umfassenden Systemperspektive und das Fehlen einer klaren Zielperspektive, in denen Vorstellungen von Geschlechtergerechtigkeit umfassend formuliert sind, geeignet sind, im System hinsichtlich einer gleichstellungsorientierten Veränderung kontraproduktiv zu wirken.

Wenn es um die Aufhebung oder Kompensation von Benachteiligungen geht, wird unter vielen anderen Faktoren der Bezug auf den Gesamtzusammenhang sowie die Kommunikation der Ziele und Maßnahmen entscheidend dafür, ob die Veränderungen über die Einzelmaßnahmen hinausreichen und auf der Ebene der Tiefenstrukturen der Organisation wirksam werden. Diese Argumentation kann nun vielschichtig sein, sie kann auf den Ausgleich von Frauenbenachteiligung abzielen, auf die Möglichkeiten von Frauen und Männern im Unternehmen hinweisen, auf eventuell vorhandene geschlechterbezogene Gerechtigkeitsforderungen im Leitbild oder auf eine nicht geschlechtszugeordnete Qualitätsverbesserung der Prozesse. All diese Argumentationen und begleitenden Aussagen zu den Maßnahmen werden wirksam sein. Es scheint sogar so zu sein, dass vor allem diese begleitenden Kommunikationen die höchste Wirksamkeit in der Veränderung oder Stabilisierung von Systemen und Organisationen haben.

Es kann hier kein Rezept aufgestellt werden, welche dieser Begleit-Kommunikationen welche Wirkung hat, dies erscheint hochgradig situativ bedingt zu sein.

Als praktische Beispiele seien erwähnt: die Argumentation von abgeflachten Gehsteigkanten an Straßenkreuzungen, das Thema der Vereinbarkeit von Betreuungsverpflichtungen und beruflichen Anforderungen oder auch die Argumentation um die Sicherheit und Zumutbarkeit von Arbeitsplätzen. Werden abgeflachte Gehsteigkanten eingeführt mit der Begleit-Kommunikation, dass Frauen mit den Kinderwägen leichter die Straße überqueren können, hat das offensichtlich eine völlig andere Wirkung im politischen Diskurs um Gerechtigkeit, als wenn dies als grundlegende Maßnahme zur Verbesserung der Bewegungsmöglichkeiten für Zufußgehende in der Stadt argumentiert wird.

Es werden mit diesen „Kommunikationen über…" Geschlechterbilder und Typisierungen stabilisiert oder verändert und es werden für die unterschiedlichen Persongruppen Handlungsmöglichkeiten aufgetan oder geschlossen. Die Kommunikation über diese Zuweisungsprozesse, in denen bestimmten Persongruppen Kompetenzen, Defizite, Bedürfnisse oder Möglichkeiten zugestanden oder zugewiesen werden, ist sowohl im Denken als auch in der konkreten Umsetzung im Rahmen der Organisationsentwicklung komplex und sperrig.

Vierter Baustein: Themen zu Querschnittsmaterien 'machen'

Wie Geschlechtergerechtigkeit und/oder Gender in einer Organisation zu einer wirksamen ethischen Perspektive werden, kann auf zwei grundlegend unterschiedliche Weisen gedacht werden.

Wie oben ausgeführt, können zum einen bestimmte Aufmerksamkeitsrichtungen, Themen, Anliegen oder auch Werthaltungen und normative Orientierungen in den Hauptstrom einer Organisation gebracht werden. Die Vorgangsweise für Projekte und Organisations-Bereiche grafisch dargestellt sieht folgendermaßen aus:

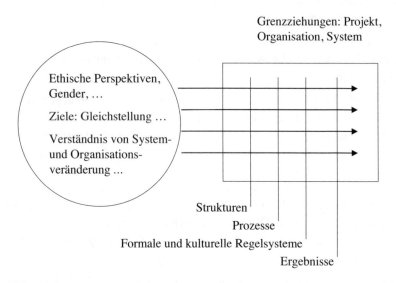

Abb. 1: Implementierung von Querschnittmaterien in Organisationen (Rosenbichler/Schörghuber 2003)

Zum anderen kann eine umfassende Implementierung von Querschnittmaterien wie Gerechtigkeit oder Gleichstellung aber auch auf eine indirekte Art und Weise erfolgen. Die Implementierung zielt dabei nicht direkt auf ausgewählte Prozesse und Strukturen in Organisationen ab, sondern setzt auf vorhandenen Management-Systemen auf, diese werden gleichsam zu Trägersystemen.

Dazu werden nun die in der Organisation eingesetzten oder auch künftig einzusetzenden Management-Systeme im Hinblick auf ihre Auswirkungen auf genderrelevante Interaktionen innerhalb und zwischen Geschlechtern und auf die Leistungen hinsichtlich der Erhöhung von Gleichstellung und Geschlechtergerechtigkeit überprüft und weiter entwickelt. Als konkretes

Beispiel kann das Qualitätsmanagement-System EFQM genannt werden, das auf den unterschiedlichsten Ebenen gleichstellungsorientiert gestaltet werden kann (Mangold 2007):

- Auf der Ebene des Modells, das sind im System der EFQM die jeweiligen Kriterien, anhand derer die Organisation analysiert und bewertet wird.
- Auf der Ebene der Methoden, womit die konkreten Vorgangsweisen beschrieben werden, wie das Modell genau eingesetzt wird. Diese Methoden sind ebenfalls gleichstellungsorientiert zu gestalten.
- Auf der Ebene der Implementierung dieses Systems in die Organisation. Dieser Entwicklungsprozess der Organisation rund um die Einführung und Veränderung von Qualitätsmanagement-Systemen kann natürlich unterschiedlich wirksam hinsichtlich Gleichstellung und Geschlechtergerechtigkeit gestaltet werden.

Der Vorteil des Vorgehens, Gender Mainstreaming über das Transportmittel eines Management-Systems in ein System einzuführen, liegt auf der Hand:

- Gender Mainstreaming wird damit strukturell verankert,
- baut auf etablierten und akzeptierten Instrumenten des Managements auf,
- bedarf nicht mehr der fortlaufenden Legitimation (kontinuierliches Hinterfragen bezieht sich dann mehr auf die Optimierung der Instrumente aber nicht mehr auf die Frage, ob Gender Mainstreaming überhaupt Sinn macht),
- und es werden – vorausgesetzt es ist einigermaßen qualitätsvoll gestaltet – damit jene selbstverständlich erscheinenden Bereiche in der Organisation erreicht, die die Basis vieler Entscheidungen in Organisationen bilden (Luhmann 2000).

Fünfter Baustein: Das Mainstreaming der Tiefenströmung

Die Erhöhung von Gleichstellung und Geschlechtergerechtigkeit in Systemen und Organisationen bedeutet einen grundlegenden kulturellen Wandel. Dementsprechend werden in Definitionen von Gender Mainstreaming auch grundsatzpolitische Prozesse als zentraler Hebel für Veränderungen benannt. Der grundlegende Wandel ist auf den Tiefenstrukturen einer Organisation zu verankern. Und dies gelingt nur, wenn etwas selbstverständlich wird, was wiederum im Gegensatz zu den gängigen Gender Mainstreaming-Definitionen zu stehen scheint, die auf eine Fokussierung des Geschlechterthemas in Organisationen abzielen und bestimmte Formen der Geschlechterblindheit in Organisation aufheben wollen. Dies kann nur eine vorübergehende Strategie sein, für einen grundlegenden Wandel braucht es mehr: „Kulturwandel gelingt nur, wenn die angestrebten Kulturelemente schon in die Philosophie der Prozessgestaltung einfließen, wenn der Prozess so angelegt ist, dass er diese Elemente fördert und einfordert, so dass sie [...] zur Selbstverständlichkeit werden. Als kulturelle Errungenschaft kann nur gelten, was in einem System von allen Seiten her als selbstverständlich erwartet wird" (Forster 2000, 131).

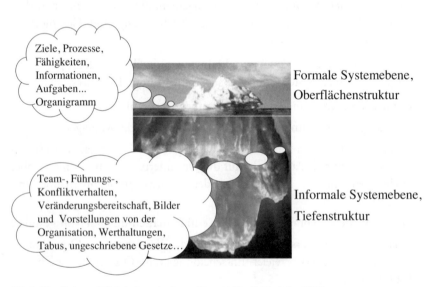

Abb. 2: Oberfläche und Tiefe in Organisationen (Rosenbichler/Schörghuber 2003)

Damit wären wir bei den Tiefendimensionen angelangt, die in Systemen und Organisationen miteinbezogen werden müssen, soll nachhaltige Veränderung hinsichtlich Gleichstellung und Gerechtigkeit erreicht werden.

Die Bedeutung von Tiefenebenen für das Verstehen von Organisationen und für die Organisationsentwicklung wird von unterschiedlichsten theoretischen Positionen hervorgehoben. Beispielhaft werden zwei Zugangsweisen angeführt, die von ihrem grundlegenden Selbstverständnis doch als sehr verschieden bezeichnet werden können. Aus psychoanalytischer Perspektive schreibt Lohmer: „Es gibt mittlerweile viele Ansätze, die beschreiben, wie Unternehmensentwicklung und Veränderungsprozesse gestaltet werden können. Trotzdem sind die Ergebnisse in vielen Fällen enttäuschend. Prozesse scheitern oft deshalb, weil die Tiefendimension von Entwicklungsprozessen mit diesen Ansätzen nur unzureichend erfasst werden kann" (Lohmer 2004, 7).

Damit könnte auch der Befund von Meuser und anderen erklärt werden, wonach „Frauengleichstellungspolitik [...] die geschlechtliche Substruktur der Organisation nicht aufgebrochen [hat und die] Komplexität von Organisationen [...]" unterschätzt hat (Meuser 2004, 109). Viele dieser Maßnahmen waren lange bedeutsam und wichtig, um das Thema anzustoßen, Tiefendimensionen wurden aber damit wenig berührt.

Aus systemischer Perspektive kommt Senge zu einem ähnlichen Befund. Mentale Modelle, das sind „[...] tief verwurzelte Annahmen, Verallgemeinerungen oder auch Bilder und Symbole, die großen Einfluss darauf haben, wie wir die Welt wahrnehmen und wie wir handeln. Sehr oft sind wir uns dieser mentalen Modelle und ihrer Auswirkungen auf unser Verhalten nicht bewusst" (Senge 1998, 17).

Diese mentalen Modelle zu Gender und Gerechtigkeit umfassen in Organisationen die grundlegenden Werthaltungen, die Zuschreibungen von Kompetenzen ebenso wie die Annahmen zu Wesenszügen von Personengruppen, die Kommunikationsweisen wie die Annahmen von Motiven und Interessen. Sie sind hinsichtlich Benachteiligung und Bevorzugung von höchster Wirksamkeit. Diese Modelle ansatzweise bewusster zu bekommen, sie in ihren Auswirkungen ein kleines Stück klarer zu haben, erscheint als hohe Kompetenz von Organisationen. Führungskräfte sind gefordert, die Entwicklung dieser Organisations-Kompetenzen in Organisationen anzustoßen. „Wenn diese Strukturen nicht erkannt werden, machen sie jedes Lernen unmöglich. Aber wenn man sie erkennt und sich kreativ damit auseinandersetzt, können sie das Lernen auch vorantreiben" (Senge 1998, 19).

Oberflächen- und Tiefen-Ebenen von Organisationen können sehr gut illustriert und praktikabel gemacht werden mit Hilfe integrativer

Karl Schörghuber

Managementkonzepte, die im Qualitätsmanagement verstärkt aufgenommen wurden. Sie sind gekennzeichnet durch eine tendenziell
systemische Zugangsweise und durch die Integration interpretativer Ansätze
der Organisationsforschung zur Beschreibung und Erklärung organisationalen Handelns (Zink 2004). Die Aufnahme dieser Konzepte in die
unterschiedlichsten Qualitätsmanagement-Systeme ist insofern erklärbar, als
Qualitätsmanagement in den Entwicklungen der letzten Jahrzehnte immer
mehr zu einer Querschnittsmaterie geworden ist. Ziel ist es, Qualität im
Gesamten der Organisation und in ihren Umweltbeziehungen zu verankern.
Qualität wird aus der technischen Kontrolle herausgelöst und zu einer
grundlegenden Haltung im Gesamtsystem. Dies soll hier als eine Begründung
gelten, warum integrative Managementkonzepte als geeignet gesehen werden,
bestimmte Aspekte des Mainstreamings von Organisationen und Systemen
zu erklären.

Viele integrative Managementkonzepte systematisieren das Management-
Handeln in Organisation und führen die Unterscheidung auf drei Ebenen
ein:

- Die normative Ebene das Managementhandelns reicht vom Leitbild des
Unternehmens bis zur Organisationskultur, von der Frage, wie Prozesse und
Strukturen gedacht werden bis zu gemeinsamen impliziten und expliziten
Werthaltungen im Unternehmen.
- Die strategische Ebene umfasst die umfassenden Systematiken in der
Organisation. Es finden sich hier Antworten auf die Frage, wie die
Beteiligung der Mitarbeitenden strukturell verankert wird oder mit
welchen Controllingsystemen versucht wird, die Organisation angemessen
zu beschreiben.
- Die operative Ebene beschreibt die konkreten Prozesse der Umsetzung.

Umrahmt werden diese drei Ebenen, die intensiv vertikal verzahnt gedacht
werden, durch Basis-Philosophien, dem jeweiligen System zugrunde liegende
Leitvorstellungen (vgl. Zink 2004).

Was bedeuten nun diese Organisations- und Management-Vorstellungen für
die Frage, wie denn nun Gerechtigkeitsperspektiven in einer Organisation
umfassend und nachhaltig wirksam werden können? Dazu soll ein emotional
sehr aufgeladenes Beispiel eingebracht werden: das Thema der Quoten.

Quoten, das Verteilungsverhältnis von männlichen und weiblichen Personen, werden als Hilfsmittel zur Erhöhung von Geschlechtergerechtigkeit und Gleichstellung in Institutionen und Organisationen genutzt. Dies wird manchmal als Gender Mainstreaming ausgegeben, wobei natürlich zweifelhaft ist, ob die Maßnahme einer Quotenvorgabe die am häufigsten angeführten Kriterien des Gender Mainstreaming erfüllt, ob damit beispielsweise die Einführung einer Geschlechter- oder Gleichstellungs-Perspektive auf allen grundsatzpolitischen Ebenen, in allen Phasen usw. vollzogen wird.

Um es gleich vorweg zu sagen: Die folgenden Ausführungen haben nicht das Ziel ein Plädoyer für oder gegen Quoten zu halten, vielmehr soll die Frage des *Wie* dieser Einführung oder Nicht-Einführung in einer Organisation oder in einem System in den Mittelpunkt der Überlegungen gerückt werden. *Wie* eine Maßnahme, *wie* eine Quotenregelung eingeführt wird, mit welchen Zielen und mit welcher Begleit-Kommunikation, das ist die entscheidende Frage in der Quotendiskussion. Das bedeutet nun, dass in diesem Beitrag davon ausgegangen wird, dass eine Quotenregelung ähnlich wie andere Maßnahmen der Frauenförderung in bestimmten Situationen eine sinnvolle und zielorientierte Strategie sein kann, aber eben in der zumeist beobachtbaren, sehr reduzierten Form nicht als Strategie des Gender Mainstreaming bezeichnet werden kann (Rosenbichler/Schörghuber 2007).

Anfangs sei einmal eine grundsätzliche Unterscheidung getroffen, ob im Rahmen der Quotenregelung die jeweils festgelegten Quoten an Frauen- und Männeranteilen als Ziel oder als eine Maßnahme im Hinblick auf ein anderes, zu explizierendes Ziel gedacht werden. Werden Quoten zu Gleichstellungs-Zielen gemacht, dann bedeutet dies, dass eben Gleichstellung an diesen Zahlenverhältnissen gemessen wird und das Vorkommen von Frauen und Männern als Gradmesser für die Gleichstellung und Geschlechter-Gerechtigkeit des Systems betrachtet wird. Wie dies jenseits der Zahlenebene Geschlechtergerechtigkeit in der Organisation befördern soll, bleibt dabei offen.

Quotenregelungen führen erfahrungsgemäß immer wieder zu Umgehungs- und Vermeidungsprozessen, die auf der Oberfläche nicht mehr so leicht sichtbar und beschreibbar sind und verdeckt ablaufen. Um das zu erklären, könnte Bezug genommen werden auf Phänomene wie systematische Inklusion und Exklusion oder auf die Bedeutung von Zugehörigkeiten zu bestimmten Persongruppen. Ein prägnantes Beispiel liefern nun Bestellungsvorgänge in öffentlichen und halböffentlichen Bereichen. Ist klar, dass in Dreiervorschlägen Frauen bevorzugt behandelt werden, um vorgegebene Quoten zu erfüllen, kommen eben weniger Frauen auf die Liste der drei Erstgereihten. Die Argumentation über Kompetenzen zeigt sich in dieser Sache als sehr anpassungsfähig. Die These dazu: Quotenvorgaben, die nicht das System als Ganzes in die Überlegungen mit einbeziehen, sind zwar gut gemeint, stellen sich aber häufig als wenig Erfolg versprechend im Hinblick auf eine gerechte Vergabe von Positionen heraus. Quotenregelungen ohne entsprechende Begleitmaßnahmen sind nicht in der Lage, den Gerechtigkeits- und Gleichstellungs-Diskurs in einer Organisation zu erreichen und auf der Normen- und Werteebene substantielle Veränderungen herbeizuführen.

Quotenregelungen setzen auf operativer und ansatzweise auch auf strategischer Ebene unter der Annahme an, dass ansonsten keine Veränderungen systemimmanenter Bevorzugungs- oder Benachteiligungsprozesse möglich seien. Damit würden vielschichtige Benachteiligungen im System kompensiert, andere realistische Möglichkeiten der gleichstellungsorientierten Veränderung wären nicht in Sicht. Es wird damit die Erwartung, die Hoffnung und der Wunsch nach umfassender Gleichstellung verbunden.

Auf operativer Ebene werden beispielsweise Vorgangsweisen im Personalmanagement verändert. Auf einer strategischen Ebene können wiederum im Bereich des Personalmanagements systematische Maßnahmen verpackt werden, die bestimmte Benachteiligungsprozesse unwahrscheinlicher machen (Krell 2004). Welche Auswirkungen sind nun auf normativer Ebene zu erwarten? Das scheint nun insbesondere vom *Wie* und nur teilweise vom *Was* abhängig zu sein. Nicht so sehr die Einführung der Quoten und die Formulierung der Quotenziele sind hier entscheidend, sondern die Begleitprozesse:

- Die Form des Implementierens: Wie, von welchen Führungskräften/ Gremien und mit welchen Begründungen werden Quotenregelungen eingeführt? Wo setzen sie an, wie sind Verantwortlichkeiten verteilt? Wie wird informiert und Akzeptanz aufgebaut?
- Die Form des Begleitens: Mit welchen unterstützenden Maßnahmen auf anderen Systemebenen und in anderen Organisationsbereichen wird die

Einführung der Quotenregelung begleitet? Wie wird Quotenregelung verhandelt, kommuniziert, argumentiert und wie an das Leitbild bzw. an die Politik des Unternehmens rückgebunden?

- Die Form des Auswertens: Wie, von wem und mit welcher Wirkung wird ausgewertet? Welche Hypothesen werden gebildet, wie werden sie kommuniziert und wie fließen sie in weitere Entwicklungen ein?

Sechster Baustein: Mainstreaming führt zu Lernprozessen von Organisationen

In diesem Beitrag wird davon ausgegangen, dass Gender Mainstreaming und Ziele wie Gleichstellung und Geschlechtergerechtigkeit Veränderungen in Organisationen auf einer grundsätzlichen Ebene nahe legen. Optimaler Weise wird nun Gerechtigkeit und Gleichstellung nicht unabhängig von anderen organisationalen Strukturen, Prozessen und Regelsystemen diskutiert. Das Thema der Gerechtigkeit und der Gleichstellung sind Querschnitte, die in umfassende Veränderungsprozesse in Organisationen eingelassen sind. Der Zusammenhang von individuellem und kollektivem Gerechtigkeitsempfinden einerseits und den organisationalen Leistungsprozessen in ihren ethisch-normativen Dimensionen andererseits sollte nicht getrennt werden, die Veränderung und Gestaltung des einen kann vielmehr für die Entwicklung des anderen gut genutzt werden (Schreyögg/Conrad 2004, Liebig 2002).

Welche Ansätze zur Veränderung von Organisationen können nun für diese Überlegungen zu Organisationsveränderung hilfreich sein? Dazu werden zwei gebräuchliche Vorgangsweisen sehr kurz angedeutet und als Drittes die Lernende Organisation in ihren Möglichkeiten für das Gender Mainstreaming etwas genauer beschrieben.

Die Organisationsentwicklung in der klassischen humanistischen Version (vgl. Becker/Langosch 1995) beruht auf fundamentalen Prinzipien, die dem Mainstreamen sehr nahe kommen, und für eine Implementierung von Gerechtigkeits- und Gleichstellungsperspektiven gut geeignet erscheinen:

- Betroffene zu Beteiligten machen und umgekehrt,

- Leitbildern wird eine hohe Bedeutung zugemessen,

- auf allen Ebenen der Organisation wird angesetzt, es werden technisch-rationale Strukturen ebenso erfasst wie Kommunikationsmuster, Normen,

Werte und insbesondere Leitbilder,

- allgemein akzeptierte Ziele sind neben Effektivitätszielen Humanisierung, Flexibilisierung oder auch die Steigerung analoger Kompetenzen des Teams, die wiederum eine Voraussetzung für einen Gerechtigkeits- und Gleichstellungs-Diskurs sind.

Organisationsentwicklung kann so auch als eine Mainstreaming-Strategie genutzt werden.

Im Gender Mainstreaming ist eine andere Form zur Veränderung von Organisationen sehr häufig anzutreffen. Es ist dies der Versuch, über Projekte oder auch nur begrenzte Maßnahmen Entwicklungs-Impulse in der Organisation anzustoßen. Es gibt hier unendlich viele Möglichkeiten einer Einführung und Umsetzung in Organisationen, wie etwa die Einführung von Regelungen zu Vereinbarkeit von Beruf, Betreuungspflichten und Fort-Bildungsmöglichkeiten in kleinen Organisationsbereichen, die dann bei Zielerreichung und Akzeptanz auf andere Organisationsbereiche übertragen werden. Weiters kann auf diese Weise auch ein Thema lanciert werden, das dann in der Organisation weitergetragen werden sollte.

Bei der Vorgangsweise, über Projekte und begrenzte Maßnahmen Entwicklungen anzustoßen, sind die Möglichkeiten und Grenzen ähnlich zu beurteilen wie beim oben dargestellten Thema der Quotenregelung. Die Erwartung, dass damit Gerechtigkeits-Diskurse angestoßen werden, die auch umfassende Wirkungen in der Organisation zeitigen, erscheint erfahrungsgemäß etwas hoch gegriffen.

Die Konzepte der *Lernenden Organisation* oder des organisationalen Lernens bilden eine gute Basis, um das Thema Mainstreaming von Systemen zu diskutieren. Argyris und Schön (1999) unterscheiden einfache von tiefergreifenden Lernprozessen, dem *double-loop-learning*. Die Anpassung des Verhaltens an neue Anforderungen oder die Veränderung des Verhaltens, wenn bestimmte Ergebnisse nicht so erreicht werden, wie angestrebt, wird als *single-loop-learning* bezeichnet. Den oben eingeführten Begrifflichkeiten der Oberflächen- und Tiefensruktur entsprechend sind das Veränderungen auf der Oberflächenstruktur – Denkrahmen, Interpretationsschemen der Personen, der Gruppen wie auch der Organisationen bleiben gleich. Ebenso werden davon bestimmende Normen, Werthaltungen und Kompetenzzuweisungen nicht berührt. Dies erfolgt auf der nächsten Lernebene, dem *double-loop-learning*. Die Reflexion der Handlungen erfolgt nicht alleine auf der operativen Ebene, sondern es werden erweiterte Rahmenbedingungen des Handelns reflektiert und im Hinblick auf Veränderungen überprüft (vgl. Pfingstner 2007). Ziele, Werthaltungen, grundlegende Interpretationsschemen und die zugehörigen mentalen Modelle werden in der Organisation hinterfragt und gegebenenfalls verändert. Diskursive Prozesse zwischen den Beteiligten führen auf dieser Ebene zum organisationalen Lernen.

Für umfassende Veränderungen, entsprechend dem Anspruch des Gender Mainstreaming, erscheint dieses Gebäude sehr gut nutzbar zu sein. Willke (1998, 46) fasst seine Überlegungen zum organisationalen Lernen in drei Punkten zusammen, wovon die ersten beiden auf die Anforderungen an Organisationen bei der Entwicklung ethischer Perspektiven in besonderer Weise zutreffen:

- Lernen in großen Systemen erfordert eine Kultur der Komplexität.
- Funktionierende Lernprozesse auf der Oberfläche gelingen nur, wenn auch die verschiedenen Stufen der Tiefenstruktur der Organisation auf Lernen ausgerichtet sind.
- Individuelles und organisationales Lernen sowie ein entsprechendes Wissensmanagement sind die zentralen Voraussetzungen für organisationalen Erfolg im Rahmen einer sich entwickelnden Wissensgesellschaft.

Gleichstellungs- und Gerechtigkeits-Ziele und Lernprozesse sind auf der Ebene der Strukturen, Prozesse und Regelsysteme zu definieren. Definitions- und Reflexionsprozesse bilden die Voraussetzung. Verhandlungsräume, in denen die Vorstellungen zu Gleichstellung und Gerechtigkeit in der Organisation ausgetauscht, nachgeschärft, in Maßnahmen gegossen und reflektiert werden können, sind das organisatorische Vehikel (Rosenbichler/ Schörghuber 2007).

Siebenter Baustein: Die Gestaltung von „Kommunikation über..." oder: Es muss ja nicht traditionelles Diversity Management sein

Gender Mainstreaming kann im jeweiligen zugrundeliegenden Denkmuster wie auch in der Umsetzung auf Unterschiedliches fokussieren:

- auf Personen, zumeist auf Frauen und Männer (manchmal sogar nur auf Frauen, was dann immer auch Gender bedeuten mag),
- auf Geschlechterverhältnisse (die Verhältnisse zwischen den Geschlechtern können nun vielfältig systematisiert werden, vgl. dazu Pasero/Weinbach 2003, Weinbach 2004, Nentwich 2004),
- auf das verbindende Kommunikationssystem (vgl. u. a. Luhmann 1996).

Für die gleichstellungsorientierte Entwicklung von Organisationen hat dieses zugrundeliegende Verständnis starke Auswirkungen. Ein Beispiel: Der Fokus auf Personen macht Gender Mainstreaming leicht zur Personförderung, was einer Wertschätzung der Person gleichkommen, aber auch zum Gegenteil, zu Abwertung führen kann, wenn man einen umfassenderen Systemzusammenhang mit einbezieht. Das dahinterliegende Denken lautet: „Weil Personen Defizite haben, müssen wir die Systeme anpassen!" oder „Weil die einen Personen den anderen soviel antun, müssen wir die einen vor den anderen schützen!". Ein anderes Denken könnte sein: „Weil Systeme nicht komplex und gerecht genug sind, müssen wir die Systeme entwickeln!". Die Entscheidung, ob auf Personen oder auf Kommunikationen fokussiert wird, ist brisant.

Mit der Entscheidung für die Person-Perspektive ist zumeist verbunden, Unterschiede in und zwischen Personen zu erkennen und zu vergleichen. Diese Unterschiede werden zentral in den Merkmalen und Eigenschaften von Personen gesucht und gefunden. Die weniger reflektierten Varianten der Diversity-Management-Konzepte, und das sind leider viele, bauen auf dieser Personperspektive auf. Es entstehen Prozesse, in denen die Beschreibung der Unterschiede, das Suchen und Finden von Erklärungen dafür und das Bewerten dieser Unterschiede ein unauflösliches Konglomerat bilden. Zuweisungen an Personen sind dann einfach, gleichsam natürlich, politisch gut nutzbar und für alle plausibel. Bestimmte Personen und Persongruppen haben dann „das Recht", „die Schuld", „die Bedürfnisse" usw. Dass diese

Zuweisungen im System gemacht werden, gerät wegen der Einfachheit und vordergründigen Plausibilität dieser Denkmuster aus dem Blick.

Eine andere Denkfigur für das Verhältnis von Person und Organisation besteht darin, weniger die Personen als das Reden über diese Personen in den Mittelpunkt zu stellen. Es sind weniger die Unterschiede, die in den Personen wesensmäßig verankert werden, zu fokussieren, sondern mehr die Kommunikationsprozesse, die zur Beobachtung und Benennung von Unterschieden führen. Es stellt sich dann die Frage nach den individuellen und sozialen Konstruktionsprozessen von Wirklichkeiten.

Für das Management von Organisationen hat das enorme Auswirkungen: Werden die Unterschiede der MitarbeiterInnen gemanagt oder werden die Kommunikationsprozesse über Unterschiede gemanagt. Das Management von Unterschieden wird zum Management dieser sozialen Konstruktionsprozesse:

- Wie werden Unterschiede hergestellt?

- Welche Unterschiede werden von wem wie gesehen?

- Wie werden sie begründet (Begründungszusammenhang)?

- Wie wirken sie sich für Personen und im System aus?

- Welche Bewertungen werden damit auf welche Weise verknüpft? Welche Unterschiede werden von wem wie bewertet (Defizit, Möglichkeiten)?

- In welchen Situationen begründen sie welchen Machtanspruch und welche Form der Durchsetzung?

Unterschiede sind mehr ein Ergebnis von Interaktion und/oder Konstruktion als von objektiv auffindbaren Wahrheiten.

Für gleichstellungsorientierte Strategien bedeutet dies, und das sei hier auch zusammenfassend festgestellt, Kommunikationen in der Organisation zu gestalten und nicht Personen zu gestalten. Dass diese Aussage zu vielen Ansätzen des praktizierten oder auch theoretisch gedachten Gender Mainstreaming in Opposition steht, sei hier nicht verschwiegen. Die politischen Implikationen der Personorientierung seien aber auch benannt. Politische Prozesse, die gegen Missliebige und Benachteiligte gerichtet sind oder eine bestimmte Elite fördern, werden beispielsweise über zugewiesene Person-Merkmale begründet.

Diese Form der scheinbaren Person-Hinwendung ist genau besehen eine Person-Abwertung.

Literatur

Argyris C, Schön D (1999) Die lernende Organisation. Grundlagen, Methode, Praxis. Klett-Cotta, Stuttgart

Bateson G (1990) Ökologie des Geistes: anthropologische, psychologische, biologische und epistemologische Perspektiven. Suhrkamp, Frankfurt am Main

Becker H, Langosch I (1995) Produktivität und Menschlichkeit: Organisationsentwicklung und ihre Anwendung in der Praxis. Enke, Stuttgart

Forster W (2000) Emotionaler Aufruhr und soziale Verarbeitung: Über den Nutzen psychoanalytischer Konzepte in der Beratung für Unternehmensentwicklung. In: Lohmer M (Hg) Psychodynamische Organisationsberatung: Konflikte und Potentiale in Veränderungsprozessen. Klett-Cotta, Stuttgart, 119–140

Hennemann C (1997) Organisationales Lernen und die lernende Organisation. Entwicklung eines praxisbezogenen Gestaltungsvorschlages aus ressourcenorientierter Sicht. Hampp, München

Koch J (2004) Die Organisation von Exklusion und Inklusion – Zur Implizität organisationaler Gerechtigkeit und dem Problem systematischer Exklusion. In: Schreyögg G, Conrad P (Hgg) Gerechtigkeit und Management (Managementforschung; 14). Gabler, Wiesbaden, 175–210

Krell G (Hg) (2004) Chancengleichheit durch Personalpolitik: Gleichstellung von Frauen und Männern in Unternehmen und Verwaltungen. Rechtliche Regelungen – Problemanalysen – Lösungen. Gabler, Wiesbaden

Liebig S (Hg) (2002) Interdisziplinäre Gerechtigkeitsforschung: Zur Verknüpfung empirischer und normativer Perspektiven. Campus-Verlag, Frankfurt am Main

Lohmer M (Hg) (2004) Psychodynamische Organisationsberatung: Konflikte und Potentiale in Veränderungsprozessen. Klett-Cotta, Stuttgart

Luhmann N (1996) Soziale Systeme: Grundriss einer allgemeinen Theorie. Suhrkamp, Frankfurt am Main

Luhmann N (2000) Organisation und Entscheidung. Westdeutscher Verlag, Opladen

Mangold R (2007) Modelle für Gender Mainstreaming bezogen auf EFQM. In: Equal-Entwicklungspartnerschaft QE GM (Hg) Qualitätsentwicklung Gender Mainstreaming, Band 7: Prozesse organisieren. Eigenverlag, Wien

Meuser M (2004) Von Frauengleichstellungspolitik zu Gender Mainstreaming. In: Pasero U, Priddat B P (Hgg) Organisationen und Netzwerke. Der Fall Gender. VS Verlag für Sozialwissenschaften, Wiesbaden, 93–112

Nentwich J C (2004) Die Gleichzeitigkeit von Differenz und Gleichheit. Neue Wege für die Gleichstellungsarbeit. Ulrike Helmer, Königsstein

Nonaka I, Takeuchi H (1997) Die Organisation des Wissens. Wie japanische Unternehmen eine brachliegende Ressource nutzbar machen. Campus, Frankfurt am Main

Pasero U, Priddat B P (Hgg) (2004) Organisationen und Netzwerke. Der Fall Gender. VS Verlag für Sozialwissenschaften, Wiesbaden

Pasero U, Weinbach C (Hgg) (2003) Frauen, Männer, Gender Trouble. Systemtheoretische Essays. Suhrkamp, Frankfurt/Main

Pfingstner R (2005) Lernen lernen durch Outdoortrainings. Handlungsorientierte outdoorbezogene Interventionen zur Verbesserung des personalen Lernens in sozialen Systemen am Beispiel von Schulklassen. Dissertation, Universität Wien.

Rosenbichler U, Schörghuber K (2003) Frauen, Männer und gleiche Chancen. Warum Gender Mainstreaming Unternehmen nutzt. (Booklet zum Film). Waff, Wien

Rosenbichler U, Schörghuber K (2007) Integratives Konzept zu: Gender Mainstreaming als Systementwicklung. In: Equal-Entwicklungspartnerschaft QE GM (Hg) Qualitätsentwicklung Gender Mainstreaming, Band 2: Grundlagen. Eigenverlag, Wien, 11–30

Schermann N (2007) Bezugssysteme für gleichstellungsorientierte Prozesse in Organisationen (Geschlechtergerechtigkeit) – Benchmarking zur Geschlechtergerechtigkeit. In: Equal-Entwicklungspartnerschaft QE GM (Hg) Qualitätsentwicklung Gender Mainstreaming, Band 7: Prozesse organisieren. Eigenverlag, Wien

Schörghuber K (2007) Beratungs- und Interventionskonzept zur Begleitung gerechter Veränderungen in Organisationen. Zur Qualitätsentwicklung von Gender Mainstreaming. In: Equal-Entwicklungspartnerschaft QE GM (Hg), Qualitätsentwicklung Gender Mainstreaming, Band 7: Prozesse organisieren. Eigenverlag, Wien, 47–66

Schreyögg G, Conrad P (2004) Gerechtigkeit und Management. (Managementforschung; 14). Gabler, Wiesbaden

Senge P M (1998) Die fünfte Disziplin: Kunst und Praxis der lernenden Organisation. Klett-Cotta, Stuttgart

Weinbach C (2004) Systemtheorie und Gender: Das Geschlecht im Netz der Systeme. VS Verlag für Sozialwissenschaften, Wiesbaden

Willke H (1998) Systemisches Wissensmanagement. Lucius und Lucius, Stuttgart

Wilz S M (2002) Organisation und Geschlecht: Strukturelle Bindungen und kontingente Kopplungen. Leske + Budrich, Opladen

Zink K J (2004) TQM als integratives Managementkonzept. Das EFQM Modell und seine Umsetzung. Hanser, München

Perspektivenwechsel
Die Strukturreform der Wiener Volkshochschulen

Michaela Judy

Dieser Beitrag beschreibt den Strukturreformprozess, der von Mai 2007 bis September 2008 auf die Umgestaltung der Wiener Volkshochschulen in eine gemeinnützige GmbH folgte, aus gruppendynamischer und organisationstheoretischer Sicht. Die Autorin, selbst Direktorin einer Wiener Volkshochschule, beschreibt diesen Prozess aus der Perspektive einer Beteiligten. Anhand der Neukonstruktion der Vereine, des Todes des ersten Geschäftsführers, der Bestellung des neuen Geschäftsführers und der Installation von Kompetenzzentren wird der Prozess der Umgestaltung greifbar. Der strukturelle Hintergrund, in dem die Reform wurzelt, wird in der Vorgeschichte erläutert.

Zur Vorgeschichte

Die Wiener Volkshochschulen sind traditionsreiche Erwachsenenbildungseinrichtungen, die als Vereinsvolkshochschulen entstanden sind, die ersten Vereinsgründungen liegen über 100 Jahre zurück.

In Österreich sind Volkshochschulen traditionell geprägt von vielfältigen Organisationsformen, die von Vereinen über kommunale Trägerschaften bis hin zu – vor allem im ländlichen Bereich – ehrenamtlich geführten Einrichtungen reichen. Gemeinsam ist ihnen der Markenname Volkshochschule, darüber hinaus verbindet sie wenig bis gar nichts. Fragen nach Steuerungsprozessen und Steuerungsinstrumentarien haben daher jene nach Eingrenzungen und Bestimmungen der Organisation Volkshochschule zur Voraussetzung.

Volkshochschulen sind Non-Profit-Organisationen, das heißt sie sind gekennzeichnet durch Ziele, die in einem Zielbildungsprozess der Einflussgruppen festgelegt und dynamisch durch Entwicklungen diverser Systemelemente und deren Beziehung zueinander bestimmt werden (vgl. Horak 1993). Reaktive und proaktive Gestaltungsanteile in Passung zu bringen, ist ein wesentliches Element des Agierens in solchen organisationalen Kontexten. Innerorganisatorisch liegt ein strukturelles Schlüsselelement in der Trennung von haupt- und nebenberuflichen MitarbeiterInnen als dynamischem Moment der institutionellen Struktur in Bezug auf das Selbstverständnis der Organisation. Die Schnittstellen bilden Gleichzeitigkeit von didaktischen bzw. organisatorischen Handlungsebenen im Sinne von Selbstorganisation und Selbstbestimmung versus Unternehmensziele und Hierarchie.

Die Wiener Situation war bis 2008 geprägt durch die spezielle Struktur von 18 Vereinsvolkshochschulen (unabhängige gemeinnützige Vereine) mit starker Bindung an den jeweiligen Bezirk und einem gemeinsamen Dachverband, dem Verband Wiener Volksbildung, mit Personal- und Finanzhoheit.

Die 18 Wiener Volkshochschulen sowie der Verband Wiener Volksbildung wurden im Wesentlichen durch Förderungen der Stadt Wien unterstützt. Der Anteil an Eigenaufbringung betrug ungefähr zwei Drittel des budgetären Gesamtvolumens.

Spätestens seit Mitte der 1990er Jahre entfaltete sich im Aufeinandertreffen zweier Entwicklungen eine Unternehmenskrise des Volkshochschul-Betriebes. Erstens entstand Verunsicherung als klar wurde, dass die Stadt Wien als wesentlichster Fördergeber den Grundkonsens in Frage stellte und steigende Kosten nicht mehr automatisch mittragen würde. Bis dahin waren Förderungen jeweils an einen rückwirkenden Gemeinderatsbeschluss gebunden, was kein Problem darstellte, solange mit der benötigten Fördersumme gerechnet werden konnte.

Zweitens entstand mit dem EU-Beitritt 1995 die Möglichkeit, Projekte auf europäischer Ebene zu finanzieren. Eine Chance, die ihre Schattenseiten alsbald zeigen sollte.

Budgetkürzungen und Projektfinanzierungen stellten Volkshochschulen vor neue Unternehmensaufgaben. Die Kluft zwischen den großen, innovativen Einrichtungen, die erfolgreich Drittmittel akquirierten und den kleinen, die am eher traditionellen Volkshochschulprogramm festhielten, wuchs.

Für drei Volkshochschulen, deren Angebot schwerpunktmäßig auf dem Nachholen von Bildungsabschlüssen (Zweiter Bildungsweg) lag, war das Unterrichtsministerium als Subventionsgeber unverzichtbar geworden, obwohl es in weitaus geringerem Umfang als die Stadt Wien Fördermittel zur Verfügung stellte. An dieser Stelle wurde ab dem Jahr 2000 die Umstellung auf Projektfinanzierung vollzogen. Dies bot zum einen den Vorteil, höhere Förderungen lukrieren zu können, zum anderen bedeutete dies aber auch Bereiche aus dem Regelbetrieb in einen jährlich neu zu verhandelnden Projektbetrieb zu überführen.

Der bislang allmächtige Lösungsansatz des Kompromisses war diesen Anforderungen nicht mehr gewachsen. Die doppelte Hierarchie von formeller Leitung und informell mächtigen Einflussgruppen wird konflikthaft, wenn die an dieser doppelten Hierarchie Beteiligten ihre Interessen nicht mehr oder zumindest nur mehr eingeschränkt kollektiv erleben. Die Unternehmenskrise wird lanciert, wo vormals gemeinsamer Grundkonsens nicht mehr gilt. Organisationsrelevante Konfliktfelder fanden sich einerseits auf Gruppenebene, wo es um Kooperation und Beziehung ging, andererseits bezüglich Aufgabenstellungen, die auf kollektives Handeln und Zielbestimmung sowie Gleichzeitigkeit von Komplexität und Einigkeit sowie Einheitlichkeit gerichtet waren.

Volkshochschulen sind traditionell hierarchische Systeme, in denen Gleichheit als Wert hochgehalten und als Anspruch formuliert wird. Verknüpft mit den Identitätsparametern Demokratisierung und Emanzipation war Hierarchie durch die hochgradige Politisierung der Volkshochschulen aufgrund der Abhängigkeiten von Einflussgruppen und deren Profilierungs- und Positionierungswünschen zum Teil stark informell geprägt, von Personen oder Gruppen, die in die direkte Struktur der Volkshochschulen nicht oder nur peripher eingebunden waren.

Dem passten sich die internen Strukturen einzelner Volkshochschulen an, die die Realitätsprüfung, welche Gestaltungsfreiräume tatsächlich bestanden, oft nicht vornahmen, Allmachts- bzw. Ohnmachtsphantasien wurden auf diese Weise strukturell gefördert.

Konflikte entwickelten sich dementsprechend um Mitgliedschaft, Rangordnung, Führung, Innen/Außen, Doppelmitgliedschaften, Unterstützung versus Konkurrenz, in hohem Maße auch um Unternehmenszielbestimmungen, um formelle und informelle Macht bzw. um die aktuelle Situation, die den Grundkonsens in Frage stellte.

Michaela Judy

Die Strukturreform

Die Veränderung hatte lange Schatten voraus geworfen: sich verschlechternde Bilanzen, eine auf Initiative der Stadt Wien durchgeführte Unternehmensanalyse durch eine externe Beratungsfirma, unklare Beziehungen zwischen den Volkshochschulen und dem Verband Wiener Volksbildung, die vor allem bei großen europäischen Strukturfonds-Projekten zu schwierigem Erklärungsbedarf führten, waren äußere Anzeichen.

Aus der Innensicht stellte sich die Situation so dar, dass zumindest auf DirektorInnen-Ebene das Bewusstsein für die anstehenden Veränderungen hoch war, es jedoch keine Informationen über mögliche Szenarien gab. Erwartungsgemäß förderte dies den Zusammenhalt unter jenen DirektorInnen, die sich selbst eher als veränderungsfreudig sahen, und die mit Ärger und Widerstand und reicher Phantasieproduktion auf die erzwungene Untätigkeit reagierten. Bei anderen KollegInnen standen resignative Reaktionen im Vordergrund.

Aber alle erwarteten, dass die Veränderung mit der Bestellung eines neuen Geschäftsführers im April 2007 einhergehen würde. Dann ging tatsächlich alles sehr rasch. Mitte Mai 2007 wurde die Strukturreform der Wiener Volkshochschulen öffentlich bekannt gegeben: Aus den 18 Vereinsvolkshochschulen sollte eine gemeinnützige GmbH werden.

Die Gemeinde Wien, bisher formal lediglich Subventionsgeber, würde als Minderheitseigentümer in der GmbH vertreten sein und so das informell stets starke Abhängigkeitsverhältnis formalisieren.

Über fünfjährige Leistungsvereinbarungen bzw. einen klaren Bildungsauftrag zwischen der Stadt Wien (Magistratsabteilung 13) und den Wiener Volkshochschulen über die von den Volkshochschulen zu erbringenden Leistungen und Subventionen, wurde eine nachhaltige finanzielle Absicherung erreicht.

Auf der anderen Seite standen und stehen die damit einhergehenden Vereinheitlichungsprozesse, wie z. B. das Durchgriffsrecht der GmbH gegenüber den einzelnen Volkshochschulen, die ihre eigenen Rechtspersönlichkeiten verloren hatten. Dies betrifft insbesondere die Umsetzung des definierten Leistungsportfolios in organisatorischen und wirtschaftlichen Fragen, die

Vereinheitlichung und Standardisierung der internen Dienstleistungen sowie ein einheitliches Berichtswesen und regelmäßiges Controlling. Die Wiener Volkshochschulen waren nun plötzlich eine Organisation mit einer Rechtspersönlichkeit. Organisationen beinhalten die Notwendigkeit einer abgestimmten Zielausrichtung. An die Anforderung einig und kollektiv zu handeln, waren die LeiterInnen und Vereinsvorstände nur bedingt gewöhnt.

Organisationsdynamiken sind immer konflikthaft, da Konflikte entstehen, wo Wünsche, Interessen oder Ziele einander widersprechen und zugleich aufeinander angewiesen sind. Konfliktverständnis, Konfliktlösungsarten bzw. Interventionsansätze bestimmen daher wesentlich die jeweilige Organisationskultur (vgl. Kühl 1995, Schein 2003).

In diesem Fall ging es um die Einführung einer Linienhierarchie in eine Kultur, die wesentlich vom Changieren zwischen formaler Unabhängigkeit und informellen Abhängigkeiten geprägt war.

Hierarchie sorgt für Stabilität und Kontinuität, sie entlastet die Organisationsmitglieder von der Notwendigkeit, ihre Beziehungen ständig neu aushandeln zu müssen. Institutionalisierte Hierarchien hingegen hindern tendenziell die Entfaltung und hierarchieübergreifende Nutzung der Kompetenz von MitarbeiterInnen. Sie stehen durch die stärkere Notwendigkeit von formalisierten Abläufen kreativen und flexiblen Lösungen eher entgegen. Sondervereinbarungen mussten gemeinsamen und verbindlichen Regelungen weichen, bisherige Handlungsspielräume wurden eingeschränkt oder bedurften zumindest einer neuen internen Verhandlungs- und Kommunikationsform. Wie kaum anders zu erwarten, stieß all dies nicht nur auf Begeisterung. Neue Koalitionen und Konfliktachsen wurden sichtbar, die Angst vor der Einheitsvolkshochschule ist immer noch allgegenwärtig, die Wege, um Einfluss zu nehmen, sind (noch) nicht klar.

Im Folgenden wird versucht, den kurzen Weg der Transformation der Organisation Wiener Volkshochschulen in die neue hierarchischere Struktur aus Sicht einer Beteiligten darzustellen. Als Vorgangsweise habe ich dazu vier Meilensteine ausgewählt, die mir im Miterleben dieses Prozesses besonders bedeutsam erschienen sind:

1. Die Neukonstruktion der Vereine
2. Der Tod des Geschäftsführers
3. Die Bestellung des neuen Geschäftsführers
4. Die Installation von Kompetenzzentren

Die Neukonstruktion der Vereine

Mit der Strukturreform verloren die einzelnen Volkshochschulen ihre eigenen Rechtspersönlichkeiten. Die Vereinsvorstände, politisch besetzte Gremien mit minimaler operativer Einbindung und hohen formalen Durchgriffsrechten, sahen sich vor der Aufgabe, ihrer eigenen Entmachtung zuzustimmen und sich selbst in Fördervereine umzuwandeln.

Dass Vereinsvorstände mit ihrem Privatvermögen haften – was bei Volkshochschulen, deren Umsätze vielfach Millionenbeträge überschreiten, ein durchaus hohes Risiko darstellt – wurde zum wesentlichen Argument, der Strukturreform zuzustimmen. Ohne Risiko würde man sich in Zukunft verstärkt der Einbindung der jeweiligen Volkshochschule auf Bezirksebene widmen können. Tatsächlich gab es kaum die Möglichkeit, sich anders zu entscheiden. Trotz hoher Eigenaufbringung ist es nicht möglich, eine Volkshochschule ohne Basissubventionen zu führen, diese waren an die neue GmbH-Konstruktion geknüpft.

Die Widerstände bewegten sich daher vor allem auf der Ebene der Verhandlung über zukünftige Einflussbereiche, über Formulierung der neuen Statuten und der Frage, welche Konten der Vermögensübertragung anheim fallen würden.

Jedenfalls hatte das Prinzip Verhandlung Hochkonjunktur. Die relativ reibungslose Abwicklung der notwendigen Beschlüsse verdankte sich wesentlich dem intensiven persönlichen Einsatz des Geschäftsführers, der die Entscheidungen in vielen Gesprächen vorbereitet hatte.

Nicht zuletzt haben das Tempo der Veränderung und das Bewusstsein, keine ernsthafte Wahl zu haben, wohl auch einige überrollt.

Der Tod des Geschäftsführers

Ende Dezember 2007, zwei Tage vor Übernahme der Geschäfte durch die neue GmbH, starb der Geschäftsführer überraschend. Seine hohe Identifikation mit den Zielen und Inhalten der GmbH hatte ihn zum Synonym für die Strukturreform gemacht.

Sein Ableben war die größtmögliche Verunsicherung, die das Unternehmen in dieser besonders sensiblen Phase erfahren konnte. Geschockt und orientierungslos, aber durchwegs mit einer hohen Identifikation für die eigene Tätigkeit, taten die leitenden Angestellten der GmbH sowie der Volkshochschulen ihr Bestes, um das Geschäft normal weiterzuführen. Das bedeutete, dass die meisten mehr dasjenige taten, was sie immer schon getan hatten, was also den eben verlassenen Strukturen entsprach. Die Gefahr, „kompensatorische Rückkopplungseffekte" (Senge 1996, 75) – gut gemeinte Absichten, die Reaktionen im System auslösen, die die Vorteile der Intervention zunichte machen – zu generieren, wuchs.

So lösten beispielsweise Versuche, der Verunsicherung durch verstärkte Informationspolitik zu begegnen, weitere Verunsicherung aus. Oft mussten Informationen korrigiert werden, waren unklar und verwiesen auf intern nicht geregelte Entscheidungsbefugnisse.

Die neuen GmbH-Anforderungen baumelten wie lose Enden an den alten Abläufen, an die sich MitarbeiterInnen notgedrungen hielten. Und natürlich entwickelte sich im Machtvakuum eine neue Hochblüte mikropolitischer Strategien. Dabei verstehe ich mit Neuberger Mikropolitik nicht als „[...] Störfall im ansonsten wohlgeordneten Betrieb, sondern eine der Bedingungen dafür, dass der Betrieb überhaupt läuft. Sie ist möglich und nötig, weil der Betrieb nur funktioniert, wenn nicht alles vorab verbindlich geregelt und fixiert ist und/oder wenn sich nicht alle immer an alle Regeln halten" (Neuberger 2007, 40). Und: „Mikropolitisch handelt, wer durch die Nutzung anderer in organisationalen Ungewissheitszonen eigene Interessen verfolgt. Dabei ist für eine geeignete Rahmung der Situation und die Rechtfertigung des Vorgehens zu sorgen; dies wird im Idealfall erreicht durch eine Änderung des Ordnungsregimes, die die Durchsetzungschancen strukturell absichert" (Neuberger 2007, 18).

Nachdem in den Monaten zuvor Strategien im Vordergrund gestanden waren, die auf die Anschlussfähigkeit an die neue Führungskultur abzielten, also Argumentation, Information, Verhandlung, Anbieten von Entgegenkommen, aber auch Spielarten von Blockieren, ging es nun wieder verstärkt um Koalitionen untereinander, um sich der Unterstützung durch andere zu versichern und um die Nutzung eigener Freiräume in einer Situation, in der nicht klar war, wer von wem worüber zu informieren ist.

Die Bestellung des neuen Geschäftsführers

Nach Bestellung eines neuen Geschäftsführers zwei Monate später war erwartungsgemäß ein neuer Anlauf nötig, um eine wiederum geänderte Führungskultur akzeptieren und mit ihr in Passung kommen zu können.

Der erste Geschäftsführer war von außen gekommen, obwohl lange Vorstandsvorsitzender einer Volkshochschule, war er zuvor nie Mitarbeiter gewesen. Er führte über Zielvorgaben und Markierung von Meilensteinen, aber auch über die Einbindung der MitarbeiterInnen in die empathischen Prozesse einer kollektiven Aufbruchstimmung.

Der zweite Geschäftsführer war seit fast 20 Jahren in unterschiedlichen Funktionen im Unternehmen tätig gewesen. Sein Stil ist stark durch Sachkompetenz, durch genaue Kenntnis des Unternehmens und seiner wichtigen strategischen Partner, sowie durch umfassendes Expertenwissen geprägt. Seine Distanznahme ist nicht zuletzt den Anforderungen eines Funktionswechsels in die Leitung eines Unternehmens geschuldet, deren leitende MitarbeiterInnen ihn seit Jahren als Kollegen und Teammitglied kennen. Die ersten Monate der neuen Geschäftsführung galten der Umstellung der Abläufe und Prozesse auf GmbH-Erfordernisse, wie der Ausarbeitung von Leistungsvereinbarungen, der Umstellung des Finanzsystems, der Entwicklung und Umsetzung eines neues EDV-Systems und der Neupositionierung der Wiener Volkshochschulen bei wichtigen strategischen Partnern. Der Zeitplan war bereits vor dem Todesfall ambitioniert gewesen, mit zwei Monaten Verspätung war er eine Tour de Force, die vor allem bei den DirektorInnen der Volkshochschulen hohen Druck erzeugte, galt es doch gleichzeitig, die eigene Neupositionierung zu verkraften und sich in einer Linienhierarchie einzufinden.

Menschen, die einander zumeist jahrelang kannten und miteinander gearbeitet hatten, gerieten durch den Veränderungsprozess in die Lage, ihre wichtigen Positionen und Beziehungen neu aushandeln zu müssen.

Dabei überwiegen gewöhnlich – solange es keine gemeinsame Geschichte und keine gemeinsame Sprache für die neuen Prozesse gibt – übermäßige Vorsicht und Missverständnisse. „Was die einen als gute Führung ansehen, betrachten andere als soziale Verwahrlosung. [...] Was für die einen Klarheit und Orientierung bedeutet, interpretieren andere bereits als Kommandowirtschaft. [...] Was die einen als Problembewusstsein betrachten, etikettieren andere als wehleidiges Jammern" (Doppler/ Lauterburg 1995, 28f).

Wenn ich meine eigenen Gefühle betrachte, steht auf der einen Seite Erleichterung über die nun wieder erkennbaren Zukunftsperspektiven und klaren Richtlinien, auf der anderen Seite stehen Ohnmacht, Irritation, Resignation und Rückzug. Ich vermute, dass es meinen KollegInnen ähnlich ergangen sein wird, wenn auch die Ausdrucksweisen unterschiedlich gewesen sein mögen.

Die Installation von Kompetenzzentren

In diese teils erschöpfte, teils widerständige Grundstimmung fiel die Mitteilung bei der ersten Managementklausur, dass die Kernkompetenzen der Wiener Volkshochschulen – Sprachen, Migration, innovative Lernformen und neue Medien sowie Demokratie und Partizipation – in neu zu schaffenden Kompetenzzentren in Zukunft volkshochschulübergreifend weiterentwickelt werden sollten. Binnen kurzem war klar, dass dieser Plan die DirektorInnen am sensibelsten Punkt berührte, in ihrer Programm- und Entwicklungskompetenz. Die Kompetenzzentren wurden zwar kaum grundsätzlich in Frage gestellt, doch über die Durchführung herrschte weitgehende Uneinigkeit. Es zeichnete sich bald ab, dass man bei von den Volkshochschulen abgelösten Kompetenzzentren mit massiven Akzeptanzproblemen durch die Basis würde rechnen müssen. Eine Stimmung „Wir-gegen-die-Zentrale", Begleiterin der früheren Jahre, drohte wieder verstärkt aufzukommen.

In dieser Situation traf der Geschäftsführer die Entscheidung, die

Kompetenzzentren im Verfahren einer internen Ausschreibung an Volkshochschulen zu vergeben.

Damit war zweierlei erreicht: Durch die Konkurrenzsituation differenzierten sich die Profile der einzelnen Einrichtungen, und in das „Wir" wurde wieder eine Binnendifferenzierung eingeführt. Die Ausschreibung ermöglichte aber auch, die Ressourcen in den einzelnen Volkshochschulen für die Entwicklung dieses GmbH-Zieles konkret zu nutzen und einzubinden. Die Entscheidung über die Vergabe wurde einer Jury überlassen. Die direkte und offene Konkurrenz war neu und verursachte einige Kränkungen und Befürchtungen aber auch neues Interesse aneinander und den Impuls, die jeweiligen Kompetenzen der anderen stärker zu nutzen, wofür nun mit den Kompetenzzentren auch der formale und personelle Rahmen zur Verfügung stand.

Ausblick

Am 5. September 2008 wurde in einem großen Festakt der Abschluss der Umstrukturierung der Wiener Volkshochschulen gefeiert. So wichtig es war, diesen ersten Abschluss der Umstellung der Prozesse und Abläufe als Meilenstein zu feiern, so sehr wissen wohl alle Beteiligten, dass noch vieles auf sie zukommt.

Ed Schein (2003) veranschlagt für jeden tiefer gehenden Wandel einer Organisationskultur fünf bis zehn Jahre. Die Wiener Volkshochschulen GmbH hat gerade ein Jahr hinter sich. Und noch lange ist nicht geklärt, was die veränderten Rahmenbedingungen für die Menschen, die Gruppen, die Beziehungen, die Potenziale und das Klima bedeuten, kurz, wie wir nun miteinander umgehen und arbeiten wollen.

Das Gesamtbild einer Organisation stellt sich nach Glasl/Lievegoed (1993, 111) in drei Subsystemen dar:
- dem kulturellen Subsystem (Philosophie und Politik),
- dem sozialen Subsystem (Strukturen, Menschen, Funktionen),
- dem technisch-instrumentellen Subsystem (Abläufe und physische Mittel).

Die Strukturreform der Wiener Volkshochschulen GmbH ist im sozialen Subsystem angekommen. Die nächste Aufgabe wird sein, in diesen neuen Rahmenbedingungen tragfähige Umgangsweisen miteinander zu entwickeln, um die Struktur mit einer zu ihr passenden Form von mikropolitischem Leben zu erfüllen.

Literatur

Doppler K, Lauterburg Ch (1995) Change Management. Campus, Frankfurt am Main

Glasl F, Lievegoed B (1993) Dynamische Unternehmensentwicklung. Paul-Haupt-Verlag, Bern

Horak Ch (1993) Controlling in Nonprofit-Organisationen/Erfolgsfaktoren und Instrumente. DUV, Wiesbaden

Kühl St (1995) Wenn die Affen den Zoo regieren. Die Tücken der flachen Hierarchien. Campus, Frankfurt am Main

Neuberger O (2006) Mikropolitik und Moral in Organisationen. Herausforderung der Ordnung. UTB, Wien

Schein E H (2003) Organisationskultur. EHP, Bergisch Gladbach

Senge P M (1996) Die Fünfte Disziplin. Klett Cotta, Stuttgart

AutorInnen

Dr. phil. Heiner Bartuska

Klinischer Psychologe, Psychotherapeut mit Schwerpunkt Psychose-behandlung, seit 1980 an der Akut- und Rehabilitationsstation des SMZ OWS tätig, eigene Praxis, Gruppenpsychoanalytiker (ÖAGG), Gruppendynamik-Trainer (ÖAGG), Lehrtherapeut für Dynamische Gruppenpsychotherapie (ÖAGG)
1180 Wien, Haizingergasse 43/8
E-Mail: heiner.bartuska@wienkav.at

Prim. Dr. Rainer Fliedl

Facharzt für Kinder- und Jugendpsychiatrie, Leiter der Abteilung für Kinder- und Jugendpsychiatrie und Psychotherapie des Landesklinikums Thermenregion (KJPP-Hinterbrühl), Psychoanalytiker (WAP/IPA) und Lehrtherapeut für Dynamische Gruppenpsychotherapie (ÖAGG), Gruppendynamik-Trainer (ÖAGG)
1160 Wien, Lindauergasse 27/2
E-Mail: Rainer.Fliedl@moedling.lknoe.at

Mag.ª Dipl. Päd. Angela Gotthardt-Lorenz

Supervisorin (ÖVS), Lehrsupervisorin, Coach, Organisationsberaterin, Supervisionsausbildungsleiterin (Masterlehrgang Universität Salzburg), Lektorin an Fachhochschulen, Institut für Supervision und Organi-sationsentwicklung
1050 Wien, Hartmanngasse 5/2/24
E-Mail: a.gotthardt@lorenz.co.at

Edith Jakob

OE-263 Organisationsberatung, Gruppendynamik-Trainerin (ÖAGG), OE-Beraterin (ÖAGG), Supervisorin (ÖVS), postgraduales Studium Personal- und Organisationsentwicklung im Gesundheitswesen (Donauuniversität Krems), Organisationsberatung, Führungskräftetraining, Fortbildung in sozialer Gruppenarbeit, Supervision und Coaching.
4020 Linz, Waltherstraße 2
E-Mail: edith.jakob@oe263.com

Dr. in Michaela Judy
Supervisorin nach TOPS/Berlin, Akademische Bildungsmanagerin, Gruppendynamik-Trainerin (ÖAGG), Direktorin der Volkshochschule Ottakring/Wien, Trainings, Weiterbildungen, Beratungen und Supervisionen vor allem im Bildungs-, Sozial- und Non-Profit-Bereich
1160 Wien, Paulinensteig 4a
E-Mail: m.judy@aon.at

Dr. Leo Käfer
Klinischer- und Gesundheitspsychologe, Psychotherapeut in freier Praxis, langjährige Berufserfahrung im psychosozialen Bereich und im Rahmen der Familienberatung. Dynamischer Gruppenpsychotherapeut (ÖAGG), Groupworker und Supervisor (ÖAGG), berufsbegleitende Fortbildung in bioenergetischer Analyse (DÖK, ÖK), seit 1995 traditionelle daoistische Körperarbeit bei Prof. Wang Dongfeng
1180 Wien, Paulinengasse 18-20/2/5/18
E-Mail: leo.kaefer@gmx.net

Mag.ᵃ Cornelia Kohlross
Wirtschaftswissenschafterin, Organisations- und Personalentwicklerin im Angestelltenverhältnis, Fortbildung zur Organisationsberaterin und Management-Trainerin (TOEM), Groupworkerin (ÖAGG), Gruppendynamik-Trainerin i. A. (ÖAGG)
1090 Wien, Pramergasse 25A/3
E-Mail: cornelia_kohlross@yahoo.de

Lilli Lehner
Psychotherapeutin und Supervisorin in freier Praxis, Groupworker und Gruppendynamik-Trainerin (ÖAGG), Lehrtherapeutin für Dynamische Gruppenpsychotherapie (ÖAGG)
1040 Wien, Phorusgasse 12
E-Mail: lehnerli@gmx.at

Maria Majce-Egger
Klinische und Gesundheitspsychologin, Gruppendynamik-Trainerin, Lehrsupervisorin (ÖAGG), Psychotherapeutin (DG, KP), Lehrtherapeutin für Dynamische Gruppenpsychotherapie (ÖAGG) und Bioenergetische Analyse (DÖK), freie Praxis
1050 Wien, Gartengasse 19/1
E-Mail:majce-egger@gruppendynamik-muehldorf.com

Karl Olzinger, MSc
Studium der Organisationsentwicklung und Gruppendynamik (Universität Klagenfurt/IFF), Management-Lehrgang (Linzer-Management-Akademie), Entwicklung und Implementierung zentraler Projekte im Bereich Steuerung und Führung (Themenschwerpunkt: Kundenbeziehungsmanagement und Netzwerkmanagement)
Karl Olzinger, MSc
4021 Linz, Gruberstrasse 77
E-Mail: karl.olzinger@ooegkk.at

Mag.ᵃ Andrea Sanz
Soziologin, Gruppendynamik-Trainerin (ÖAGG), Supervisorin/Coach (ÖAGG/ÖVS), Weiterbildung in psychodynamischer Teamentwicklung & Organisationsberatung (IPOM), selbständig tätig mit den Schwerpunkten Führungskräfte- und Teamentwicklung, geschäfts-führende Gesellschafterin der beraterInnengruppe naschmarkt
1040 Wien, Phorusgasse 12
E-Mail: sanz@naschmarkt.co.at

Mag.ᵃ Susanna Schenk
Gruppendynamik-Trainerin (ÖAGG), Lehrpsychotherapeutin für Dynamische Gruppenpsychotherapie (ÖAGG), Lehranalytikerin für Bioenergetische Analyse (DÖK/ÖK), freie Praxis, Aus-, Fort- und Weiterbildung, Organisationsberatung
1050 Wien, Gartengasse 19
E-Mail: susanna.schenk@A1.net

Dr. Karl Schörghuber
Sportwissenschafter an der Universität Wien, Berater im Bereich Personal-
und Organisationsentwicklung (Gesellschafter von ARCO), Groupworker
(ÖAGG), Supervision (ÖAGG), Fortbildungen in Bioenergetischer Analyse,
Systemischer Beratung
1070 Wien, Bernardgasse 35/13
E-Mail: karl.schoerghuber@univie.ac.at

Dr. Klaus Schulte
Psychologe, Psychotherapeut, Supervisor, Coach, Mediator, Organisations-
psychologe, Lehrtherapeut für Dynamische Gruppenpsychotherapie
(ÖAGG)
1200 Wien, Wasnergasse 21/6
E-Mail: office@schulte.co.at

Renate Strauss
Dipl. Controllerin für NPOs, Groupworkerin i. A. (ÖAGG), Trainerin
für Erwachsenenbildung, Unternehmensberaterin mit dem Schwerpunkt
Frauen- und soziale Einrichtungen
1150 Wien, Fünfhausgasse 4/13
E-Mail: renate.strauss@chello.at

Dr.in Monika Stützle-Hebel
Diplompsychologin, ausbildungsberechtigte Trainerin für Gruppendynamik
(DAGG), Supervisorin (BDP, DVG), Gestalttherapeutin (DVG), approbierte
Psychologische Psychotherapeutin, Training, Supervision/Coaching,
Teamentwicklung, Führungskräftefortbildung, Vorsitzende der Deutschen
Gesellschaft für Gruppendynamik und Organisationsdynamik (DGGO)
und Leiterin der Sektion Gruppendynamik im DAGG
D-85354 Freising, Eschenweg 11
E-Mail: m.stuetzle-hebel@ios-muenchen.de

Andrea Tippe, MSc
OE-263 Organisationsberatung, Gruppendynamik-Trainerin (ÖAGG),
Groupworker (ÖAGG), Supervisorin (ÖAGG, ÖVS) und Lehr-

supervisorin (ÖAGG), universitäre Weiterbildung in Arbeit mit Gruppen und Organisationen (ÖGGO/IFF), postgraduales Studium für Personal- und Organisationsentwicklung (Donauuniversität Krems). Organisationsberatung, Gruppentraining und Coaching
4020 Linz, Waltherstraße 2
E-Mail: andrea.tippe@oe263.com

Mag.ª Regina Trotz
Psychologin, Dynamische Gruppenpsychotherapeutin (ÖAGG), Gruppendynamik-Trainerin (ÖAGG), bioenergetische Analytikerin i. A. u. S. (DÖK), Gesellschafterin der beraterInnengruppe naschmarkt
1040 Wien, Phorusgasse 12
E-Mail: trotz@naschmarkt.co.at

Univ.-Prof. Dr. Dipl.-Psych. Volker Tschuschke
Hochschullehrer, Diplom-Psychologe, Psychoanalytiker und Gruppenanalytiker. Forschungen in der Psychotherapie, Schwerpunkt Gruppenpsychotherapie, Forschungen in der Psychoonkologie. Lehranalytiker, Supervisor an verschiedenen Ausbildungsinstituten. Universitätsklinikum zu Köln, Abteilung Medizinische Psychologie
D-50924 Köln, Kerpener Straße 62
E-Mail: volker.tschuschke@uk-koeln.de

Mag. Dr. phil. Peter Weisz
Pädagoge, Groupworker (ÖAGG), Dynamischer Gruppenpsychotherapeut in Ausbildung unter Supervision (ÖAGG), selbstständig als Projektleiter und Koordinator in der Lehrlingsausbildung tätig
1150 Wien, Beingasse 23/11
E-Mail: peter.weisz@weidinger.com

Der ÖAGG und die Fachsektion Gruppendynamik und Dynamische Gruppenpsychotherapie

Der ÖAGG/Österreichischer Arbeitskreis für Gruppentherapie und Gruppendynamik – 1959 von Raoul Schindler gegründet – beschäftigt sich mit den „Strukturen und psychodynamischen Bedingungen im Gemeinschaftsleben von Menschen" (ÖAGG-Vereinsstatuten).

Zielsetzungen des Vereins sind wissenschaftliche Forschung sowie Aus- und Weiterbildung. Der ÖAGG ist heute einer der bedeutendsten psychotherapeutischen und psychosozialen Aus- und Weiterbildungsvereine in Österreich.

Die Fachsektionen des ÖAGG repräsentieren im Sinne des Psychotherapiegesetzes anerkannte psychotherapeutische Schulen: Gruppendynamik und Dynamische Gruppenpsychotherapie, Gruppenpsychoanalyse, Integrative Gestalttherapie, Psychodrama – Soziometrie und Rollenspiel sowie Systemische Familientherapie.

Die Fachsektion Gruppendynamik und Dynamische Gruppenpsychotherapie im ÖAGG versteht sich als Aus- und Weiterbildungseinrichtung für Personen, die mit und in Gruppen arbeiten. Angesprochen sind Angehörige des psychosozialen Berufsfeldes, Personen aus der Wirtschaft, Psychotherapeut- Innen und BeraterInnen. Die Fachsektion vermittelt Wissen um soziale Zusammenhänge und Methoden der Gruppenarbeit.

Neben der fachspezifischen Ausbildung zum/zur Dynamischen Gruppenpsychotherapeuten/in werden die Curricula Groupworker und GruppentrainerIn angeboten.

Dynamische Gruppenpsychotherapie nutzt die Prozesse der Gruppe und ihre Selbstheilungskräfte im Hier und Jetzt und unterstützt durch gezielte Interventionen persönliche Entwicklung.

Die Ausbildung zum Groupworker vermittelt Menschen, die in den Berufsfeldern Pädagogik, Prävention, institutionelle soziale Arbeit sowie Organisation, Personalentwicklung und Supervision tätig sind, Kenntnisse, methodische Hilfen sowie praktische gruppendynamische Erfahrungen und unterstützt deren Transfer in die Praxis.

Darüber hinaus befähigt die Ausbildung zum/zur GruppentrainerIn zur eigenverantwortlichen Leitung gruppendynamischer und organisationsdynamischer Laboratorien und Ausbildungsveranstaltungen nach den Ausbildungsrichtlinien des ÖAGG.

Alle angeführten Ausbildungsmodelle setzen sich aus einzelnen Modulen zusammen, was den KandidatInnen ermöglicht, die Ausbildungsschritte so zu wählen, wie sie ihrer individuellen Entwicklung und Erweiterung ihrer Kompetenz förderlich sind, wodurch eine Verschulung weitgehend vermieden werden kann.

Koordinatorin der AusbildungsberaterInnen

Edith Jakob
Waltherstraße 2
4020 Linz
E-Mail: edith.jakob@oe263.com

Visionen und Wege
Jahrbuch für Gruppendynamik und Dynamische Gruppenpsychotherapie

Ein Anliegen der Fachsektion Gruppendynamik und Dynamische Gruppenpsychotherapie im ÖAGG ist seit jeher die inhaltliche und strukturelle Verknüpfung von Gruppendynamik, Gruppentherapie und Organisationsentwicklung.

Die Inhalte der vorliegenden Bände mit Beiträgen aus verschiedenen Anwendungsfeldern mit unterschiedlichen Schwerpunkten zeigen den für Österreich typischen Ansatz, den lebendigen Austausch und die produktive Weiterentwicklung innerhalb der Fachsektion auf.

Bereits erschienene Bände in der Reihe

Band 1 (1998)
Rainer Fliedl, Doris Kölbl (Hgg)
Wie heilt die Gruppe?
€ 16,50; 152 Seiten, ISBN 3 7065 1272 5

Band 2 (1999)
Rainer Fliedl, Doris Kölbl, Waltraud Dolanski-Lenz, Lilli Lehner (Hgg)
Symposium zum 75. Geburtstag von Raoul Schindler
€ 17,--; 128 Seiten, ISBN 3 7065 1351 x

Band 3 (2000)
Maria Majce-Egger, Regina Trotz (Hgg)
Die Macht begehren
Politische Haltungen in der Gruppendynamik
€ 22,50; 235 Seiten, ISBN 3 7065 1474 5

Band 4 (2002)
Bernhard Dolleschka (Hg)
Gruppenkompetenz und Einzelarbeit
€ 22,--; 185 Seiten, ISBN 901811 10 9

Band 5 (2004)
Rainer Fliedl, Gertraud Pölzl, Andrea Tippe (Hgg)
Wie konstruieren wir Wirklichkeit?
€ 19,50; 147 Seiten, ISBN 3 901811 15 x

Band 6 (2006)
Lilli Lehner, Rudolf Müllner, Andrea Sanz, Regina Trotz (Hgg)
Hier und Jetzt. Gruppendynamik und gesellschaftliche Entwicklungen
€ 26,50; 242 Seiten, ISBN 3 901811 23 4